Economía comprensible

Howard Yaruss

Economía comprensible

Porque entender nuestra economía
es más fácil de lo que piensas
y más importante de lo que imaginas

EDICIONES OBELISCO

Si este libro le ha interesado y desea que le mantengamos informado
de nuestras publicaciones, escríbanos indicándonos qué temas son de su interés (Astrología, Autoayuda,
Ciencias Ocultas, Artes Marciales, Naturismo, Espiritualidad, Tradición...)
y gustosamente le complaceremos.

Puede consultar nuestro catálogo en www.edicionesobelisco.com

Colección Éxito
Economía comprensible
Howard Yaruss

1.ª edición: mayo de 2026

Título original:
Understandable Economics: Because Understanding Our Economy is Easier Than You Think and More Important Than You Know

Traducción: *Jordi Font*
Corrección: *M.ª Ángeles Olivera*
Diseño de cubierta: *Enrique Iborra*

Edita: Ediciones Obelisco, S. L.
Collita, 23-25. Pol. Ind. Molí de la Bastida
08191 Rubí - Barcelona - España
Tel. 93 309 85 25 - Fax 93 309 85 23
E-mail: info@edicionesobelisco.com

ISBN: 978-84-1172-381-7
DL B 2687-2026

Impreso en España en los talleres gráficos de Romanyà/Valls S. A.
Verdaguer, 1 - 08786 Capellades (Barcelona)

Printed in Spain

A David,
que hace que lo ordinario parezca extraordinario
y que lo verdaderamente extraordinario parezca posible.

PRÓLOGO

Si no puedes explicarlo de forma sencilla,
es que no lo entiendes suficientemente bien.

ALBERT EINSTEIN, físico alemán

Aunque muchos economistas se resistan a admitirlo, la economía no es una disciplina científica que requiera conocimientos expertos y herramientas especializadas para comprenderla. No es como la biología, donde necesitas saber química orgánica y tener acceso a un microscopio y otros equipos para entender lo que ocurre en las células vivas. No es como la astrofísica, donde precisas conocer las relaciones entre las fuerzas del universo y disponer de potentes telescopios para comprender las propiedades de un agujero negro.

Como la psicología, la economía es una ciencia social, un intento de entender las interacciones humanas y cómo afectan al mundo que nos rodea. Se centra en esas relaciones en lo relativo al dinero, así como a los bienes, servicios y recursos que el dinero compra. Para afinar un poco más en esas relaciones, los economistas profesionales utilizan datos y herramientas matemáticas. Pero las relaciones fundamentales resultan evidentes si uno está dispuesto a observar el mundo con atención y aplicar el sentido común. El objetivo de este libro es ayudarte a hacerlo.

No voy a decir qué pensar ni cómo hacerlo: ya hay muchos autores, comentaristas, *influencers* y celebridades de las redes sociales encantados de asumir ese papel. Mi propósito es desmitificar nuestra economía abordándola de manera directa, práctica y (espero) entretenida. Quiero que seas capaz de reflexionar por ti mismo sobre estas cuestiones y extraer tus propias conclusiones. No todas nuestras conclusiones coincidirán, pero el objetivo es que todas ellas se basen en cómo funciona realmente el mundo y ofrezcan una perspectiva sobre qué políticas podrían mejorar de manera significativa nuestro bienestar económico.

Estoy seguro de que muchos de vosotros os habéis preguntado lo siguiente:

- ¿Por qué está aumentando tanto la desigualdad económica y qué podemos hacer al respecto?
- ¿Existe una alternativa al capitalismo que resuelva más problemas de los que genera?
- ¿Por qué tienen valor los billetes que llevamos en la cartera y el bitcoin?
- ¿Podrían las monedas alternativas sustituir a la moneda habitual?
- ¿Los recortes de impuestos para los ricos crean empleos o sólo más desigualdad?
- ¿Por qué tanta gente cree que el libre comercio es bueno si algunas personas pierden su trabajo como consecuencia de ello?
- ¿Cómo podemos influir en el comportamiento de las corporaciones?
- ¿Por qué la economía entra periódicamente en recesión y cómo podemos volver a encaminarla?
- ¿Qué es el Sistema de la Reserva Federal y cómo nos afecta?
- ¿Nuestra deuda nacional es demasiado grande y debería limitar el gasto público futuro?
- ¿Qué políticas ayudarían a que la economía creciera?

Economía comprensible ofrece la información básica necesaria y analiza lo que ocurre en el mundo real para que puedas responder a preguntas como éstas con criterio y confianza.

Puede que éste sea tu primer intento de comprender qué impulsa nuestra economía, ya que la mayoría de los estadounidenses, por ejemplo, nunca cursan economía. Y quienes sí lo hacen probablemente se encuentran con un desconcertante despliegue de jerga, fórmulas, gráficos y supuestos que parecen tener poca conexión con la realidad, lo que deja, en el mejor de los casos, una comprensión limitada de estos temas. La mayoría de los libros sobre la materia adoptan el mismo enfoque seco y técnico, lo que acaba apagando con rapidez el interés de todos, salvo el de los lectores más obstinados.

Lo sé porque yo fui uno de esos obstinados que estudiaron economía y superaron a duras penas muchos cursos y un sinfín de libros sobre el tema. ¿Por qué tanta determinación? Crecí en Brooklyn, en una familia que a menudo afrontaba dificultades económicas. Empecé a trabajar en la adolescencia y dediqué buena parte de mi juventud a ayudar a mi padre en su tienda de comestibles. Me hice dolorosamente consciente de las grandes disparidades en educación, seguridad, bienestar material y oportunidades. Vi cómo esas desigualdades llevaban a algunas personas al cinismo, la resignación o la indiferencia, mientras que otras se empeñaban en superarlas. A mí me fascinaron. Sentí que si quería vivir en una sociedad más justa y productiva, primero debía entender cómo funcionaba. Creo que lo mismo es cierto para ti.

Quiero que seas capaz de identificar mejores soluciones a los problemas a lo que nos enfrentamos, de modo que no dependas de otros para orientarte. Me gustaría que supieras evaluar qué políticos proponen políticas que pueden hacer crecer nuestra economía y que generan más oportunidades. Deseo que puedas defender soluciones con la confianza que aporta comprender el sistema económico. Y quiero que te sientas con la fuerza necesaria para rebatir esas críticas inexactas tan comunes en los ecos mediáticos de las redes sociales.

La necesidad de comprender estos temas es ahora más importante que nunca. La creencia de que nuestro sistema económico está fallando se encuentra en un nivel récord, y con razón. Los ingresos están estancados, los empleos de la clase media desaparecen, la economía crece más lentamente y las escasas ganancias generadas van casi en exclusiva a quienes ya son ricos. Ha habido una amplia variedad de reacciones a estos cambios económicos, desde Occupy Wall Street hasta la elección de Donald Trump. ¿Qué tienen en común todas estas reacciones? No han resultado en ningún cambio positivo significativo en la vida de la mayoría de los estadounidenses.

Este libro pretende cambiar todo eso. Creo que si más de nosotros tuviéramos un mejor entendimiento de cómo funciona la economía, se implementarían soluciones más constructivas a los problemas a los que nos enfrentamos y finalmente veríamos mejoras económicas para la persona promedio. Tanto si tu objetivo es cambiar el mundo, evaluar mejor a los candidatos a cargos públicos o tan sólo estar mejor informado, mi esperanza es que este libro te ayude a evaluar lo que es posible e inspire a hacer de nuestra nación un lugar más equitativo y productivo.

Como suele decirse con acierto, la democracia no es un deporte de espectadores. Su salud depende de la participación de personas bien informadas como tú.

INTRODUCCIÓN A LA EDICIÓN ACTUALIZADA

O escribe algo que valga la pena leer
o haz algo que valga la pena escribir.

BENJAMIN FRANKLIN, político e inventor estadounidense

Escribí *Economía comprensible* tratando de hacer ambas cosas. La economía –el estudio de cómo las sociedades asignan todo lo que tiene valor– tiene un enorme impacto en nuestras vidas. Como afecta desde lo que hacemos para ganarnos la vida hasta cómo vivimos realmente, debería interesarnos mucho. Pero la jerga, las fórmulas y los supuestos poco realistas a menudo dominan la forma en que se enseña y se discute, despojando al tema de vida y haciéndolo parecer intimidante, técnico y difícil de entender. Mi objetivo era desmitificar la economía y escribir sobre ella de manera fácil de leer, utilizando analogías simples, observaciones del mundo real y anécdotas entretenidas.

Quería que otros vieran la economía tal como yo la veo: como una materia inherentemente fascinante que, con un conocimiento básico y observaciones de sentido común, resulta tanto accesible como, en palabras de Franklin, «algo que vale la pena leer». En las charlas que pronuncié y que estaban relacionadas con la edición original de este libro, me emocionó ver tanto entusiasmo por discutir los problemas económicos a los que nos enfrentamos de una manera justa, directa y lo más libre posible de ideología.

También quería que los lectores comprendieran que la economía no consiste en introducir datos en una fórmula y calcular la respuesta correcta. Se trata de valores y de cómo las sociedades toman los juicios más importantes que pueden hacer: es decir, quién recibe qué y quién hace qué. Al escribir *Economía comprensible*, me esforcé por proporcionar a los lectores las herramientas para formarse sus propias opiniones sobre qué políticas podrían mejorar la vida. Esto les permitió, de nuevo en palabras de Franklin, «hacer algo que valga la pena escribir»: defender de manera efectiva mejores políticas públicas, educar e informar a otros, o tan sólo ser un votante y un ciudadano más informado.

La necesidad de comprender esto no podría ser más evidente, ya que redacto esta introducción al inicio del segundo mandato del presidente Trump. Todo se ha vuelto político: no sólo qué políticas son las mejores, sino incluso qué hechos se consideran reales. Si una idea o política proviene de alguien con una afiliación política diferente, generalmente se descarta de plano. En las charlas que di, noté que algunas personas se sentían en un primer momento rechazadas con sólo mencionar una idea asociada a la derecha, mientras que otras reaccionaban igual ante la mención de una idea asociada a la izquierda. La política ha adoptado un enfoque de «nosotros» contra «ellos», y a muchos parece importarles únicamente que el bando con el que se identifican sea visto como ganador.

Trabajar juntos con una mente abierta y de buena fe está fuera de moda. Lo que prima son los triunfos rápidos mediante titulares, actos simbólicos, eslóganes y gestos. «Construir un muro» es la respuesta a economías en colapso y a la desesperación masiva en el extranjero. Pasar una noche en un refugio para personas sin hogar es la respuesta de un alcalde ante una crisis de indigencia. Exigir viviendas asequibles es la respuesta de políticos locales que mantienen normas restrictivas que limitan la construcción de viviendas. Amenazar con cerrar todo el Gobierno es la respuesta ante el deseo de encontrar formas reales de reducir los crecientes déficits.

Las personas desinformadas y apáticas favorecen esta clase de disfunción. Ofrecen todo tipo de oportunidades a los demagogos que se especializan en brindar retórica vacía a sus electores y resultados reales a sus donantes. En cambio, los lectores de *Economía comprensible* estarán más predispuestos a resistir esta tendencia. Por ejemplo, cualquiera que hubiera leído la primera edición habría sido menos vulnerable a los discursos que afirmaban que, tras la irrupción del coronavirus, la inflación significativa había llegado para quedarse y que era imprescindible una recesión para frenar la subida de precios.

Como he mencionado, algunas de las personas que asistieron a mis charlas se sintieron *inicialmente* alejadas de ideas que no reconocían como propias de su espectro político. Sin embargo, a menudo eran esas mismas personas las que más me daban las gracias al terminar. Me agradecían que les hubiera hecho reflexionar de un modo distinto, y yo agradecía a su vez sus perspectivas, algunas de las cuales influyeron en las revisiones de esta edición actualizada. Así es como se avanza.

Cada uno de nosotros debe hacer el esfuerzo de ampliar su mirada, evaluar de manera crítica la información que recibe y comprender cómo distintas políticas impactan en nuestra economía y en nuestra sociedad. ¿Significa esto que seremos capaces de predecir el futuro y diseñar las políticas perfectas? Obviamente no. Pero una mejor comprensión de nuestra economía puede ayudarnos a identificar y respaldar los enfoques más prometedores. Necesitamos defender esas políticas y apoyar a quienes están en posición de implementarlas o, mejor aún, convertirnos nosotros mismos en una de esas personas. Así es como se produce el cambio en una democracia. Esta edición actualizada de *Economía comprensible* está dedicada a hacer posible este propósito.

PARTE I

EL SISTEMA ECONÓMICO

1

CAPITALISMO

¿Qué se produce y quién recibe qué?

El vicio inherente del capitalismo es el reparto desigual de las bendiciones; la virtud inherente del socialismo es el reparto igualitario de las miserias.

WINSTON CHURCHILL, escritor y estadista británico

CAPITALISMO, SOCIALISMO, OTROS «ISMOS» Y LA REALIDAD

¿Qué tienen en común Helen Keller, Adolf Hitler, Oscar Wilde, Joseph Stalin y Nelson Mandela? Todos se autodenominaron «socialistas». Mientras tanto, Donald Trump, que rompe con todas las convenciones y se aparta radicalmente del *statu quo*, es llamado «conservador»; quienes critican a los medios por no ceñirse a la verdad se denominan «liberales», y los aduladores que se ganan la vida arrimándose al poder, «capitalistas».

Es evidente que muchos de los términos clave utilizados para describir sistemas económicos y políticos han perdido su significado. Etiquetas como «capitalista» y «socialista» se han distorsionado y politizado tanto a lo largo del tiempo que sirven más a menudo como insultos que como un resumen conciso y preciso de la visión del mundo de alguien. Por lo tanto, no resultan en especial útiles para ayudarnos a examinar de manera justa y objetiva nuestro sistema económico y comprender cómo funciona realmente.

Para empezar a comprender la economía, debemos partir de las preguntas económicas más fundamentales: «¿quién recibe qué?» y «¿quién hace qué?». Hoy en día, con tantas cosas que asignar (como automóviles, teléfonos, estudios universitarios y libros de economía) y tantas tareas por realizar (como fabricar automóviles, ensamblar teléfonos, enseñar o escribir libros de economía), deben tomarse innumerables decisiones. ¿Cómo podemos tomarlas?

Por un lado, estas decisiones podrían adoptarse colectivamente por parte del Gobierno. En este escenario, el Gobierno posee todo y toma todas las decisiones.

Decide cuántos alimentos producir (y quién los produce) y cuánto carbón extraer (y quién lo extrae). Decide quién obtiene la mansión en la costa y quién se queda con un apartamento estrecho cerca de la fábrica. Karl Marx escribió sobre este sistema colectivista, que suele resumirse con la fórmula «de cada cual según su capacidad; a cada cual según su necesidad». Este sistema se asemeja a lo que los manuales definen como «comunismo» o «marxismo».

Por otro lado, estas decisiones podrían tomarse individualmente. En este escenario, todo es de propiedad privada. Cada persona es libre de hacer lo que quiera con su tiempo y sus recursos. Como es evidente, estas decisiones están relacionadas, ya que lo que uno elige hacer con su tiempo influye mucho en lo que puede permitirse comprar, y viceversa. Pero el Gobierno no tiene ningún papel, o uno muy limitado, en estas decisiones. En la versión extrema de este sistema, el Gobierno ni siquiera existe. En la versión menos extrema, el Gobierno tiene una capacidad limitada para intervenir si tus acciones provocan un daño directo, como contaminar el medio ambiente, fabricar productos peligrosos o ejercer la medicina sin conocimientos médicos. Este sistema se asemeja a lo que los manuales definen como «libertarismo» y «laissez-faire» (expresión francesa que significa «dejar hacer»).

Puedes pensar que todos los sistemas económicos que existen en el mundo se sitúan en algún punto de un espectro entre estos dos extremos: donde las decisiones se toman colectivamente (en el extremo izquierdo) y donde las decisiones se toman a nivel individual (en el extremo derecho). Entonces, ¿qué tipo de sistema económico es el «capitalismo»?

La definición de manual de «capitalismo» es la de un sistema económico en el que las empresas (los medios de producción) son propiedad y están gestionadas por individuos privados, en lugar de colectivamente por el Gobierno. Estados Unidos y la mayoría de las naciones occidentales suelen llamarse capitalistas, pero no cumplen del todo con esta definición, ya que sus empresas distan mucho de estar realmente «en propiedad y gestión privadas» de manera privada. Estas naciones regulan qué, cómo, dónde y por quién se producen los bienes; actúan como socias en todo negocio a través del sistema de impuestos sobre la renta; producen y proveen directamente una variedad de bienes y servicios, desde educación hasta vivienda y alimentación; deciden si las empresas pueden fusionarse o adquirir a sus competidores, y controlan cómo pueden ser tratados y remunerados los trabajadores. Cualquier sistema que permitiera un control privado de los negocios completamente libre y sin restricciones, y que cumpliera del todo con la definición de manual de «capitalismo», carecería de la capacidad de proteger a los consumidores de ser estafados, al medio ambiente de sufrir daños y a los trabajadores de ser explotados. Un sistema así no podría tener éxito en el mundo real.

Por el contrario, todas las naciones «comunistas», incluida Corea del Norte, cuentan con cierta actividad privada y, por tanto, cumplen en alguna medida la definición de capitalismo. En particular, la China «comunista» alberga innumerables emprendedores, algunos de los cuales se han convertido en multimillonarios al crear empresas exitosas. ¿Por qué todas las naciones tienen al menos alguna forma de empresa privada? Si el Gobierno poseyera y controlara toda la producción, tendría que determinar qué necesita cada persona, cómo producirlo todo y cuál debería ser la contribución de cada individuo a esa producción. Además, en un sistema en el que las «necesidades» de toda la población se cubren con independencia de lo que cada persona haga o deje de hacer en su trabajo, lograr que todos se motiven para realizar las tareas necesarias sería, como mínimo, difícil. El grado de control estatal en un sistema así, junto con los problemas éticos y logísticos de conseguir que cada persona hiciera lo que el Gobierno necesitara, resultaría inimaginable. Sería tan inviable como un sistema en el que el Gobierno y la acción colectiva no desempeñaran ningún papel.

Por lo tanto, lo que tenemos hoy en el mundo real es un sistema híbrido. Por un lado, las empresas en la gran mayoría de países rara vez son de propiedad y control gubernamentales. Por otro lado, el sistema legal y las innumerables normas, restricciones e incentivos gubernamentales influyen de manera decisiva tanto en lo que producen las empresas como en la forma en que lo hacen.

De manera similar, el Gobierno no le dice a cada persona cuál será su papel en la economía. No obstante, la mayoría de las personas no dispone de opciones ilimitadas. La gran variación en la calidad educativa y el elevado coste de la educación superior limitan, sin duda, muchas opciones y afectan de manera considerable a las oportunidades económicas, como se analizará en capítulos posteriores. Además, los requisitos estatales de licencias profesionales, como los de floristas, diseñadores de interiores, vendedores de ataúdes o peluqueros de salón, también restringen las elecciones (y, a menudo, parecen estar más centrados en proteger a determinados profesionales de la competencia que en proteger al público).

A esto se suman los sesgos de los empleadores, la dificultad de trasladarse y la disminución del número de empleadores, por lo que estamos lejos del ideal de que el papel de cada persona en la economía sea el resultado de una elección verdaderamente libre.

En la práctica, el término «capitalismo» se suele utilizar –también en este libro– para referirse a este sistema económico híbrido tal como existe en Estados Unidos y en la mayoría de los países hoy en día. Algunas decisiones económicas se toman de manera colectiva por parte del Gobierno; otras se toman de un modo individual, y muchas surgen de la interacción entre el individuo y el Gobierno. Por su parte, «socialismo» se refiere generalmente a un sistema con más regulación y control colectivo, mientras que «conservadurismo» hace referencia, por lo general, a un sistema con menor regulación y control colectivo.

Podríamos continuar esta discusión filosófica y profundizar en el significado del término «capitalismo», junto con los términos «socialismo», «conservadurismo», «libertarismo», «comunismo», «marxismo» y todos los demás «ismos», pero no lo haremos. Cada uno de estos términos está cargado de tantas suposiciones, asociaciones e ideas preconcebidas que centrarse en ellos podría, de hecho, obstaculizar nuestro objetivo: comprender cómo funciona el mundo real, cuáles son los problemas concretos y cómo se pueden abordar.

Cuando la gente expresa una opinión o un descontento con el «capitalismo», asumo que se refiere al sistema económico tal como existe hoy en el mundo, y no a algún sistema hipotético o teórico. Por lo tanto, para abordar cualquier problema que se plantee respecto a nuestro sistema económico, primero necesitamos encontrar el equilibrio adecuado entre el control colectivo mediante la acción gubernamental y el control individual mediante la elección privada. Ese equilibrio debería depender de lo que produzca el mejor resultado, y no de lo que encaje en algún marco ideológico particular.

Centenares de años de prueba y error han dado lugar al sistema económico mixto que tenemos hoy. Sin embargo, últimamente más personas expresan preocupación por los resultados que este sistema está generando. La clase media se está viendo presionada y la economía crece con más lentitud, mientras que los ricos prosperan más que nunca. No nos dirigimos hacia la mejor dirección. Pero antes de poder evaluar hacia dónde vamos, necesitamos cierta perspectiva sobre de dónde venimos.

CRECIMIENTO ECONÓMICO Y LA REVOLUCIÓN INDUSTRIAL

El argumento para limitar la intervención del Gobierno en los negocios es que, de manera natural, las empresas buscarán producir lo que la gente más desea. ¿Por qué? Porque eso les generará mayores ventas y, por lo tanto, mayores beneficios económicos. Esto es a lo que se refería Adam Smith, uno de los fundadores de la economía moderna, en 1776, cuando escribió: «No es de la benevolencia del carnicero, del cervecero o del panadero de lo que esperamos nuestra cena, sino de su propio interés».

Smith creía que el incentivo de obtener un beneficio daba lugar a una «mano invisible» que dirigiría cada empresa, de manera más eficaz que cualquier funcionario del Gobierno, para ofrecer los bienes y servicios más deseados.

A finales del siglo XVIII en Inglaterra, este proceso se aceleró gracias a la aparición de la energía de vapor y otras innovaciones, que permitieron que la producción mecanizada en fábricas reemplazara a la bastante menos eficiente producción manual. Esta «Revolución Industrial» transformó la manera en que se podían fabricar la mayoría de los bienes. La libertad que muchas personas tenían para crear sus propias empresas hizo que estas innovaciones se difundieran ampliamente. Cualquier industria que tardara en aprovechar estos avances ofrecía una gran oportunidad de negocio para otros. Los emprendedores podían montar operaciones nuevas y más eficientes y dejar fuera del mercado a los competidores que se aferraban a los métodos antiguos de producción. Este proceso –en el que los productores más eficientes desplazan a los menos eficientes– se conoce a menudo como «destrucción creativa».

Adam Smith ofreció un ejemplo clásico de este cambio de la producción individual a mano hacia lo que hoy llamaríamos producción en cadena en una fábrica. Escribió que un trabajador tendría muchas dificultades para fabricar un alfiler en un día, mientras que diez trabajadores en una fábrica que dividiera la fabricación de un alfiler en varias operaciones distintas podían producir unas 48 000 unidades al día. No estoy seguro de la exactitud de su cifra, pero sí del mensaje: que la división del trabajo, la especialización y la producción en masa pueden aumentar de manera radical la producción total.

A menudo se pasa por alto en la historia de la industrialización que, antes de esta revolución, la gran mayoría de las personas vivía en la pobreza extrema. En particular, durante casi toda la historia de la humanidad anterior a los últimos doscientos años, la mayoría de la gente tenía pocas posesiones, vivía vidas mucho más cortas y menos saludables, y con frecuencia se enfrentaba al hambre o a situaciones aún peores. Esto se debía a que los métodos de producción rara vez mejoron antes de la Revolución Industrial. Por ejemplo, si se analiza cómo se fabricaba un zapato en la antigua Roma, cómo se hacía mil años después en la Europa medieval y cómo se producía en el Renacimiento, justo antes de la Revolución Industrial, no se observarían cambios significativos. Los zapateros, como casi todos los trabajadores, prácticamente utilizaban las mismas herramientas de la misma manera y con los mismos materiales durante casi toda la historia de la humanidad. Dado que la cantidad que cada zapatero y cada otro trabajador podía producir apenas cambiaba, para que una persona tuviera más, otra necesitaba tener menos. La economía era, en esencia, un juego de suma cero.

La Revolución Industrial cambió todo eso. Introdujo eficiencias de producción en constante mejora que permitieron a las economías industrializadas generar bienes a un ritmo imposible de concebir antes de ese momento. No obstante, la vida en las primeras fábricas era miserable; es posible que supusiera las peores condiciones que habían soportado personas que no estaban siendo castigadas ni sometidas a esclavitud. Las jornadas eran excesivas, el entorno era sucio e inseguro, los salarios eran bajos, y toda la experiencia sería inconcebible e intolerable para los trabajadores en Estados Unidos y otras naciones avanzadas hoy en día. El trabajo en las primeras fábricas podía proporcionar a las personas un ingreso modestamente mayor y cierta seguridad alimentaria, pero a menudo a costa de una vida precaria y breve.

Escribiendo a mediados del siglo XIX, cuando la Revolución Industrial estaba en pleno auge, Karl Marx se desesperaba por las condiciones que la industrialización imponía a los trabajadores. Predijo que la miseria infligida por los dueños de las fábricas (los «capitalistas») acabaría derivando en una «revolución proletaria» y en la toma de control de todos los negocios por parte del Gobierno. Sin embargo, su revolución aún no ha ocurrido y un control gubernamental total sobre las empresas no parece estar en el horizonte. ¿Por qué?

A medida que aumentaba la producción de cada trabajador, cada vez más bienes llegaban al mercado, lo que provocaba una caída de los precios. Cuando los fabricantes de alfileres preindustriales de Adam Smith tardaban un día completo en fabricar sus alfileres, éstos eran escasos y caros. Tan pronto como diez de ellos se reunieron en una fábrica y empezaron a producir 48 000 al día, la abundancia de alfileres hizo que el precio tuviera que desplomarse para que la gente los comprara todos. Esta reducción de precio no era como la reducción de precio del maíz en un año con una cosecha particularmente buena. El coste de producir alfileres y todo tipo de otros bienes había caído de manera permanente, y los precios más altos de la era pre-Revolución Industrial pasaron a la historia.

Si el propietario de una fábrica intentaba estafar a los consumidores cobrando precios cercanos a los antiguos precios más altos, perdería clientes frente a un empresario nuevo y emprendedor. El capitalismo aseguraba que los productores compartieran parte de los enormes ahorros de costos derivados de la producción en fábrica con los consumidores; si no lo hacían, su nuevo competidor lo haría.

Los precios más bajos y la mayor producción significaron que la persona promedio, con el tiempo, pudo comprar significativamente más bienes y disfrutar de un nivel de vida más alto. El Banco de la Reserva Federal de Dallas proporcionó una excelente indicación de cuánto mejoraron las condiciones al calcular cuántos minutos de trabajo necesitaría un trabajador estadounidense promedio para adquirir diversos bienes básicos. De 1919 (cuando Estados Unidos aún se encontraba en proceso de industrialización) a 1997, el «coste» en términos de minutos de trabajo remunerado que un trabajador debía realizar se redujo de 39 minutos a 7 minutos por medio 1,89 litros de leche, de 30 minutos a 6 minutos por 450 gramos de carne picada y de 9,5 horas a 1,6 horas por una muestra de una docena de alimentos básicos.[1]

Una mayor productividad (es decir, más producción por trabajador) no sólo permitió que todos tuvieran más, sino que también les dio acceso a una gama cada vez mayor de productos. La mejora tecnológica dio lugar a una explosión de nuevos productos e industrias, desde las comunicaciones hasta los vehículos de motor y los electrodomésticos, muchos de los cuales habrían sido inimaginables antes de la Revolución Industrial. Muchos de ellos, a su vez, incrementaron aún más la productividad.

Del mismo modo que el capitalismo hizo bajar los precios de los bienes, también acabó impulsando, con el tiempo, el aumento de los salarios. Si un empresario intentaba mantener los salarios bajos mientras la economía crecía, los trabajadores podían buscar empleo en otro lugar. Si los empresarios en conjunto eran lentos en subir los salarios y obte-

1. Banco de la Reserva Federal de Dallas: «Time Well Spent, The Declining Real Cost of Living in America, 1997 Annual Report, Federal Reserve Bank of Dallas». Disponible en: fraser.stlouisfed.org/title/annual-report-federal-reserve-bank-dallas-475/1997-annual-report-596521(consultado el 4 de febrero de 2025).

nían beneficios desorbitados a expensas de sus trabajadores, el mercado estaba lleno de emprendedores dispuestos a abrir un negocio competidor y atraer trabajadores ofreciendo salarios más altos mientras aún obtenían un buen beneficio, aunque no desorbitado.

La capacidad de los trabajadores de cambiar de empleo y obtener salarios más altos llevó a Henry Ford a duplicar los sueldos de los empleados de su compañía de automóviles a principios del siglo xx. Observó que su negocio sufría una alta rotación de personal, perdiendo trabajadores que resultaban muy costosos de formar. Muchas personas piensan erróneamente que Ford aumentó los salarios para permitir que sus empleados pudieran comprar sus automóviles y así incrementar sus beneficios. Esa conclusión parece lógica, pero la aritmética simple demuestra que es incorrecta. El dinero adicional que Ford pagó a sus empleados se gastaría con seguridad en una amplia variedad de bienes y servicios, no sólo en automóviles Ford.[2] Además, sólo una parte del dinero que estos trabajadores mejor pagados gastaban en automóviles Ford se convertía en beneficio para Ford, ya que gran parte del precio de un automóvil nuevo corresponde al coste de fabricación. ¿Cuál es la moraleja de esta historia? Incluso Henry Ford, uno de los industriales más grandes y poderosos de todos los tiempos, cedió ante la presión del mercado para aumentar los salarios.

Por supuesto, esto no fue así en todos los casos. El ejemplo más evidente: las personas esclavizadas estaban, por decirlo con suavidad, muy lejos de tener la libertad de buscar mejores oportunidades, tanto antes de la guerra de Secesión como, en muchos casos, después de ella. Incluso hoy, como hemos comentado en la sección anterior, la mayoría de las personas no dispone de opciones ilimitadas sobre lo que hacen con sus vidas. No obstante, la libertad de las personas para elegir su propio destino ha crecido de un modo significativo con el tiempo y, aunque aún queda mucho por avanzar, hemos ampliado enormemente

2. Worstall, T.: «The S'tory of Henry Ford's $5 a Day Wages: It's Not What You Think», *Forbes Magazine* (10 de diciembre de 2021). Disponible en: www.forbes.com/sites/timworstall/2012/03/04/the-story-of-henry-fords-5-a-day-wages-its-not-what-you-think/

las oportunidades individuales y nos hemos beneficiado del crecimiento económico que ello permite.

Hoy en día, una persona con un empleo promedio en Estados Unidos, por ejemplo, puede disfrutar de una mayor diversidad y calidad de alimentos, acceder a una gama más amplia de opciones de entretenimiento, vivir más tiempo con buena salud y, en general, llevar una vida mucho mejor que incluso la persona más privilegiada antes de la era industrial. Me acordé de cuánto ha mejorado la vida en los últimos siglos mientras hacía una parada para almorzar durante un viaje por el New Jersey Turnpike. Por 15 dólares pude comer todo lo que quise de un bufé que incluía una variedad de platos calientes, ensaladas, quesos, frutas, pasteles y, lo más importante, helado cremoso de máquina. La agricultura moderna, el transporte y la refrigeración han hecho que todo esto resulte posible.

Lo que antes habría sido un banquete inconcebible incluso para la persona más rica antes de la Revolución Industrial se ha vuelto algo muy común para la mayoría de nosotros. Los precios más bajos, los salarios más altos y la variedad de nuevos productos hicieron que la gente esperara que su vida fuera mejor que la de quienes los precedieron. En general tenían razón. La mayoría de las personas ya no tenían que preocuparse por de dónde vendría su próxima comida (estaba en la nevera) y, en cambio, podían centrar su atención en mejorar sus vidas, su sociedad y sus condiciones de trabajo. El número de horas que los trabajadores estadounidenses trabajaban por semana bajó de 58,5 horas en 1900[3] a 34,6 horas en 2023.[4] Los trabajadores empezaron a formar sindicatos, que jugaron un papel clave en el aumento de los salarios y la mejora de las condiciones laborales. También contaban con tiempo y recursos para presionar a su Gobierno para mejorar la vida

3. Kniesner, T. J.: «The Full-Time Workweek in the United States, 1900-1970», *Industrial and Labor Relations Review*, vol. 30, n.° 1, págs. 3-15 (octubre de 1976). doi.org/10.2307/2522747

4. Organización para la Cooperación y el Desarrollo Económico (OCDE): «Average Annual Hours Actually Worked per Worker – OECD Statistics». Disponible en: www.oecd.org/en/data/indicators/hoursworked.html?oecdcontrol-d7f68dbeee-var3=2023 (consultado el 4 de febrero de 2025).

laboral. Surgieron leyes que prohibían el trabajo infantil, establecían salarios mínimos y exigían condiciones de trabajo seguras.

El aumento de la prosperidad creó así más prosperidad en un círculo virtuoso. La educación pública, mejores condiciones sanitarias y multitud de mejoras en el bienestar social se volvieron asequibles y aumentaron aún más la productividad de la economía. La gente por fin pudo permitirse ahorrar parte de sus ingresos, proporcionando fondos para nuevas inversiones e innovación en los negocios y mayores niveles de educación para sus hijos. A medida que las personas se volvían más productivas e invertían, no sólo mejoraban sus propias vidas, sino que también lo hacía la sociedad en su conjunto.

A menudo se habla de la revolución agrícola (que transformó a Estados Unidos de un país dominado por pequeños agricultores a uno en el que menos del 1 % de los trabajadores se emplea en granjas),[5] y de la revolución tecnológica (que introdujo tecnología avanzada en casi todo) como si fueran fenómenos independientes de la Revolución Industrial. Pero no lo son. Puede que el foco se haya desplazado de los bienes manufacturados a los alimentos, y luego a la información y los servicios, pero en realidad son una continuación del proceso de repensar la producción para aumentar radicalmente la productividad, iniciado hace más de doscientos años.

Si algún día alcanzaremos un límite al crecimiento de la producción de nuestra economía es incierto. Lo que sí es seguro es que, desde el comienzo de la Revolución Industrial, la economía, en promedio, ha crecido. ¿Cuánto? En los últimos setenta años, la producción total de bienes y servicios de Estados Unidos[6] (en otras palabras, las cosas de las que disfrutamos) ha crecido alrededor de un 2 % por persona al año.[7] Un 2 % puede no parecer mucho, pero significa que la cantidad de

---

5. Oficina de Estadísticas Laborales de Estados Unidos: «Employment by Major Industry Sector» (3 de septiembre de 2024). Disponible en: www.bls.gov/emp/tables/employment-by-major-industry-sector.htm
6. Esto corresponde al producto interior bruto, que se analiza en detalle en el capítulo 4.
7. Kimberly, A.: «What Real GDP per Capita Reveals about Your Lifestyle», *The Balance* (17 de septiembre de 2020). Disponible en: www.thebalance.com/real-gdp-per-capita-how-to-calculate -data-since-1946-3306028

bienes que disfruta el estadounidense promedio se ha duplicado cada treinta y cinco años. Este crecimiento en la producción y la forma en que gran parte de ella se ha difundido ampliamente habrían dado a Karl Marx y a sus contemporáneos una fuerte sacudida, tal vez llevándolos a reconsiderar su predicción sobre un apoyo masivo a la toma del control económico y empresarial por parte del Gobierno.

Sin embargo, una reciente encuesta del Pew Research Center encontró que el porcentaje de estadounidenses con una visión positiva del capitalismo ha ido disminuyendo de manera constante. En 2022, sólo el 57 % de los estadounidenses tenían una opinión positiva sobre el capitalismo. Entre los jóvenes de 18 a 29 años, ese número cayó al 40 %. En 2020, una encuesta importante mostró que la mayoría de los encuestados creía que el capitalismo en su forma actual hace más daño que bien en el mundo. Otras encuestas han arrojado resultados similares. Esta creciente desilusión con el capitalismo se produce, de manera paradójica, después de muchas décadas de crecimiento económico significativo en Estados Unidos y del colapso de las economías «socialistas» más centralmente planificadas de la Unión Soviética y la Europa del Este. Entonces, ¿qué ha provocado este cambio? El siguiente capítulo intenta responder a esta pregunta.

2

LA ECONOMÍA EN CAMBIO

¿Por qué algunas personas están perdiendo la fe en nuestro sistema económico?

El desequilibrio entre ricos y pobres es el mal más antiguo y fatal de todas las repúblicas.

PLUTARCO, historiador y filósofo griego

¿CÓMO ESTÁ CAMBIANDO EL CAPITALISMO?

Por muy bueno que sea un sistema económico, siempre habrá carencias, decepciones y margen de mejora. Ningún libro podría abordar todos los problemas posibles. Mi objetivo es identificar las críticas que son lo bastante significativas como para que la gente pierda la fe en nuestro propio sistema económico y cuestione su legitimidad. La economía estudia la producción y distribución de bienes y servicios. Por ello, todo sistema económico está diseñado para responder a tres preguntas fundamentales: (1) ¿cómo se producen los bienes?, (2) ¿qué bienes se producen? y (3) ¿quién recibe qué? La forma en que nuestro sistema responde a estas tres preguntas ha comenzado a generar problemas.

Cómo se producen los bienes

Toda nación tiene al menos algunas normas sobre cómo se producen los bienes, como reglas que protegen a los trabajadores durante el proceso de producción, limitan el daño al medio ambiente y evitan que los consumidores sean engañados o sufran algún perjuicio. También suelen existir normas que fomentan la producción de ciertos bienes, como los precios de apoyo a la agricultura o los subsidios a la energía solar, y que desincentivan o prohíben otros productos, como los impuestos al carbono o la prohibición de la mayoría de los opioides.

La necesidad de cierta regulación de la producción resulta evidente si piensas en la economía como una autopista. Unas pocas normas simples permiten que los vehículos se desplacen de manera eficiente de un lugar a otro. Imagina, sin embargo, conducir por la autopista sin límites de velocidad, con un conductor ebrio a tu izquierda y un conductor de diez años a tu derecha. Ahora imagina que la mitad de los vehículos a tu alrededor circularan en sentido contrario al tuyo. ¿Parece una pesadilla? Sin normas, la autopista no podría funcionar. De manera similar, si no supieras si todo lo que compras podría hacerte daño, contaminar el medio ambiente o funcionar como se espera, la economía tampoco podría funcionar.

¿Son demasiado permisivas las normas que regulan cómo se producen los bienes? Muchos piensan que sí. ¿Son demasiado estrictas? También hay quienes piensan esto. La respuesta se define a través del proceso político.

La pregunta obvia es: ¿representa nuestro proceso político de manera justa los deseos de la mayoría de los estadounidenses? La respuesta: el dinero tiene una voz muy potente en nuestra política y las tendencias actuales la están amplificando aún más. Como discutiremos en el capítulo 8, la Corte Suprema de Estados Unidos ha potenciado enormemente el proceso de *lobby* al permitir que fluya dinero ilimitado desde las corporaciones hacia los políticos. Como resultado, los fabricantes de automóviles han obtenido normas más flexibles de eficiencia de combustible, las universidades con ánimo de lucro han recibido más ayuda gubernamental, los agricultores han conseguido más subsidios y toda la gran empresa estadounidense ha disfrutado de enormes reducciones fiscales.

¿Deberíamos esperar que las corporaciones sólo dejen de abogar por normas que las beneficien? Claramente no, ya que no hay indicios –ni los ha habido nunca– de que eso vaya a pasar. De hecho, muchos ejecutivos corporativos están convencidos de que su defensa de estos intereses está motivada por un bien mayor (como una economía más productiva) y no por interés propio, lo que los impulsa a promover sus agendas con aún más agresividad.

Estos ejecutivos a menudo tienen acceso directo a los reguladores gubernamentales que deciden qué políticas y procedimientos se adoptan, cómo se implementan y si se aplican o no. Los ejecutivos de las empresas no sólo se reúnen con sus reguladores con frecuencia, sino que también comen con ellos, juegan al golf y disfrutan de todo tipo de actividades que hace posible una enorme cuenta de gastos. Por el contrario, la participación del público suele limitarse a comentarios, quejas y cartas, que a menudo terminan en los escritorios de los empleados de menor rango.

Puedo decir por experiencia personal, como exasesor general de una gran empresa fuertemente regulada, que muchos reguladores comienzan a identificarse con los ejecutivos corporativos con los que conversan con frecuencia. Llegan a verlos a ellos (y a los políticos que apoyan) como su propio grupo de interés en lugar del público en general. Los reguladores no mantienen el mismo tipo ni la misma cantidad de contacto con la persona promedio, es decir, los contribuyentes que pagan sus salarios. Estas relaciones estrechas entre reguladores y regulados pueden convertirse en empleos muy bien remunerados para los reguladores una vez que dejan el Gobierno, lo que hace que sean aún más receptivos a los intereses corporativos. Es posible que estén tomando decisiones hoy que beneficien a las empresas para las que podrían buscar trabajar mañana. Este fenómeno, demasiado común, se conoce como «captura regulatoria» y ocurre cuando los reguladores se identifican más con aquellos a quienes regulan que con el público al que se supone que deben proteger.

Si realmente queremos un sistema regulatorio que impulse a las empresas a ser más receptivas a nuestras preocupaciones sobre cómo se fabrican los productos, debemos actuar en nuestro propio interés en lugar de esperar a que los grupos de presión decidan hacerlo algún día por nosotros. Necesitamos apoyar a políticos que definan objetivos concretos para las empresas que consideremos necesarios, ya sea en relación con los salarios, el medio ambiente o la atención a los clientes.

El problema no radica en el capitalismo en sí. Las conductas dañinas por parte de las empresas existirán en cualquier sistema en el que la gente no pueda, o no sepa, hacer valer sus demandas sobre cómo deben funcionar las compañías y cómo deben ser tratados los trabajadores. En particular, las naciones con mercados más libres (es decir, con menos control gubernamental sobre las empresas, como Estados Unidos) suelen ofrecer mayor protección frente a los abusos a consumidores y trabajadores que muchos países con control estatal más amplio (como China).

Esto puede deberse a que, en los países con fuerte control gubernamental sobre la economía, los mercados, la prensa y la mayoría de los ámbitos de la vida, la población tiene menos capacidad para hacer valer sus demandas. La cuestión de cómo podemos afirmarnos de manera más eficaz dentro de nuestro sistema económico e influir en las empresas se abordará en el capítulo 8.

Qué bienes se producen

Tú o yo podemos pensar que gran parte (¿la mayoría?) de lo que se compra y se vende en la economía actual es innecesario y sin sentido. Pero dado que cada uno de esos bienes y servicios se adquiere de manera voluntaria, sabemos que para alguien tienen un valor al menos tan grande como su precio. De lo contrario, no lo habrían comprado en primer lugar.[1]

Por ejemplo, hay personas (yo no me cuento entre ellas) que pagarían 500 000 dólares por un Rolls-Royce Phantom. ¿Por qué? Porque la satisfacción que obtienen de poseer el automóvil (y, presumiblemente, de ver la reacción de los demás ante el hecho de que lo posean) hace que el precio les resulte justificado. ¿Hay algo de malo en ello?

1. Esto también es cierto, al menos en teoría, para las compras del Gobierno. Nuestros representantes autorizan la adquisición de bienes y, si creemos que lo que se paga excede el valor que recibimos, en teoría deberíamos votarles en contra para sacarlos del cargo.

Por un lado, dado que vivimos en una sociedad que valora (o dice valorar) la libertad individual, la expresión personal y la posibilidad de elegir sin restricciones, siempre y cuando no se dañe a terceros, ¿estaríamos justificados al objetar una compra basada en semejante «gusto» por los automóviles? Y si permitiéramos que tales objeciones impidieran a la gente comprar ciertas cosas, los compradores de un Rolls-Royce Phantom podrían mostrar objeciones contra mi Toyota Corolla o, más probablemente, contra mi suscripción a un sistema de bicicletas compartidas.

Por otro lado, dado que lo que se produce depende de lo que la gente compra, una desigualdad de ingresos significativa implica que los caprichos de algunos se satisfacen mientras que las necesidades críticas de otros no. Éste es sólo uno de los problemas derivados del aumento de la desigualdad de ingresos, que será el tema de las siguientes secciones y un motivo recurrente en este libro.

Quién recibe qué

En casi todos los sistemas actuales, lo que alguien recibe depende de cuánto dinero gana él mismo o lo que ha ganado su cónyuge, sus padres u otra persona generosa. Y mucha gente considera que lo que alguien gana depende de su esfuerzo y capacidad. Cuanto más trabajen y más inteligentes sean, más se espera que ganen.

Sin embargo, muchos otros factores además del esfuerzo y la inteligencia –como estar en el lugar y en el momento adecuados o haber nacido en una familia funcional que viva en un barrio deseable con buenas escuelas– desempeñan un papel más importante en la determinación de los ingresos de lo que la mayoría de la gente estaría dispuesta a admitir. Aun así, la mayoría acepta que las personas obtienen ingresos desiguales no porque eso esté moral u objetivamente justificado, sino porque sirve como un poderoso incentivo para ser más productivas. La idea es que, si todos ganaran lo mismo (o algo muy cercano), no estarían motivados para ir a trabajar y, en caso de que se les obligara, tampoco lo estarían para hacer mucho una vez allí. Todos serían iguales, sí, pero igualmente pobres, porque no se produciría gran cosa.

Si la laboriosidad se recompensa con mayores ingresos, existe un incentivo para trabajar más y ser más productivo, lo que se traduce en más producción disponible para todos. La Revolución Industrial y su gran aumento de la producción y de los niveles de vida promedio suelen considerarse una prueba de que los incentivos económicos funcionan. Pero más recientemente esto parece cada vez menos cierto. ¿Por qué? Porque, a partir de cierto punto, el aumento de la desigualdad de ingresos, como la que estamos experimentando hoy en día, empieza a reducir la producción económica en lugar de incrementarla. ¿Cómo es posible?

Cuando los ingresos son más iguales, los patrones de gasto son más regulares y consistentes. Mil hogares, cada uno con un ingreso anual de 60 000 dólares, es probable que gasten casi todo su dinero (en lugar de ahorrar una gran parte) y, además, lo hagan de formas similares. Repartirán su ingreso más o menos de la misma manera entre vivienda, alimentación, transporte, ropa, servicios públicos y otros gastos básicos. Como estos hogares terminan gastando casi la totalidad de sus sesenta millones de dólares combinados, se producen bienes y servicios por un valor cercano a sesenta millones, generando oportunidades y empleos para las muchas personas necesarias para producir todos esos bienes y servicios. Además, sus hábitos de consumo, más o menos parecidos y predecibles, permiten una planificación de la producción más sencilla, mejor organizada y eficiente.

Por otro lado, si los sesenta millones de dólares de ingresos se reparten de forma muy desigual entre los mil hogares, el gasto total disminuye y el gasto que sí se realiza tiende a ser más errático. ¿Por qué? Las personas con mayores ingresos gastan una proporción menor de lo que ganan (es decir, tienden a ahorrar más) que las de ingresos bajos. Por lo tanto, se reinyecta menos dinero en la economía como gasto, se produce menos y se generan menos empleos y oportunidades para los demás.

Además, los patrones de gasto de quienes ganan más suelen ser mucho menos previsibles. Si un hogar gana cincuenta veces más que otro, no compra cincuenta veces más comestibles, automóviles o cortes de pelo. Lo que hace con ese ingreso adicional es incierto. Puede dedicarlo a comprar un yate una vez cada década, someterse a múltiples cirugías estéticas, organizar una fiesta de cumpleaños de tres millones de dólares (como se informó que hizo el magnate musical Sean Combs)[2] o pagar 69 millones por un archivo digital de un artista (Beeple),[3] mientras la mayoría de los demás artistas luchan por mantener un techo sobre sus cabezas.

La posibilidad de ganar más que tu vecino (o incluso más que todos tus vecinos juntos) suele incentivar a la gente a trabajar más y ser más productiva. Pero, a partir de cierto punto, ese incentivo se agota. ¿Habrían dejado Mark Zuckerberg, Bill Gates o Jeff Bezos de crear Facebook, Microsoft o Amazon si sus impuestos hubieran sido más altos, incluso significativamente más altos? Tal vez no. Sospecho que estaban tan obsesionados con sus proyectos que no pensaban en los posibles tipos impositivos. Y aun en el caso de que los tres hubieran decidido no fundar sus empresas por temor a que los impuestos sobre sus beneficios fueran demasiado altos, ¿no habría habido otras personas competentes interesadas en crear una red social, un proveedor de *software* o una tienda minorista en línea? Seguramente sí.

Una desigualdad significativa reduce el tamaño de la tarta económica (es decir, la cantidad total de bienes y servicios) para todos. Incluso los «ganadores» en una economía así no ganan tanto como podrían: aunque su parte de la tarta aumenta, el tamaño total no es tan grande como podría ser. Para el resto, los efectos son mucho peores. Aunque muchos estemos económicamente bien (lo cual, en términos históricos, es cierto), las personas evalúan sus circunstancias de manera subjetiva comparándose con quienes las rodean. Por lo tanto, las enormes disparidades de ingresos pueden avivar el resentimiento, hacer que la gente perciba que nuestro sistema económico es injusto y minar la confianza en él.

Esto es particularmente cierto, ya que las circunstancias económicas de las personas dependen cada vez más de la familia en la que nacen, más que de lo que hagan por sí mismas. En Estados Unidos, alrededor

2. Sean Combs (1970-), también conocido como Puff Daddy, P. Diddy o Diddy, es un rapero, productor y empresario estadounidense con una fortuna multimillonaria y célebre por su estilo de vida extravagante *(N. del T).*

3. Seudónimo de Mike Winkelmann (1981-), diseñador gráfico y artista digital estadounidense célebre por la venta de su obra *Everydays: The First 5000 Days* en formato NFT, que alcanzó un precio récord de 69 millones de dólares en 2021.

del 60 % de toda la riqueza proviene de herencias, lo que significa que la mayor parte de las riquezas del país, y las muchas ventajas asociadas a ellas, terminan en manos de personas que no hicieron nada para ganarlas.[4] Además, si se dividen todas las familias en cinco grupos según su nivel de ingresos, la Brookings Institution encontró que un niño nacido en el quintil más bajo tiene unas once veces más probabilidades de permanecer en ese mismo grupo de ingresos que de ascender al quintil más alto (43 % frente al 4 %). Por el contrario, un niño nacido en el quintil más alto tiene cinco veces más probabilidades de permanecer en él que de descender al más bajo (40 % frente al 8 %).[5] A menos que los hijos de familias ricas nazcan inherentemente más inteligentes y diligentes, esto constituye una prueba contundente de que en Estados Unidos no se garantiza la igualdad de oportunidades para todos los niños.

El legado de generaciones de desigualdad es bastante visible hoy en día. Las comunidades siguen estando muy segregadas y los resultados vitales –desde la longevidad hasta los ingresos– difieren de manera significativa según la raza y la etnia. Aunque en las últimas décadas ha habido avances, una estadística muestra cuánto camino queda por recorrer: un informe de 2023 de la RAND Corporation señala que la riqueza neta mediana de un hogar negro era de 24 000 dólares, mientras que la de un hogar blanco ascendía a 189 000 dólares.[6]

---

4. Alvaredo, F. *et al.*: «On the Share of Inheritance in Aggregate Wealth, Europe and the United States, 1900-2010», *Paris School of Economics* (29 de octubre de 2015). Disponible en: piketty.pse.ens.fr/files/AlvaredoGarbintiPiketty2015.pdf. Debido a las limitaciones de los datos, existen estimaciones divergentes sobre la magnitud de la riqueza que se hereda. Véase también Davies, J. B. *et al.*: «The Distribution of Wealth», en Atkinson, A. B., *et al.* (eds.): *Handbook of Income Distribution, vol. 1*. Elsevier Science B.V., Ámsterdam, 1999, págs. 605-675. Disponible en: eml.berkeley.edu/~saez/course/Davies,Shorrocks(2000).pdf
5. Greenstone, M. *et al.*: «Thirteen Economic Facts about Social Mobility and the Role of Education», *Brookings* (26 de junio de 2013). Disponible en: www.brookings.edu/research/thirteen-economic-facts-about-social-mobility-and-the-role-of-education
6. Irving, D.: «What Would It Take to Close America's Black-White Wealth Gap?», *The RAND Blog* (9 de mayo de 2023). Disponible en: www.rand.org/pubs/articles/2023/what-would-it-take-to-close-americas-black-white-wealth-gap.html

Aunque fue muy difícil promulgar las leyes de derechos civiles y poner fin a la discriminación legal, alcanzar plenamente los ideales que encarnan esas leyes resultará aún más arduo. La inversión en educación y en los barrios de bajos ingresos es una parte esencial de este proceso. Una parte aún más complicada consiste en lograr que los estadounidenses comprendan que promover la equidad y la igualdad de oportunidades fortalece la confianza en el sistema económico, permite que más personas sean productivas, hace crecer la tarta económica y, en consecuencia, beneficia a todos.

La impresión de que todos no estamos en el mismo barco está aumentando, dividiendo a la sociedad y representando una amenaza cada vez mayor para la estabilidad y el bienestar de la nación. La situación se agrava porque la concentración de recursos en la cúspide ha permitido a los más ricos aislarse en enclaves acomodados con todo tipo de servicios privados. Sus mayores recursos les brindan además una influencia aún mayor sobre el sistema político, concediéndoles más ventajas y empeorando una situación ya de por sí grave.

Creo que todo lector de este libro en Estados Unidos es ya del todo consciente de la creciente brecha económica en el país. No faltan estadísticas que muestran cómo se han disparado las ganancias de ingresos del 1 % superior, cómo los salarios de los directores ejecutivos en relación con los de los trabajadores promedio alcanzan un máximo histórico y cómo los ingresos de estos últimos apenas han superado el aumento del coste de la vida. Aunque estas tendencias son evidentes, sus causas pueden no serlo tanto. De eso hablaremos a continuación.

¿POR QUÉ NUESTRO SISTEMA ECONÓMICO PROVOCA MAYOR DESIGUALDAD?

La economía del «ganador se lo lleva todo»

Retrocedamos poco más de cien años y pensemos en los ingresos de cantantes y músicos. No existían los discos, los casetes, los discos compactos, iTunes ni YouTube. La gente escuchaba música en actuaciones en directo, en teatros o en salas de conciertos. Si querías oír música, ésa era tu única opción. Como resultado, en casi todas las ciudades muchas personas podían ganarse la vida como cantantes o músicos. Al fin y al cabo, no era posible que un mismo intérprete actuara en varios lugares al mismo tiempo. Algunos artistas eran mejores que otros y, presumiblemente, tenían ingresos algo superiores. Pero había un gran número de personas empleadas de este modo, junto con tramoyistas, acomodadores, vendedores de entradas, etcétera, lo que les permitía mantenerse y, tal vez, sostener a toda una familia con sus ganancias.

¿Qué ha pasado desde entonces? El mercado para estos intérpretes y los trabajos relacionados con sus actuaciones se ha reducido de manera drástica. Un puñado de artistas estrella domina el negocio musical internacional. Mientras tanto, las salas de conciertos han desaparecido en gran medida, y con ellas los empleos locales que generaban. La cantidad de dinero que se gasta en entretenimiento no ha disminuido con los años. Lo que ha ocurrido es que ese gasto se concentra cada vez más en unos pocos artistas estrella.

Lo mismo ocurre con los fabricantes de muebles. Basta con visitar cualquier museo con una colección de mobiliario estadounidense temprano para ver piezas fabricadas en la mayoría de las grandes ciudades. Esto se debe a que la mayor parte de los muebles se fabricaba localmente. ¿Cuántos de tus propios muebles fueron hechos de manera local? Tal vez muy pocos, si es que alguno cumple estas características. Unos cuantos gigantes del sector, especialmente atentos a los gustos de los consumidores y, en particular, eficientes en la producción y la distribución (como IKEA), dominan la industria. Los fabricantes locales casi han desaparecido y las ganancias se concentran ahora en un número mucho menor de grandes productores de muebles.

Aquí hay un patrón. Sí, el capitalismo siempre ha beneficiado a los productores más populares. Los artistas más aclamados recibían los ingresos más altos y los mejores muebles se vendían a los precios más elevados. Y el capitalismo sí crea un poderoso incentivo para que todos produzcan bienes y servicios que los consumidores desean.

Pero algo ha cambiado desde los tiempos en que había espacio para muchos artistas, muchos fabricantes de muebles y muchísimos otros productores. Los ingresos se concentran cada vez más en un número cada vez menor de superproductores. A este fenómeno se le llama la economía del «ganador se lo lleva todo», y con razón. Hoy en día, la tendencia que acabó con el papel de los artistas locales y de los fabricantes de muebles se está acelerando, limitando las oportunidades en cada vez más ámbitos. Dos de los ejemplos más evidentes en la actualidad son la amenaza que Amazon representa para toda la industria minorista y la que Google supone para toda la industria de la información.

La respuesta es la revolución tecnológica (que, como hemos discutido, forma parte de la continuación de la Revolución Industrial). La tecnología de grabación ha permitido que unos pocos grandes artistas actúen a escala global en lugar de limitarse a un solo recinto. Más aún, les ha permitido presentarse un número infinito de veces a partir de una sola grabación. La tecnología, y en particular Internet, ha hecho que los minoristas puedan vender sus productos en cualquier lugar sin tener que negociar por un espacio en una ciudad (o país) desconocido, contratar empleados locales, supervisar el negocio mediante costosas llamadas telefónicas de larga distancia o aprender las normas y regulaciones locales. En esencia, la tecnología moderna ha reducido enormemente, si no eliminado por completo, el coste de hacer negocios a gran escala. Esto proporciona ventajas de coste significativas (lo que los empresarios llaman «economías de escala») a los proveedores más grandes y hace muy difícil que cualquier otro pueda competir con ellos.

Hacer negocios a gran escala geográfica antes de la tecnología avanzada siempre fue difícil y costoso. En el caso de los artistas y de muchos otros proveedores de servicios, era literalmente imposible. Eso ya no es así. Muchas áreas de la economía ahora pueden ser monopolizadas y explotadas por unos pocos proveedores grandes y talentosos gracias a la tecnología y a la plataforma gratuita de Internet. En esencia, la economía siempre ha producido ganadores que se llevaban más que otros; ahora produce ganadores que se llevan «todo».

Este fenómeno afecta a todos los trabajadores. Cuando las personas tienen varias opciones de lugar de trabajo, así como la posibilidad de iniciar su propio negocio, cuentan con un mayor poder de negociación respecto a sus salarios y otras condiciones de empleo. También es más probable que se sindicalicen. Cuando la economía está dominada por unas pocas organizaciones gigantes que pueden aplastar con facilidad cualquier empresa emergente que pudiera competir con ellas, los trabajadores tienen menos margen de maniobra. La migración al trabajo en línea durante la pandemia de coronavirus redujo aún más la influencia de los trabajadores, ya que la bolsa de candidatos para muchos empleos pasó de ser local a incluir a cualquier persona en el planeta con conexión a Internet de alta velocidad.[7]

Para empeorar las cosas, los ejecutivos que dirigen estas megaempresas son del todo conscientes del mayor control que tienen sobre los trabajadores y sobre el sistema regulatorio. El poder de mercado de Walmart y Amazon no surgió de manera fortuita, y su éxito en impedir que los empleados se sindicalicen no es coincidencia. Trabajaron de manera ardua para establecer su influencia en un entorno donde los riesgos son mayores que nunca. La remuneración, el prestigio y, de hecho, la continuidad laboral de estos ejecutivos dependen de mantener los beneficios tan altos como sea posible. En la competencia entre el interés personal de cada ejecutivo por el resultado económico de su empresa y el gran número de trabajadores que pueden no conocer, a quienes quizás nunca vean y que pueden estar en otra ciudad o en otro país, el beneficio económico se impone claramente.

Automatización e inteligencia artificial

Para aquellos de nosotros que no hemos logrado grandes éxitos económicos (o, cada vez más, no contamos con padres o abuelos que los hayan conseguido), los avances en automatización e inteligencia artificial representan una amenaza creciente para nuestro bienestar económico. ¿Qué sucederá si estas tendencias continúan y se pierden más empleos a causa de la automatización y la inteligencia artificial? ¿Cómo se sostendrán los trabajadores desplazados? ¿Quién consumirá y evitará que la economía se contraiga?

---

7. Poleg, D.: «The Winners of Remote Work», *The New York Times* (31 de agosto de 2021). Disponible en: www.nytimes.com/2021/08/31/upshot/remote-work.html?searchResultPosition=1

«El futuro del trabajo» es un tema candente que provoca tanto opiniones de expertos como preocupación entre muchos trabajadores, temiendo que su empleo sea el próximo en desaparecer. Lawrence Katz, economista laboral en Harvard, estima que cinco millones de estadounidenses (casi el 3 % de toda la fuerza laboral), por ejemplo, se ganan la vida conduciendo taxis, autobuses, furgonetas, camiones y vehículos de transporte bajo demanda. *Todos* estos empleos podrían verse amenazados por los coches autónomos. De manera similar, aunque la producción manufacturera en Estados Unidos alcanzó un máximo histórico en 2024[8] (sí, has leído bien), el número de empleos en el sector manufacturero está disminuyendo debido a la automatización.

¿Es esto motivo de preocupación? Puedo plantear la pregunta de otra manera. Supón que cada semana trabajas cuarenta horas y ganas 1500 dólares. Ahora, imagina que pudieras usar la automatización y la inteligencia artificial para reducir tus horas semanales a treinta, mientras aumentas tu productividad de tal manera que tus ingresos aumenten en realidad a 1800 dólares. ¿Sería motivo de preocupación o un problema para ti que se te ofreciera esa opción (que eres libre de rechazar)? Claramente, no lo sería. Pero ésa es justo la opción que la automatización y la inteligencia artificial ofrecen a nuestra sociedad en su conjunto. La automatización y la inteligencia artificial tienen el potencial de incrementar en gran medida la productividad de nuestra economía: aumentar la cantidad de bienes y servicios que, como nación, podemos disfrutar y, al mismo tiempo, reducir la cantidad de trabajo que debemos realizar para producirlos.

Más bienes con menos esfuerzo suena muy bien. Cuando se le ofrece ese paquete a una persona, sin duda es beneficioso, porque esa persona obtiene ambos beneficios: más bienes y menos horas de trabajo. Pero cuando ese mismo paquete se ofrece a nivel global de la sociedad, surgen cuestiones sobre quién recibe los bienes adicionales y de quién se reduce o elimina el trabajo. Las personas que obtienen más bienes no

8. Banco de la Reserva Federal de San Luis: «Gross Domestic Product: Manufacturing (NAICS 31-33) in the United States», Federal Reserve Economic Data (FRED). Disponible en: fred.stlouisfed.org/series/USMANNQGSP (consultado el 20 de diciembre de 2024). La producción se mide en dólares.

son las mismas cuyas ocupaciones se recortan o desaparecen por completo. La automatización y la inteligencia artificial, por lo tanto, intensifican la tendencia del «ganador se lo lleva todo». Las personas que pueden competir a escala global empleando (o creando) automatización e inteligencia artificial obtienen enormes beneficios. Mientras tanto, el número de empleos y, por consiguiente, los ingresos y el poder de negociación del resto de la economía se reducen. Éstos son unos factores poderosos que incrementan la desigualdad de ingresos, alimentan el resentimiento y minan aún más la confianza en el sistema.

Sin embargo, el aumento acelerado de la desigualdad no es inevitable. Muchos otros países avanzados, en particular los países escandinavos y otros de Europa del Este, han logrado evitar el rápido incremento de la desigualdad que ha experimentado Estados Unidos.[9] Estos países cuentan con sistemas económicos similares, por lo que el «capitalismo» no es el culpable. De hecho, no hay evidencia de que nuestro sistema económico, que ha traído tanta prosperidad a tantas personas en los últimos siglos, esté fundamentalmente defectuoso ni de que un sistema alternativo funcionaría mejor. Sí existe, sin embargo, mucha evidencia de que hemos sido negligentes al regularlo y al asegurarnos de que nuestra economía continúe proporcionando oportunidades para todos.

Recuerda, la economía es como una autopista: necesita normas para funcionar de manera correcta. Si permanecemos pasivos e ignoramos los problemas que se desarrollan, como los automóviles que pasan cada vez más rápido, los accidentes son inevitables. Pero antes de que podamos evaluar qué debemos hacer colectivamente para revertir estas tendencias preocupantes y permitir que la economía funcione de manera más eficiente, necesitamos hablar más a fondo sobre cómo opera la economía. Después de todo, si quieres ayudar a arreglar un sistema, primero necesitas entenderlo. Comenzamos en el siguiente capítulo tratando de explicar la parte más fundamental del sistema económico: el dinero.

---

9. Organización para la Cooperación y el Desarrollo Económico (OCDE): «OECD Income (IDD) and Wealth (WDD) Distribution Databases». Disponible en: www.oecd.org/social/income-distribution-database.htm (consultado el 4 de febrero de 2025).

3

EL DINERO

¿Qué tienen en común el oro, los dólares y las criptomonedas?

El dinero es la raíz de todos los males.

Biblia del rey Jacobo

La falta de dinero es la raíz de todos los males.

Mark Twain, escritor estadounidense

¿QUÉ ES EL DINERO?

El dinero es probablemente la invención más importante en la historia de la humanidad. Casi todos los finalistas al título de «invención más importante de la historia de la humanidad» no podrían existir sin dinero.

Cuando los únicos bienes eran herramientas de piedra y pieles de animales, intercambiarlos entre sí («trueque») funcionaba a la perfección. El trueque no habría funcionado tan bien para los científicos que necesitaban laboratorios, microscopios, electricidad, productos químicos, jeringas y otros recursos para desarrollar los primeros antibióticos. Habrían tenido que averiguar qué ofrecer a cada uno de los miles de proveedores de materiales, bienes y servicios de los que dependía su descubrimiento. ¿Qué podrían ofrecer a la compañía eléctrica para mantener las luces encendidas? ¿A los fabricantes para que proporcionaran el equipo necesario? ¿A la empresa de vidrio para que les facilitara los instrumentos que precisaban? ¿Al asistente con un recién nacido en casa para que pasara largas horas en el laboratorio? Por otra parte, si todavía utilizáramos el trueque, ¿aceptarían mi supermercado, mi casero, mi compañía eléctrica, etcétera, copias de este libro a cambio de lo que me proporcionan? El dinero dio respuesta a todas estas innumerables preguntas y permitió que los antibióticos, este libro y casi todos los demás bienes y servicios que damos por sentados fueran posibles.

Es evidente que el dinero ejerce una enorme influencia sobre nosotros y nuestras decisiones de vida. Pero antes de poder evaluar su impacto, necesitamos entender muy bien qué es. Aunque resulta fácil dar ejemplos de dinero –por ejemplo, los billetes que llevas en la cartera–, definirlo puede ser bastante más difícil. Ahí es donde entran en juego los economistas. Ellos definen «dinero» como cualquier cosa que supere tres pruebas. La primera es si puede usarse ampliamente para obtener todo tipo de bienes y servicios, lo que llaman «medio de intercambio». Cualquier cosa que puedas usar para comprar un bocadillo en una tienda local, una camisa en Internet, un viaje en taxi por la ciudad, una entrada para un espectáculo o una casa en venta cumple este criterio. Pero para ser útil, el dinero también debe superar otras dos pruebas. Debe servir como un depósito de valor relativamente estable, manteniendo más o menos su valor a lo largo del tiempo. (La fruta no sería útil como dinero, ya que se pudre). Además, debe ser fácil de contar. (El gas helio no supera esa prueba en absoluto).

Cualquier cosa que cumpla estos tres criterios –servir como medio de intercambio, actuar como depósito de valor y ser fácil de contar– se considera dinero. Históricamente, los metales preciosos han desempeñado este papel (y se abordarán con más detalle en la siguiente sección). En algunos campos de prisioneros de guerra, los cigarrillos sirvieron como dinero. La sal, que antaño fue mucho más valiosa que hoy, también se utilizó como dinero. De hecho, *salarium*, la palabra latina para el pago de los soldados en sal, es la base de nuestro término «salario».

En la economía moderna, sin embargo, existe un consenso general sobre lo que cumple estas tres pruebas del concepto de dinero. En concreto, se trata de la moneda en circulación (como, por ejemplo, esos billetes verdes emitidos por la Reserva Federal de Estados Unidos, más conocida como la «Fed») y de los depósitos bancarios (a los que se puede acceder con facilidad mediante cheques, tarjetas de débito y aplicaciones móviles).[1] Ambos pueden utilizarse de inmediato para comprar casi cualquier cosa que esté a la venta. Pocas otras cosas tienen una aceptación tan universal y, por lo tanto, pocas otras generalmente se consideran «dinero». Si no lo tienes claro, basta con dirigirte a una tienda local o a un vendedor en Internet e intentar pagar con oro, un certificado de acciones, bitcoins o casi cualquier otra cosa distinta del «dinero» y ver hasta dónde llegas.

Puede que estés pensando: ¿qué pasa con las tarjetas de crédito? Muchas cosas se compran con tarjetas de crédito. Sin embargo, las tarjetas de crédito no se consideran dinero porque sólo te permiten aplazar el pago de lo que has comprado (de ahí el término «crédito») y pagarlo después, presumiblemente con «dinero» de tu cuenta bancaria.

Puede que te sorprenda saber que la moneda que no está en circulación –es decir, la que permanece en las bóvedas bancarias o la que acaba de salir de las imprentas del Gobierno– tampoco se considera dinero. Sólo se considera dinero aquella moneda que está en manos de alguien que pueda gastarla, ya sea un consumidor, una empresa, el propio Gobierno o incluso un ladrón que haya robado efectivo de un banco y logrado escapar. Así, aunque el efectivo almacenado en las bóvedas bancarias pueda parecer dinero, no puede ser gastado por nadie y, por lo tanto, no lo es. (Eso sí, cumple un papel en nuestra economía, del que hablaremos al tratar sobre el Sistema de la Reserva Federal y el sistema bancario en el capítulo 11).

Existe otra razón por la que el efectivo guardado en las bóvedas bancarias no cuenta como dinero. Cuando alguien deposita un billete de veinte dólares en su cuenta, recibe un abono en ella por el mismo im-

1. El dinero (la moneda en circulación más los saldos de cuentas corrientes y de ahorro) también se denomina «M1» u «oferta monetaria». (Técnicamente, también incluye los pocos dólares en cheques de viaje). Existen otras definiciones más amplias de dinero, como la M2, que incluye todo lo que forma parte de la M1 más los depósitos a plazo y los saldos de fondos del mercado monetario minorista. No obstante, la M1 es la definición más aceptada y, en general, es a lo que se refieren quienes trabajan en finanzas, negocios y economía cuando hablan de dinero.

porte. Contar tanto los veinte dólares en efectivo ahora guardados en la bóveda (que no pueden gastarse) como el incremento de veinte dólares en el saldo de la cuenta (que sí puede gastarse) supondría inflar la cantidad de dinero en la economía. En realidad, una forma de dinero (la física) simplemente se ha intercambiado o convertido en otra forma de dinero (la electrónica).

La idea clave aquí es que las dos formas de dinero (los billetes físicos de la Reserva Federal en circulación y los créditos electrónicos en una cuenta bancaria) son intercambiables. Tu banco estará encantado de convertir una en otra. Y si tu banco no dispone de suficiente efectivo, la Fed se lo enviará sin problema. (Se pueden visitar las enormes imprentas del Gobierno, capaces de producir toda la moneda necesaria).[2] Lo único que ocurre cuando alguien llena su cartera haciendo una retirada de efectivo o ingresa dinero en su cuenta bancaria haciendo un depósito es que una forma de dinero se intercambia por otra. La cantidad total de dinero no cambia cuando alguien retira o deposita en su cuenta. Al menos, todavía no en esta historia.

Por último, cuando enseñaba economía, siempre preguntaba a la clase cuánto «dinero» tenía Bill Gates. El objetivo de la pregunta no era admirar su riqueza (que asciende a unos 130 000 millones de dólares en el momento de escribir estas líneas), sino recalcar que el dinero es algo diferente de la riqueza. La mayor parte de la riqueza de Gates está en acciones de empresas (en particular, de Microsoft) y apuesto a que muy poco está en dinero, es decir, en efectivo y saldos bancarios. El dinero, sin duda, cuenta como riqueza, pero la gran mayoría de la riqueza de las personas (y especialmente de las más adineradas) no está en dinero, sino en acciones, bonos e inmuebles.

Puede que te preguntes: ¿por qué nos molestamos en definir con precisión qué es el dinero si todos creemos saberlo ya? La razón es que lo que impulsa la economía es la forma en que se crea el dinero, quién lo crea y quién lo recibe (y en qué cantidades). No se trata de una idea

2. La tarea de imprimir billetes le corresponde a la Oficina de Grabado e Impresión del Departamento del Tesoro de Estados Unidos, no a la Reserva Federal. En España, el organismo encargado de la emisión es el Banco de España, bajo las directrices del Banco Central Europeo, mientras que la Fábrica Nacional de Moneda y Timbre (Real Casa de la Moneda) se ocupa de la impresión física *(N. del T)*.

abstracta, sino de algo que tiene un impacto directo y significativo en todo, desde las oportunidades individuales hasta el ciclo económico, pasando por lo que tú y yo elegimos hacer para ganarnos la vida y cómo vivimos. Comprender qué es el dinero y cómo funciona es fundamental para entender la economía. Dada su importancia, la siguiente sección ofrece un repaso sobre cómo se ha desarrollado el dinero a lo largo de miles de años y ayuda a explicar dónde nos encontramos en la actualidad.

LA HISTORIA DEL DINERO

Dinero mercancía: el dinero original

Esta historia tiene cuatro partes. La primera es la más sencilla. El dinero más antiguo incluía oro, plata, conchas, sal y casi cualquier cosa que fuera escasa y considerada valiosa. En particular, los metales preciosos se usaban comúnmente como dinero, aunque no sin todo tipo de problemas.

En primer lugar, las personas no tenían un método fácil para evaluar la pureza de los metales preciosos. Las monedas de oro y plata podían ser adulteradas. Una moneda con un 50 % de oro podía fundirse para crear dos monedas con un 25 % de oro cada una, y pocas personas podían notar la diferencia. Además, una compra grande requería una considerable fuerza física, tanto para transportar todo el metal como para protegerlo de los ladrones (en una época en la que no se podía simplemente llamar a la policía). Una compra pequeña podía requerir la intervención de un trabajador especializado para dividir la pieza de metal.

Por último, el descubrimiento de una nueva fuente de metal precioso podía hacer muy rico al descubridor, pero al mismo tiempo disminuir el valor de las posesiones de otras personas, ya que el metal «precioso» se volvía algo menos preciado. A pesar de tener problemas con dos de las tres pruebas para el dinero –las cuestiones de pureza dificultaban su conteo y las de escasez hacían que su valor fluctuara–, los metales preciosos y otras mercancías escasas sirvieron como medios de intercambio y se consideraron dinero durante miles de años.

Pero, como hemos comentado, la tecnología tiene el potencial de cambiarlo todo.

Dinero respaldado por mercancías: dinero nuevo y algo mejorado

La invención de la imprenta en el siglo XV permitió que en Europa se generalizara un nuevo tipo de dinero: los billetes impresos («moneda») que tenían un valor específico claramente indicado en su anverso y que, por lo general, eran emitidos por banqueros privados, como los Médici de Florencia, en Italia. Estos billetes estaban «respaldados» por metales preciosos depositados en la bóveda del emisor del billete. Los emisores afirmaban que tenían una cantidad de oro o plata equivalente al valor de los billetes que emitían. Cada billete era similar a un recibo por una cantidad de metal precioso igual al valor nominal del billete. Si querías canjear tu billete por oro o plata auténticos, estos emisores estaban dispuestos a proporcionártelo. Pero ¿por qué molestarse? Los billetes eran mucho más fáciles de transportar, su valor se indicaba de forma clara, se encontraban disponibles en diversas denominaciones y, lo más importante, eran ampliamente aceptados por los vendedores de todo tipo de bienes y servicios.

El hecho de que estos billetes adquirieran vida propia creó un problema. Se esperaba que los banqueros privados que los emitían tuvieran bóvedas llenas de metales preciosos para respaldarlos. Pero si emitían algunos billetes adicionales para prestar a otros –quienes devolverían los préstamos con los intereses que los banqueros se quedaban– o emitían algunos billetes extra con algún otro propósito, ¿quién lo sabría? La gente rara vez canjeaba sus billetes por metales preciosos. Mientras los banqueros tuvieran suficiente oro o plata para satisfacer la demanda de los pocos que quisieran cambiar su dinero en papel por metales preciosos, estaban a salvo. El «valor» total de todos los billetes emitidos podía superar el valor total de los metales preciosos que poseían y nadie se daría cuenta.

Bueno, los banqueros estaban a salvo... hasta que algunos se dejaron llevar por la codicia. Una vez que la gente fue consciente de que algunos banqueros podrían no tener tanto metal precioso como sugerían sus billetes en circulación, las solicitudes de canje se dispararon, provocando una corrida bancaria. Si efectivamente los banqueros emitieron demasiados billetes y no tenían suficiente metal precioso para satisfacer lo que a menudo era una multitud enorme e indisciplinada de personas exigiendo canjear sus billetes, el banco quebraba. Si un banco quebraba, la gente desconfiaba de los demás bancos, que también se veían inundados de solicitudes de canje. Estas crisis de «corrida bancaria» ocurrían con regularidad y a menudo terminaban de manera violenta, con consecuencias graves para toda la economía. Ésta es una de las principales razones por las que los Gobiernos empezaron a asumir el negocio de emitir moneda.

La «moneda respaldada por mercancías», denominación general para este tipo de dinero, tuvo un recorrido de varios cientos de años y fue común hasta bien entrado el siglo XX. Es la razón por la que en inglés la libra esterlina, la moneda británica, se conoce como *pound sterling*,[3] y por la que en la parte superior de los billetes estadounidenses a menudo se leía «Silver Certificate» en lugar de «Federal Reserve Note»[4] hasta 1964. El sistema pudo haber funcionado mejor bajo la supervisión gubernamental que cuando los banqueros privados emitían la moneda, pero todavía presentaba grandes problemas.

Por un lado, el «patrón oro», como llegó a conocerse, impedía que las naciones emitieran dinero si no tenían suficiente oro u otro metal precioso para respaldarlo. Aseguraba que los Gobiernos no imprimieran demasiada moneda y provocaran que la existente perdiera valor. Por otro lado, el patrón oro era un corsé económico. Ataba el valor de la moneda de una nación a un metal relativamente inútil y escaso sobre el cual la nación no tenía control. Si estallaba una guerra o se producía una recesión económica importante, crear nueva moneda para afrontar esas crisis no era una opción. Si un nuevo hallazgo de oro en algún lu-

3. *Sterling* significa «plata de ley» e indica que su valor estaba originalmente respaldado por plata de alta pureza *(N. del T)*.

4. «Silver Certificate» indica que el billete podía canjearse por plata, mientras que «Federal Reserve Note» es la denominación de los billetes emitidos por la Reserva Federal *(N. del T)*.

gar lejano reducía el valor del metal, la moneda de la nación también perdería valor, poniendo en riesgo a toda la economía.

Puede que todo esto suene a historia oscura y lejana, pero casi todos los niños aprenden sin darse cuenta el carácter opresivo del patrón oro a través de la famosa alegoría de *El mago de Oz* de Lyman Frank Baum. ¿El camino de baldosas amarillas que se supone que debe conducir a Dorothy y a sus amigos a la solución de sus problemas? Ése es el patrón oro. ¿La tierra de Oz que buscan? Es la abreviatura *oz*, de *ounce* («onza de oro»). El grupo sigue el camino de baldosas amarillas pese a todo tipo de peligros en el trayecto, sólo para encontrar a un anciano inútil de Omaha en lugar de una ayuda real. Les habría resultado mucho más fácil alcanzar sus objetivos si sólo hubieran abandonado el camino. La lección que aprendieron Dorothy y sus amigos fue la misma que aprendieron los Gobiernos del mundo a mediados del siglo xx.

Dinero fíat: dinero de la nada

En la década de 1930, la Gran Depresión y la amenaza para la civilización que representó la Segunda Guerra Mundial ejercieron una gran presión sobre los Gobiernos. Se enfrentaban a una disyuntiva: podían aferrarse al patrón oro, carecer de dinero suficiente para responder a las crisis y arriesgarse al colapso, o podían abandonar el patrón oro y simplemente crear el dinero que necesitaban. Como puedes imaginar, optaron por lo segundo.

¿Qué significó eso? A partir de 1931 en el Reino Unido y de 1933 en Estados Unidos (lo cual es muy reciente si consideramos toda la historia del dinero), estos Gobiernos empezaron a desmantelar el patrón oro.[5] Comenzaron a crear dinero no respaldado por nada, salvo por el decreto gubernamental de que el dinero creado tenía valor. A esto se le llama «dinero fíat» o «dinero por decreto». Los Gobiernos establecen que un billete de veinte dólares que ellos emiten vale veinte veces más que un billete de un dólar que emiten, tan sólo porque imprimieron un «20» en uno y un «1» en el otro. Literalmente, no hay

5. Estados Unidos abandonó por completo el patrón oro en 1971.

nada más detrás de ello. La moneda actual no valdría más que el papel en el que está impresa, de no ser por el acuerdo colectivo de que vale más. ¿Cuánto más? Justo lo que el Gobierno imprime en ella.

Imprimir moneda es sencillo. Lo complicado es cómo consigue el Gobierno poner esa moneda en manos de alguien que realmente pueda gastarla (es decir, ponerla en «circulación») y, de ese modo, transformarla de un montón protegido de papel impreso con abundante escritura oficial en «dinero», tal como lo hemos definido. El capítulo 11, que aborda el Sistema de la Reserva Federal y cómo controla la cantidad de dinero en circulación, detallará ese proceso complejo.

Mientras tanto, hay una lección importante que extraer del dinero fíat: si el propio dinero es quizás el invento más importante de la historia de la humanidad, el acuerdo universal de que el dinero creado de la nada por el Gobierno tiene valor es tal vez la convicción más importante de la historia de la humanidad. Literalmente, no hay nada más en lo que todos los seres humanos del planeta estén de acuerdo: ni en la forma de la Tierra, ni en el color del cielo, ni en la ubicación del Empire State Building. En cambio, el dinero fíat, el que llena nuestros bolsillos y cuentas bancarias, no es objetivamente más que algo inventado por el Gobierno. Sin embargo, tiene un enorme valor sólo porque todos (literalmente, todos) actuamos como si lo tuviera y, en el caso de la moneda, como si su valor fuera igual al número que la imprenta del Gobierno le ha impreso.

Es obvio que esto es positivo, porque, como hemos comentado, el trueque ya no funcionaría en una economía con innumerables bienes y servicios. Pero también lo es por otra razón: demuestra que podemos ponernos de acuerdo en algo si ello hace la vida más fácil y mejor, como lo hace sin duda la moneda fíat. Ésta es una lección que debería aplicarse de manera más amplia.

Monedas alternativas: ¿el dinero del futuro?

En los últimos años, el monopolio del Gobierno sobre el dinero ha empezado a parecer menos seguro. ¿Comenzarán algunas monedas alternativas a competir con el dólar y se convertirán en un medio de intercambio ampliamente aceptado y una reserva de valor estable? ¿Está surgiendo una nueva forma de dinero?

Antes de considerar hacia dónde nos dirigimos, tenemos que despojarnos de todo el *hype* y centrarnos en lo que son las monedas alternativas. Todas comparten dos características distintivas: son monedas virtuales, lo que significa que existen sólo de forma electrónica (no físicamente, como el dinero impreso o las monedas metálicas) y, lo que es más importante, son emitidas por alguien distinto del Gobierno.

La primera pregunta obvia es: ¿quién emite estas monedas alternativas? En la mayoría de los casos, no es posible saberlo, ya que el emisor puede ser literalmente cualquiera con ciertos conocimientos técnicos o con varios cientos de dólares para pagar a alguno de los numerosos servicios web que ayudan a crear una moneda. El emisor puede incluso ser un periodista del *The New York Times*, como David Segal, que creó su propia criptomoneda (la cual le proporcionó réditos periodísticos, si no financieros).[6] La opacidad sobre quién está detrás de la mayoría de estas monedas alternativas es cierta incluso en el caso de bitcoin, la mayor con diferencia, cuyo fundador aún no se conoce con certeza.[7]

No obstante, las criptomonedas, como bitcoin, han surgido como las principales monedas alternativas. Se denominan criptomonedas por los sofisticados algoritmos de cifrado que emplean para hacerlas seguras y difíciles de falsificar. En el momento de redactar este texto, el valor total de las criptomonedas en circulación se estima en unos 3,65 billones de dólares, partiendo de cero en 2009.[8] Lo notable es que el valor total de las criptomonedas es significativamente mayor que

6. Segal, D.: «Going for Broke in Cryptoland», *The New York Times* (5 de agosto de 2021). Disponible en: www.nytimes.com/2021/08/05/business/hype-coins-cryptocurrency.html

7. Sharma, R.: «Three People Who Were Supposedly Bitcoin Founder Satoshi Nakamoto», *Investopedia* (8 de septiembre de 2021). Disponible en: www.investopedia.com/tech/three-people-who-were-supposedly-bitcoin-founder-satoshi-nakamoto

8. CoinMarketCap: «All Cryptocurrencies». Disponible en: coinmarketcap.com/all/views/all (consultado el 4 de febrero de 2025).

el valor total de *toda* la moneda estadounidense en circulación (alrededor de 2,4 billones de dólares).[9]

Casi todas las discusiones sobre criptomonedas incluyen la tecnología *blockchain* (cadena de bloques) en la que se basan, sus técnicas de cifrado, las «carteras» virtuales en las que la gente las guarda, el registro electrónico distribuido de cada transacción, los métodos complejos para crear nuevas unidades de la moneda (lo que se denomina «minería») y la extraordinaria cantidad de electricidad que consume todo el proceso. Si éste fuera un libro sobre tecnología o un libro para alguien interesado en invertir en criptomonedas (y oferta de ellos no falta), esos detalles serían relevantes. Dado que se trata de un libro sobre economía, comprender esos detalles es tan poco pertinente para nuestra discusión como lo sería entender cómo la imprenta imprime la tinta en un billete de veinte dólares. Como ocurre con tantos conceptos en los negocios y la economía, una multitud de detalles técnicos irrelevantes se interponen en el camino de la verdadera comprensión.

Entonces, ¿qué es lo importante de las monedas alternativas para nuestros fines? La gran mayoría de ellas no tiene ningún respaldo ni valor intrínseco. Son como las monedas fíat de las que hablamos en la sección anterior, salvo que son emitidas por alguien distinto del Gobierno. No son más que dígitos en el ciberespacio. Entonces, ¿por qué tienen algún valor?

Sabemos que el dólar estadounidense tiene valor porque siempre se acepta como medio de intercambio. No sólo puedes usar el dólar, sino que también, con raras excepciones, debes emplearlo para adquirir bienes a la venta y para pagar obligaciones, incluidos los impuestos. Incluso una conferencia reciente sobre bitcoin en la ciudad de Nueva York exigió el pago de la cuota de inscripción en dólares.

Mientras tanto, cada moneda alternativa tiene cierto valor por la misma razón que lo tiene un lingote de oro, un cromo de béisbol de Mickey Mantle[10] o la copia electrónica original certificada de una obra

9. Banco de la Reserva Federal de San Luis: «Currency in Circulation», Federal Reserve Economic Data (FRED). Disponible en: fred.stlouisfed.org/series/CURRCIR (consultado el 26 de diciembre de 2024).

10. Mickey Mantle (1931-1995), miembro del Salón de la Fama y veinte veces elegido All-Star, fue una de las grandes figuras de los Yanquis de Nueva York, con

de arte (también llamada «token no fungible», o NFT por sus siglas en inglés): porque la oferta es limitada y eso es lo que otras personas están dispuestas a pagar por ella. En realidad, no hay más que eso.

Creo que eso es fácil de entender intelectualmente, pero a la mayoría de la gente le cuesta superar la intuición de que tiene que haber algo más detrás, algún valor objetivo subyacente. Recuerdo haber visitado con mi padre el Getty Museum en Los Ángeles y ver el cuadro *Los lirios* de Vincent van Gogh. En 1987, unos años antes de que el Getty lo adquiriera, se convirtió en la pintura más cara jamás vendida, cuando un inversor privado la compró por unos 54 millones de dólares. Mi padre dijo que era un cuadro malo, «como de dibujos animados», y que incluso *54 dólares* habrían sido un precio demasiado alto.

Pensé que podría demostrarle que un activo vale una cantidad determinada de dinero no por ninguna razón objetiva (como su calidad estética), sino simplemente porque eso es lo que otras personas están dispuestas a pagar por él. Así que le pregunté si un billete de veinte dólares tenía veinte veces más calidad estética que un billete de un dólar. Lo pensó un momento y luego dijo: «Sí, para mí la tiene». Lo único que demostró este intercambio fue la fuerte necesidad que tienen muchas personas de buscar alguna base objetiva para el valor de un activo, incluso cuando claramente no existe ninguna.

Todavía nos queda la pregunta de por qué la gente está dispuesta a pagar sumas extraordinarias por algunas monedas alternativas y nada por otras (de hecho, por la mayoría de ellas, si se tiene en cuenta la gran cantidad de monedas que se han lanzado y que no han llegado a ninguna parte). La respuesta a esa pregunta sería un gran tema para un libro sobre *marketing*, ya que entre la mayoría de estas monedas apenas existen diferencias objetivas.

Tal vez una persona con una presencia significativa en las redes sociales posea una gran cantidad de una moneda determinada y la promocione para hacerse más rica. Es posible que la gente disfrute de la

---

quienes jugó entre 1951 y 1968 y ganó siete Series Mundiales. En agosto de 2022, un cromo de 1952 en perfecto estado con su imagen alcanzó los 12,6 millones de dólares en una subasta, estableciendo el récord como la pieza de coleccionismo deportivo más cara de la historia *(N. del T).*

comunidad en línea que se ha formado en torno a algunas de estas monedas. Quizás les guste la imagen que utilizan, como el simpático perro japonés shibainu de Dogecoin, que empezó en 2013 como una broma y ha alcanzado una valoración total de varios miles de millones de dólares.

El hecho de que algunas monedas prosperen mientras que otras casi idénticas fracasen es un recordatorio de uno de los puntos fundamentales de este libro: la economía intenta comprender los valores y el comportamiento humanos, los cuales, a pesar de lo que sostienen algunos, no siempre pueden reducirse a las fórmulas objetivas propias de las ciencias duras, como la física o la química.

Entonces, ¿se desplomarán y arderán todas estas monedas o algunas sobrevivirán hasta convertirse en alternativas a las principales monedas emitidas por los Gobiernos nacionales? No hay absolutamente ninguna manera de saberlo con certeza, pero algunos hechos podrían ayudarnos a llegar a una opinión informada.

El primero es que los emisores de monedas alternativas no están regulados como la Reserva Federal (que controla el dólar estadounidense) ni como los bancos centrales que emiten las monedas de otros países, y sus actividades tampoco son en absoluto tan transparentes. Los dirigentes de la Reserva Federal y las normas que están legalmente obligados a seguir pueden conocerse con certeza; intenta averiguar lo mismo sobre bitcoin o sobre la mayoría de las monedas alternativas y verás a qué me refiero cuando hablo de falta de transparencia. Una de las consecuencias de esta falta de regulación es que los emisores de estas monedas alternativas (quienesquiera que sean) pueden volverse codiciosos y empezar a emitir más unidades de su moneda, diluyendo así el valor de las ya existentes. Casi todos afirman que no lo harán o que no pueden hacerlo, pero ¿cómo podría alguien que use esa moneda hacer cumplir esa promesa o ser compensado si el emisor no la cumple?

Esto es cierto incluso en el caso de las llamadas *stablecoins*, un tipo de criptomoneda cuyo valor está vinculado a un activo subyacente de valor estable, como el dólar estadounidense. La idea es que el emisor de una *stablecoin* mantiene el activo real al que la moneda está ligada (de la misma manera que los Gobiernos solían respaldar sus monedas con oro). Por lo tanto, se supone que la *stablecoin* no es más que una representación digital de un activo real y que, por ende, tiene el mismo valor estable y objetivo que dicho activo.

Recordar los problemas con las monedas respaldadas por materias primas que emitían los primeros banqueros privados ayudará a entender por qué las *stablecoins* pueden no ser tan estables como su nombre sugiere. Intenta confirmar quién mantiene qué, dónde y en qué cantidad en relación con estas monedas, y sus fallos se harán patentes de inmediato. Incluso Tether, que es la *stablecoin* más grande y está vinculada al dólar de modo que cada «token Tether» vale un dólar, no ha logrado demostrar que mantiene una cantidad de dólares igual al valor de la moneda que tiene en circulación. Además, las *stablecoins* no garantizan que puedan canjearse o intercambiarse por los activos reales a los que están vinculadas y que sus emisores supuestamente mantienen.

Una segunda consideración importante respecto a las monedas alternativas es que puede haber fallos en la tecnología, lo que las hace vulnerables a *hackeos*, falsificaciones o diversas estafas. Para entender la magnitud de este problema, piensa en lo difícil y frustrante que resulta resolver un problema con tu cuenta bancaria cuando llamas al servicio de atención al cliente. Ahora imagina lo complicado y frustrante que sería abordar ese problema si tu «banco» fuera una entidad no regulada que existiera únicamente en el ciberespacio, que no estuviera vinculada a ninguna persona real y que ni siquiera ofreciera servicio de atención al cliente desde un inicio.

Una tercera consideración es que el Gobierno puede tomar medidas drásticas contra las monedas alternativas, al considerar su emisión como un esquema Ponzi[11] o una violación de las leyes de valores que regulan la venta de «inversiones» al público. Estados Unidos podría prohibir por completo las monedas alternativas o, como ha hecho China, dificultar su uso limitando los servicios de pago, almacenamiento y otros que puedan ser necesarios en relación con ellas. Tales prohibicio-

11. El esquema Ponzi recibe su nombre de Charles Ponzi (1882-1949), un estafador que en la década de 1920 prometía a los inversores rentabilidades extraordinarias a corto plazo. El sistema consistía en pagar los beneficios de los inversores antiguos con el dinero aportado por los nuevos, sin que existiera una inversión real que generara ganancias. Cuando la entrada de nuevos fondos se interrumpía, el esquema colapsaba, dejando a la mayoría de los participantes con pérdidas *(N. del T).*

nes pueden ser difíciles de hacer cumplir, pero tienen el potencial de hundir su valor.

El Gobierno también podría hacer que el comercio con este tipo de monedas fuera menos atractivo si encontrara una manera de eliminar el anonimato del mercado de monedas alternativas. Esto perjudicaría seriamente uno de los usos más importantes de las monedas alternativas en la actualidad: pagar por numerosas transacciones ilegales, como satisfacer demandas de rescate de *hackers* informáticos. También permitiría a los Gobiernos recaudar más del impuesto legalmente debido sobre las ganancias que obtienen los operadores, gran parte del cual, hasta el momento de redactar este texto, no se ha declarado a las autoridades fiscales.

Otro riesgo para las monedas alternativas es la posibilidad de que los bancos centrales emitan sus propias monedas digitales (llamadas monedas digitales de banco central o CBDC, por sus siglas en inglés). Los bancos centrales de algunos países caribeños ya han comenzado a emitir versiones digitales de la moneda de su país, y muchos otros, incluida la Reserva Federal, están considerando hacerlo. Las CBDC tienen la transparencia, credibilidad y seguridad que proporciona la emisión oficial por parte del Gobierno. Por otro lado, las CBDC podrían generar preocupaciones sobre la privacidad para los usuarios potenciales, en especial aquellos que usan monedas alternativas para transacciones ilegales. El punto clave es que, si los bancos centrales adoptan tecnología innovadora y avanzan con una versión digital del dinero, las monedas alternativas podrían enfrentarse a una importante amenaza competitiva.

La probabilidad de que el Gobierno se involucre en el negocio de las monedas digitales o prohíba o restrinja legalmente las monedas alternativas aumentará si alguna de estas monedas empieza a representar una amenaza para el monopolio gubernamental sobre el dinero. Este monopolio permite al Gobierno influir en la economía mediante la política monetaria (algo de lo que se hablará en detalle en la parte IV de este libro) y, por lo tanto, es poco probable que el Gobierno lo ceda sin resistirse.

En el momento de redactar este texto, las monedas alternativas todavía tienen un largo camino por recorrer antes de ser ampliamente aceptadas como dinero. No obstante, podrían seguir aumentando en valor e importancia, en especial si se vuelven más fáciles de usar y si grandes organizaciones con cierta credibilidad comienzan a emitirlas. Por ejemplo, hasta hace poco, Facebook estaba trabajando en el lanzamiento de una moneda virtual.

Históricamente, cuando la gente se enfrentaba a la incertidumbre y cuestionaba la estabilidad de su Gobierno, compraba oro u otros activos tangibles, como diamantes. Ahora, las criptomonedas parecen estar ocupando ese papel, al menos en cierta medida. La gente está dispuesta a asignar valoraciones multimillonarias a unidades de moneda que son del todo inventadas –creadas de la nada– por personas que quizá no se conozcan, que imponen reglas que pueden no ser claras y que utilizan tecnología que casi con certeza no comprendemos. El futuro de las criptomonedas puede ser incierto, pero su popularidad dice mucho sobre la falta de confianza que la gente tiene en sus Gobiernos y en sus monedas tradicionales.

INFLACIÓN

Con independencia del tipo de dinero que usemos o que podamos emplear en el futuro, la inflación siempre es una posibilidad. La inflación se define a menudo como un aumento de los precios medios, pero también puede verse como una disminución del poder adquisitivo del dinero. En otras palabras, podrías considerar un aumento del 5 % en los precios como una disminución del 5 % en el valor de tu dinero.

Por ahora nos centraremos en un ejemplo simple para mostrar cómo puede producirse la inflación. Imagina una subasta en la que se reparte un número fijo de «dólares de juego» entre los participantes para que puedan comprar los bienes expuestos. Si se aumentara el número total de dólares de juego (recuerda, estos dólares de juego no tienen valor fuera de esta subasta) sin que se incrementara la cantidad de bienes a la venta, las personas estarían dispuestas a pujar y, de hecho, pujarían más y pagarían más por cada bien. Por lo tanto, las pujas, o precios, de cada uno de estos bienes aumentarán: habrá inflación. Por ejemplo, si se incrementara el número de dólares de juego en un 10 %, esperarías que las personas pujaran, en promedio, un 10 % más por cada bien: habrá una inflación del 10 %.También se puede ver la inflación como una disminución del valor de cada dólar existente en un 10 %, ya que cada dólar te permitirá comprar un 10 % menos de bienes después de que se haya incrementado el número total de dólares.

Nuestra economía suele funcionar de manera similar, pero a una escala mucho mayor. Si la oferta monetaria crece más rápido que el suministro total de bienes y servicios, los precios, en promedio, aumentarán. La inflación, como les gusta decir a los economistas, es esencialmente demasiado dinero persiguiendo muy pocos bienes.

Otra manera de visualizar esta relación importante es imaginar el enorme conjunto de dinero que constituye la oferta total de dinero de Estados Unidos: moneda en circulación más saldos de cuentas bancarias. Al igual que en el ejemplo de la subasta, el precio de todos los bienes y servicios se determina por el tamaño del conjunto de dinero en relación con el tamaño del conjunto de bienes y servicios. Si el conjunto de dinero crece más rápido que el de bienes y servicios, hay inflación. Si crece más poco a poco, hay deflación (o inflación negativa). Si crece al mismo ritmo, los precios permanecen estables.

La inflación, como muchas cosas, es relativamente inofensiva cuando se mantiene dentro de unos límites moderados, aunque puede ser desastrosa en caso contrario. Este escenario catastrófico se llama «hiperinflación», lo que significa aumentos de precios acelerados y fuera de control que, en última instancia, hacen que el dinero pierda todo su valor.

Hablaremos de la hiperinflación en el capítulo 11, cuando detallaremos cómo el Gobierno de Estados Unidos mantiene el control sobre la cantidad de dólares en circulación y cómo otros Gobiernos del pasado perdieron el control sobre la cantidad de dinero de sus países.

A partir de principios de 2021, la inflación aumentó sobre todo debido a dificultades de producción causadas por la pandemia de coronavirus (a menudo llamadas «interrupciones de la cadena de suministro») y otros problemas de oferta provocados por la guerra en Ucrania. No obstante, las empresas superaron los problemas ocasionados por estos acontecimientos y la inflación ha vuelto a disminuir. En cualquier caso, a pesar de las voces de algunos políticos que intentan justificar recortes en el gasto público, no hay indicios de que se encuentre próxima la hiperinflación o el aumento descontrolado de la oferta monetaria que la produciría.

LA ECONOMÍA FINANCIERA FRENTE A LA ECONOMÍA REAL

Muchas personas confunden la economía financiera con la economía real. La economía financiera es el conjunto de dinero disponible: los billetes impresos por el Gobierno y los registros electrónicos en nuestras cuentas bancarias. Como sabemos, no hay absolutamente ningún límite a la cantidad de dinero que puede crearse de la nada. La cantidad de dinero, en el caso de Estados Unidos, es tan sólo un número controlado por la Reserva Federal. La única razón por la que el dinero tiene valor es que las personas están dispuestas a intercambiarlo por bienes y servicios reales.

La economía real, por otro lado, es ese conjunto de bienes y servicios reales que se producen y consumen. Estos bienes y servicios se miden en dólares por la economía financiera, pero son mucho más que simples números. Nos alimentan, nos proporcionan techo, nos visten, nos cuidan, nos informan y nos mantienen vivos. Son el producto de todo nuestro trabajo, lo que significa que, a diferencia del dinero, no se pueden crear tan sólo pulsando unas teclas en un ordenador de la Reserva Federal.

Crear más dinero puede aumentar definitivamente el precio de las cosas, pero no de manera necesaria incrementará la cantidad de cosas. Y la cantidad de cosas es lo único que en realidad importa para nuestro bienestar. Inflar los precios es como inflar las notas de un examen: las calificaciones pueden subir, pero los estudiantes no aprenden más.

He escrito que crear más dinero «puede» aumentar el precio de las cosas en lugar de «lo hará» en el último párrafo por una razón. En la analogía de la subasta, más dinero definitivamente provocará inflación. Si el dinero de juego se incrementa en cierto porcentaje y los bienes a la venta permanecen iguales, habrá inflación igual al porcentaje de aumento del dinero de juego. En el mundo real, sin embargo, más dinero puede (bajo ciertas circunstancias) causar que en realidad se produzcan más bienes y servicios: la economía financiera puede impactar en la economía real. Imagina si dar más dólares de juego a los postores hiciera que aumentara el número de bienes en la subasta, o si inflar las notas de un examen hiciera que los estudiantes aprendieran más.

¿Cómo puede este mundo inventado de billetes y registros electrónicos en cuentas bancarias afectar a la cantidad de cosas en la economía real? Es porque, en gran medida, las personas confunden ambos mundos y actúan en el mundo real en función de los cambios en el mundo financiero. Cuando las personas ven que hay más dinero disponible, empiezan a comportarse como si la economía real estuviera realmente creciendo. Los consumidores comienzan a gastar más y, si hay holgura en la economía, las empresas empiezan a contratar y producir más. Esta confusión entre el mundo financiero y el mundo real es lo que permite que el Gobierno ayude a gestionar la economía y a sacarnos de las recesiones económicas. Discutiremos cómo el Gobierno maneja esta confusión en el capítulo 12, cuando abordemos la política monetaria.

Mientras tanto, tanto si los cambios en la cantidad de dinero afectan o no a la producción total de bienes y servicios en Estados Unidos, también pueden influir en quién recibe qué, ya que algunos precios suben más que otros. La inflación es un aumento promedio de los precios, e incluye el coste de todos los bienes y servicios, incluso el coste de la mano de obra. Dado que los costes laborales son el gasto de producción más significativo, el aumento de la inflación debería, en promedio, incrementar los salarios. Como ocurre con cualquier promedio, sin embargo, algunos salarios estarán por encima del promedio y otros por debajo, a veces muy por encima y muy por debajo. Si existe una gran variación, un promedio puede resultar muy engañoso. Piensa en el hecho de que el «adulto promedio» tiene un pecho y un testículo.

Últimamente, los salarios de muchos trabajadores en los niveles medio y bajo de la escala salarial no han aumentado tan rápido como los de los trabajadores en el nivel alto (recuerda que los directores generales y los ejecutivos de Wall Street también son «trabajadores» y lo que ganan son «salarios»). Como hemos comentado, nos hemos convertido más en una economía del «ganador se lo lleva todo». En este libro se profundiza mucho más en esta creciente brecha. Pero el punto aquí es que la inflación por sí sola, a diferencia de las tendencias comentadas en el capítulo anterior, no es un factor significativo en esta desigualdad. La inflación es sólo un promedio. Ya sea alta, baja, nula o negativa, algunos trabajadores verán que sus salarios suben más que el promedio y otros no.

El problema no es el cambio promedio de los salarios, sino quién recibe más que el promedio y en qué medida, y quién recibe menos que el promedio y en qué medida. Y eso sí está determinado por las tendencias de nuestro sistema económico que socavan las oportunidades y fomentan la desigualdad. Estas tendencias amenazan con socavar el propósito de nuestro sistema económico: mejorar nuestras vidas y satisfacer la mayor cantidad posible de nuestras necesidades y deseos. Por eso, en la siguiente parte de este libro, veremos cómo ese sistema nos afecta como individuos. Hablaremos del tamaño de la tarta económica, de cómo se reparte y de cómo le afecta el comercio internacional.

PARTE II

LAS PERSONAS

4

GASTO, PRODUCCIÓN E INGRESOS DE LAS PERSONAS

¿Qué tamaño tiene nuestra economía y por qué importa?

La gente suele decir que «el dinero mueve el mundo», aunque en realidad son los acontecimientos del mundo (económicos, políticos y sociales a nivel global) los que hacen que el dinero se mueva.

Savannah Jackson, asesora financiera estadounidense

EL GASTO DE UNA PERSONA ES EL INGRESO DE OTRA

Una de las relaciones más fundamentales en economía es la que existe entre lo que las personas gastan y lo que obtienen como ingresos. Esta relación, como la mayoría de las relaciones económicas, puede resultar clara para cualquiera que reflexione sobre la economía: no hacen falta fórmulas, gráficos ni diagramas complicados. En particular, si se suman los ingresos anuales de todos los estadounidenses,[1] el resultado

1. El término «ingreso» puede significar cosas distintas según el contexto. En este caso, «ingreso» se refiere a la suma de todos los salarios, los beneficios empresariales, los intereses y las rentas (con ciertos ajustes técnicos), lo que en economía se denomina «renta nacional». En el contexto fiscal, sin embargo, «ingreso» tiene un significado algo diferente. Por ejemplo, no incluye los beneficios empresariales que permanecen dentro de la empresa (es decir, que no se distribuyen entre los propietarios), pero sí la ganancia obtenida con la venta de un activo, como la vi-

será igual al gasto total en bienes y servicios efectuado en Estados Unidos ese año (siempre que se respeten ciertas convenciones contables).

Todos los manuales de economía incluyen una ecuación con diversas variables diferentes para mostrar esta relación de manera formal. En mi opinión, esta ecuación, como tantas otras que aparecen en los libros de economía, no ayuda (y puede incluso dificultar) la comprensión de la mayoría de la gente. La clave para entender lo que ocurre en el mundo es centrarse en lo que sucede en él.

Dado que la relación entre ingresos y gastos es tan importante, en lugar de una ecuación presentaré tres ejemplos para ayudar a explicarla. Primero, si compro un libro nuevo en Amazon por 20 dólares, gasto 20 dólares y alguien gana 20 dólares. Ese «alguien» es en realidad un grupo de personas que suele incluir a un agente literario, un editor, los propietarios de la editorial que publica el libro, un especialista en *marketing*, los trabajadores y accionistas de Amazon y, posiblemente, incluso al autor.

La suma de todos los ingresos derivados de mi compra del libro es exactamente de 20 dólares.

De manera similar, si una empresa gasta 20 millones de dólares en diseñar e implementar un nuevo *software* para sus ordenadores, se generan en total 20 millones de dólares en ingresos para los programadores, los empleados que reciben pago por horas extra para aprender el nuevo sistema y todas las demás personas implicadas en suministrar e instalar el nuevo sistema informático.

Por último, si el Gobierno gasta 5000 millones de dólares en un muro en la frontera sur, se crean en total 5000 millones de dólares en ingresos para los trabajadores que construyen el muro, los proveedores de equipos de construcción, los ingenieros, innumerables consultores del Gobierno y todos los demás que participan en ofrecer algún bien o servicio relacionado con él. En definitiva, todos los ingresos provienen del gasto en nuevos bienes y servicios por parte de las personas, las empresas o el Gobierno.

---

vienda de una persona. En otros contextos, «ingreso» puede referirse simplemente al sueldo que alguien percibe.

Dado que los ingresos dependen del gasto, ¿es malo que una persona decida ahorrar más y gastar menos porque eso reduce los ingresos de otros? Casi siempre asesores financieros, padres, amigos e incluso economistas nos dicen que ahorrar parte de nuestros ingresos en lugar de gastarlos todos en cosas materiales es algo positivo. Pero cuanto más ahorra una persona, menos ganan los demás. Entonces, ¿cómo puede ser bueno ahorrar?

Este problema se conoce como la paradoja del ahorro y pone de manifiesto que lo que es bueno para una persona (ahorrar más) puede causar daño (disminución de los ingresos totales) si todos hacen lo mismo.

Puedes comparar el aumento de tus ahorros con moverte hacia un lado de un bote pequeño y abarrotado que navega hacia el puerto de Nueva York. Tiene sentido que te muevas al lado del bote que te permite ver el bajo Manhattan. Pero si todos deciden hacer lo mismo que tú, el bote vuelca y la vista será lo último en lo que pensarás mientras nadas hacia la orilla.

Lo mismo ocurre con la economía. Ahorrar más suele tener sentido para cada uno de nosotros como individuos. Algunos sacrificios menores en el gasto pueden hacer nuestro futuro más seguro y permitirnos hacer cosas que de otro modo no podríamos. Y en el mundo real, la decisión de alguien de gastar menos y ahorrar más suele compensarse con la decisión de otra persona de gastar más y ahorrar menos. Pero si todos empiezan a ahorrar más, los ingresos disminuyen. ¿Y qué ocurre cuando los ingresos disminuyen?

La gente gasta aún menos. ¿Y qué sucede cuando la gente gasta aún menos? Los ingresos bajan todavía más. ¿Y qué pasa cuando los ingresos bajan todavía más? Creo que ya te haces una idea. La economía se desploma.

EL PRODUCTO INTERIOR BRUTO

En 2023, los estadounidenses, por ejemplo, gastaron aproximadamente 27,7 billones de dólares en bienes y servicios nuevos producidos en Estados Unidos y, por lo tanto, generaron 27,7 billones de dólares en ingresos totales en el país.[2] Ese número también coincide con otro que quizá ya te resulte familiar: el producto interior bruto (PIB) de la nación. El PIB de un año determinado se define como el valor en dólares (es decir, el precio de venta), de todos los bienes y servicios producidos en el país durante ese año. Incluye lo que pagaste por tu camisa, tu corte de pelo y este libro (si es que pagaste algo); lo que el Gobierno pagó por nuevas carreteras y los salarios de los docentes, y lo que las empresas pagaron por servicios de seguridad y nuevo equipo informático. Piensa en el PIB como el boletín de calificaciones de nuestra economía: nos dice cuánto produjimos como nación en un año determinado.

Existen libros que se centran en explicar las reglas detalladas para calcular el PIB, el gasto total y los ingresos totales. Las más importantes de estas reglas están diseñadas para asegurar que esta «calificación económica» sea precisa, confirmando que la nación recibe crédito por todos los bienes y servicios que produce ese año pero por nada más. Por ejemplo:

- El PIB no contabilizaría la reventa de bienes producidos un año anterior, como la venta de bienes usados, lo que incluye las viviendas existentes.[3] Esos bienes se contabilizarían en el PIB del año en que fueron producidos.
- Tampoco se contabilizaría en el PIB la venta de bienes producidos por extranjeros.
- De manera similar, no se contabilizarían las «ventas» que son meros traslados de activos, como la venta de acciones, bonos, metales preciosos o terrenos. Estas ventas sólo implican que alguien con dinero y alguien con el activo intercambian posiciones: no se producen bienes ni servicios para beneficio de nadie y,

2. Banco de la Reserva Federal de San Luis: «Table 1.1.5. Gross Domestic Product: Annual», Federal Reserve Economic Data (FRED). Disponible en: fred.stlouisfed.org/release/tables?rid=53&eid=41047 (consultado el 4 de febrero de 2025).

3. Si parte del precio pagado por un bien usado corresponde a un honorario por un servicio relacionado con la venta, esa parte del precio sí se incluye en el PIB. Por ejemplo, aunque la venta de una vivienda existente no se incluiría en el PIB, el honorario cobrado por el agente inmobiliario, así como todos los demás honorarios pagados con el precio de venta, sí se incluirían en el PIB.

por lo tanto, la nación no debería recibir crédito alguno por ello en su «boletín económico».

- Por último, no se incluye la venta de insumos a empresas que, a su vez, se utilizan para producir otros bienes, como el vidrio y el acero para un fabricante de automóviles. Si se incluyera, el PIB se inflaría. Un automóvil que se venda por 30 000 dólares debería sumar sólo 30 000 dólares al PIB, y no 30 000 más lo que el fabricante pagó por el acero y el vidrio (y la mano de obra y todo tipo de otros insumos).

El punto clave para nosotros es que, con unos pocos ajustes técnicos,[4] el gasto en bienes y servicios nuevos y finales (es decir, listos para ser utilizados) equivale al PIB.

No es una coincidencia que el PIB de cada año sea igual al gasto total en bienes y servicios realizados en Estados Unidos ese año, lo cual equivale a los ingresos totales de ese año en el país. También tiene sentido que, si gastamos 27,7 billones de dólares en bienes o servicios nuevos, entonces produjimos bienes o servicios nuevos por 27,7 billones de dólares, y se obtuvieron ingresos por 27,7 billones como resultado. En los ejemplos de la sección anterior, el libro nuevo habría contribuido con 20 dólares al PIB, el nuevo sistema informático con 20 millones de dólares al PIB y el muro con 5000 millones de dólares al PIB. En resumen: gasto = ingresos = PIB.

Por último, del mismo modo que el PIB puede indicarnos cuánto produce nuestra economía en un momento dado, también puede mostrarnos cuánto ha crecido a lo largo del tiempo. El único problema al comparar el PIB de un año con el de otro es que parte del cambio se debe a variaciones en los precios (inflación). Por lo tanto, si la producción de un año a otro permaneciera exactamente igual pero los precios subieran, el PIB aumentaría, aunque no estaríamos mejor.

Por ello, para medir el crecimiento real de la economía a lo largo del tiempo, los economistas eliminan el efecto de la inflación: a esto se le llama crecimiento del «PIB real», ya que mide el crecimiento de la pro-

4. Por ejemplo, los bienes producidos en un año, añadidos a inventarios y vendidos efectivamente al año siguiente se contabilizan en el PIB del primer año.

ducción real. En promedio, la economía de Estados Unidos, por ejemplo, medida por el PIB real, ha crecido algo más del 3 % anual desde el final de la Segunda Guerra Mundial. La primera parte de ese período registró un crecimiento mayor que la parte más reciente. Desde el año 2000, el crecimiento del PIB real se ha moderado un promedio de aproximadamente el 2 % anual.[5]

¿MÁS ES NECESARIAMENTE MEJOR?

Los *rankings* son populares y las cifras del PIB permiten a las personas clasificar las economías nacionales según el valor total de los bienes y servicios que producen. Mientras redactaba este texto, Estados Unidos ocupa el primer puesto en PIB total, aunque se predice que China, que actualmente ocupa el segundo lugar, podría alcanzar el primer puesto en los próximos años. Muchos economistas, líderes nacionales, empresarios e inversores internacionales consideran estas estadísticas como indicativos de cómo les va a las personas en cada país. ¿Tienen razón?

Ya hemos discutido el primer problema de usar el PIB como medida del bienestar: el PIB tan sólo equivale a la suma de los precios de venta pagados por cada bien y servicio. Dado que los ordenadores han bajado de precio pero han mejorado en gran medida su calidad, cada nuevo ordenador contribuye menos al PIB, pero las personas están mejor. Del mismo modo, las familias solían comprar enciclopedias para educar a sus hijos, pero ahora toda esa información (y muchísimo más) está disponible en línea de forma gratuita: las ventas de enciclopedias contribuyen menos al PIB, pero las personas están mejor. Si cultivo verduras ecológicas en mi huerto en lugar de comprarlas envueltas en varias capas de plástico en el supermercado, las ventas perdidas reducen el PIB, pero yo estoy mejor (y el medio ambiente, de hecho, también lo está). Si el crimen disminuye y gastamos menos en sistemas de seguridad y protección policial, el PIB se reduce, pero claramente estamos

5. Banco de la Reserva Federal de San Luis: «Real Gross Domestic Product», Federal Reserve Economic Data (FRED). Disponible en: fred.stlouisfed.org/series/GDPC1 (consultado el 25 de enero de 2025).

mucho mejor. Estos ejemplos muestran las limitaciones de usar el PIB como indicador preciso del verdadero bienestar de las personas.

El segundo problema surge cuando intentamos comparar los PIB de diferentes naciones, cada una con una moneda distinta. Para ello, las cifras del PIB de cada país deben convertirse a una moneda común para poder compararse. La moneda común que se utiliza con mayor frecuencia es el dólar estadounidense, lo que plantea la cuestión de cómo realizar esa conversión. Usar únicamente los tipos de cambio vigentes puede provocar distorsiones significativas.

Los tipos de cambio son determinados por los operadores de divisas, que compran y venden la moneda de cada nación, creando un mercado global para las monedas de la mayoría de los países. En este mercado, las personas intercambian su moneda local por la de otro país cuando desean importar algo o realizar una inversión en ese otro país. Por lo tanto, los bienes, servicios y activos que se compran y venden en los mercados internacionales, como el petróleo, los televisores, los bonos gubernamentales y otros bienes «comerciables» determinan los tipos de cambio. Son estos bienes los que llevan a las personas a adquirir moneda extranjera para comprarlos y, por tanto, determinan el valor de la moneda extranjera. Lo que una persona local debe pagar por bienes y servicios que sólo se venden localmente, como un corte de pelo, vivienda, educación y alimentos frescos locales (lo que los economistas llaman bienes «no comerciables»), tiene poco o ningún efecto sobre los tipos de cambio. ¿Qué significa esto para nosotros?

Esto significa que el PIB de una nación con bienes locales no comerciables baratos subestimaría el bienestar de sus habitantes. Puedes adivinar qué naciones suelen tener bienes locales no comerciables baratos: las naciones más pobres. Disponen de tierra, mano de obra y otros insumos a bajo coste, lo que hace que los bienes locales sean relativamente baratos en comparación con bienes similares en naciones más ricas.

Por ejemplo, la vivienda es un bien no comerciable bastante importante (está fija al suelo, no puede exportarse y, salvo algunas propiedades de lujo, se compra casi en exclusiva de forma local). Es fácil ver cuánto más se podría conseguir en vivienda en una nación más pobre por el mismo dinero convertido a dólares que en Estados Unidos. Una vivienda idéntica en México y en Estados Unidos contribuiría menos al PIB de México, ya que costaría menos. En el otro extremo, el PIB de una nación con bienes no comerciables caros, como Suiza o Luxemburgo, sobreestimaría el bienestar de sus habitantes, debido a la inclusión en el PIB del alto coste de dichos bienes.

Los economistas han intentado corregir estas distorsiones convirtiendo el PIB de cada nación a dólares mediante los tipos de cambio de «paridad de poder adquisitivo» (PPA). Para ello, primero determinan la cantidad de moneda local que se necesitaría para comprar un gran conjunto de bienes de consumo en cada nación. El tipo de cambio PPA es aquel que permitiría a alguien comprar el mismo conjunto de bienes en Estados Unidos. El objetivo es que, al convertir el PIB de otra nación a dólares, se haga a un tipo que refleje el poder adquisitivo real de la moneda local en la economía local. En otras palabras, los tipos de cambio PPA intentan comparar la cantidad de manzanas en una nación con la cantidad de manzanas en otra (la economía real) en lugar de comparar el precio de las manzanas en una nación con el precio de las manzanas en otra (la economía financiera).

Todo esto parece muy científico hasta que se considera lo difícil que sería armar el mismo conjunto de bienes en cada nación, especialmente dado que la calidad de los bienes y servicios locales puede variar mucho. Además, cada país tiene una economía informal significativa basada en transacciones en efectivo, y muchos poseen un mercado negro considerable, ambos sectores difícilmente capturados por completo en los datos. Los economistas hacen estimaciones de estos sectores e intentan incorporarlas en las cifras del PIB. No obstante, cuanto más pobre es una nación, mayores suelen ser estos sectores de la economía y más subestimado puede estar el cálculo del PIB para esas naciones.

Por último, para que las cifras del PIB signifiquen algo sobre el bienestar de la persona promedio, necesitamos conocer dos hechos. El primero es cuántas personas viven en la nación, de modo que se pueda calcular el PIB por persona (o per cápita, como se llama más comúnmente). Cuando las naciones se clasifican por PIB per cápita, Estados Unidos sigue obteniendo muy buenos resultados. El país está muy por delante de China porque la producción económica de China, que es similar a la de Estados Unidos, debe dividirse entre más de cuatro veces el número de personas.

El segundo hecho que necesitamos conocer es cuán equitativamente se distribuye el PIB entre la población. Si una nación tiene una desigualdad de ingresos significativa, la persona típica de esa nación puede estar peor que la persona típica de una nación más igualitaria con un PIB sustancialmente menor. Es difícil calcular con precisión cómo se distribuyen los ingresos en una nación. La medida más común de la desigualdad de ingresos es el índice de Gini, que proporciona un valor para la dispersión de los ingresos. Un valor de 0 significa que todos en la nación ganan la misma cantidad de dinero, mientras que un valor de 100 significa que el cien por cien de todos los ingresos los gana una sola persona y todos los demás no ganan nada. Según un informe del Banco Mundial, los índices de Gini de la China «comunista» y Vietnam (35,7 y 36,1, respectivamente) eran más altos (lo que implica mayor desigualdad de ingresos) que los de la Alemania y el Canadá «capitalistas» (32,4 y 31,7, respectivamente). Estados Unidos, con un índice de 41,3, presenta más desigualdad de ingresos que las cuatro naciones mencionadas, así como prácticamente todas las demás naciones industrializadas importantes.

El índice de Gini ha cobrado cada vez más importancia a la hora de evaluar el bienestar económico de una persona típica a medida que la desigualdad económica aumenta. Por ejemplo, aunque Suecia tiene un PIB per cápita ligeramente inferior al de Estados Unidos, el sueco típico es probable que esté mejor a nivel económico que el estadounidense típico debido a una distribución más igualitaria de los ingresos. (Suecia tiene un índice de Gini de 29,8).

Incluso si ignoramos todos estos factores y se pudiera calcular de manera definitiva el PIB asignable a una persona típica en una nación, ¿qué importancia tiene poseer más? La respuesta a esta pregunta, al igual que la respuesta a casi todas las preguntas en economía, puede determinarse observando y observando la realidad. ¿Está mejor alguien con un ingreso anual de 82 769 dólares que alguien con 13 790 dólares? Éstas son las cifras del PIB per cápita de 2023 para Estados Unidos y México según el Banco Mundial.[6] Creo que la mayoría de las personas estaría de

6. Banco Mundial: «GDP per Capita (Current US$)». Disponible en: data.worldbank.org/indicator/NY.GDP.PCAP.CD (consultado el 4 de febrero de 2025).

acuerdo en que una diferencia de esa magnitud es significativa. Pero ¿qué ocurre con una diferencia menor, como la existente entre Estados Unidos y Alemania (54 343 dólares), Suecia (55 517 dólares), o incluso Reino Unido (49 464 dólares) o Suiza (99 565 dólares)?

Las diferencias en el PIB per cápita entre Estados Unidos y otras naciones ricas pueden deberse principalmente a que la mayoría de las personas trabaja menos horas en esas otras naciones en comparación con Estados Unidos. Semanas laborales más cortas, permisos familiares más largos, jubilaciones anticipadas y más días de vacaciones reducen el PIB, pero ¿en realidad hacen que las personas estén peor? Por lo tanto, estas diferencias más o menos pequeñas en el PIB pueden no significar absolutamente nada.

Las importantes limitaciones del PIB para evaluar el bienestar han dado lugar a varias alternativas que intentan medir el bienestar de manera directa utilizando una variedad de factores como la longevidad, la alimentación, la libertad personal, la seguridad, la educación y el acceso a la atención sanitaria. Una de ellas es el Índice de Progreso Social, que se inspiró en la investigación de varios economistas destacados. El índice recopila cincuenta métricas de bienestar para producir «una medida integral de la calidad real de vida, independiente de los indicadores económicos».[7] Estados Unidos ocupa el vigésimo noveno lugar en este índice. Otras medidas de bienestar también han situado a Estados Unidos significativamente por debajo de su posición en PIB per cápita.

No obstante, un PIB per cápita mucho más alto sí implica, en promedio, acceso a más bienes y servicios. Tener acceso a más no siempre garantiza una vida mejor, pero puede hacerlo posible. Del mismo modo que una familia con elevados ingresos puede malgastar sus recursos, una nación con un PIB elevado puede desperdiciar gran parte de su producción en intervenciones exteriores innecesarias, gastos excesivos en seguridad, una burocracia sanitaria sobredimensionada o un sistema penitenciario costoso para castigar a personas que infringen la ley pero no representan una amenaza para la sociedad. Por otra parte, al igual que una familia de bajos ingresos puede utilizar de manera sabia sus recur-

7. Social Progress Imperative: «Social Progress Index 2024». Disponible en: www.socialprogress.org/social-progress-index (consultado el 4 de febrero de 2025).

sos, una nación con un PIB bajo puede destinarlos a la educación (aumentando la productividad de sus ciudadanos), la infraestructura (mejorando la eficiencia de su economía) y a medidas para mejorar la calidad de vida (reduciendo las pérdidas económicas causadas por la mala salud, el crimen y otros problemas sociales). Una economía que produce más ofrece, como mínimo, la oportunidad de una vida mejor. Por tanto, si la vida no mejora a medida que aumenta el PIB per cápita, el problema no radica en la cantidad de producción, sino en quién recibe el poder de gasto y en qué lo utiliza. La siguiente sección aborda estas cuestiones.

¿QUIÉN GASTA?

El gasto en bienes y servicios en Estados Unidos, por ejemplo, proviene de cuatro fuentes: (1) 18,8 billones de dólares de los consumidores estadounidenses (aproximadamente 330 millones de personas en innumerables bienes y servicios); (2) 5,0 billones de dólares de las empresas nacionales (en edificios, maquinaria, equipamiento, *software*, patentes y todos los demás bienes y servicios que utilizan para producir); (3) 4,7 de dólares del sector público (sumando los niveles federal, estatal y local) y (4) 3,1 billones de dólares de consumidores, empresas y Gobiernos extranjeros (cuando compran bienes y servicios producidos en Estados Unidos que el país exporta). La suma de estas cuatro categorías de gasto asciende a 31,6 billones de dólares, lo que supera el PIB en 3,9 billones. ¿Por qué pasa esto? Una parte del dinero que gastan los estadounidenses se destina a bienes y servicios de origen extranjero (importaciones), y el PIB del país –el «boletín económico»– no debe contabilizar como producción interna aquello que se compra pero no se produce dentro del país. Concretamente, Estados Unidos gasta 3,9 billones de dólares en importaciones. Si restamos esa cantidad del gasto total, obtenemos 27,7 billones, que coincide con el PIB de Estados Unidos.[8] (Sobre im-

8. Todas las cifras de este párrafo corresponden a 2023 y proceden de Banco de la Reserva Federal de San Luis: «Table 1.1.5. Gross Domestic Product: Annual», Federal Reserve Economic Data (FRED). Disponible en: fred.stlouisfed.org/release/tables?rid=53&eid=41047 (consultado el 4 de febrero de 2025).

portaciones y exportaciones se hablará con más detalle en el capítulo 6). Puede que hayas notado que la parte del PIB atribuida al gasto del Gobierno estadounidense parece baja. Sólo el presupuesto del Gobierno federal fue de 6,1 billones de dólares en 2023.[9]

Al incluir los presupuestos de los Gobiernos estatales y locales, la cifra asciende a 9,9 billones en 2023.[10] Entonces, ¿cómo es posible que el gasto total en bienes y servicios de todos los niveles de Gobierno sea únicamente de 4,7 billones? Porque más de la mitad del dinero de los presupuestos públicos no se gasta directamente en bienes y servicios, sino que *se transfiere* a los particulares (a través de programas como la Seguridad Social, las becas estudiantiles o los cupones de alimentos) o a las empresas (mediante subvenciones y ayudas), para que sean *ellos* quienes lo gasten.

Puedes pensar en el presupuesto del Gobierno como dividido en dos grandes categorías. Ya hemos hablado de la primera: el dinero que el Gobierno gasta en bienes y servicios. Esto incluye el gasto en defensa nacional, atención sanitaria, carreteras, profesores y policía, por nombrar sólo algunos de los bienes y servicios que el Gobierno adquiere cada año. La otra categoría, más amplia, es el dinero que el Gobierno simplemente transfiere a otros para que lo gasten. Por ejemplo, en 2023, el presupuesto del Gobierno federal incluyó alrededor de 1,3 billones de dólares para la Seguridad Social y unos 113 000 millones de dólares para el Programa de Asistencia Nutricional Suplementaria, más conocido como SNAP, por sus siglas en inglés, o «cupones de alimentos».[11]

---

9. Oficina de Presupuestos del Congreso: «The Federal Budget in Fiscal Year 2023: An Infographic» (5 de marzo de 2024). Disponible en: www.cbo.gov/publication/59727

10. Banco de la Reserva Federal de San Luis: «State and Local Government Current Expenditures», Federal Reserve Economic Data (FRED). Disponible en: fred.stlouisfed.org/series/SLEXPND (consultado el 19 de diciembre de 2024).

11. Oficina de Presupuestos del Congreso: «The Federal Budget in Fiscal Year 2023: An Infographic» (5 de marzo de 2024). Disponible en: www.cbo.gov/publication/59727. También: Jones, J. W.: «SNAP Spending Rose and Fell with Pandemic-Era Changes to Benefit Amounts», Departamento de Agricultura de Estados Unidos, Servicio de Investigación Económica (junio de 2024). Disponible en: www.ers.usda.gov/amber-waves/2024/june/snap-spending-rose-and-fell-with-pandemic-era-changes-to-benefit-amounts

Estos programas son ejemplos de «pagos por transferencias», lo que significa que el Gobierno no gasta directamente este dinero en la economía, sino que sólo lo transfiere a personas o empresas para que sean ellas quienes lo gasten. Las transferencias permiten al Gobierno reasignar dinero entre distintos grupos de la población. El Gobierno retira poder adquisitivo a unos (mediante impuestos o endeudamiento) y lo redistribuye a otros (a través de esas transferencias). Por tanto, como se analizará en la última parte de este libro, las transferencias pueden desempeñar un papel importante a la hora de afrontar el problema del aumento de la desigualdad de ingresos.

Los economistas llaman a la economía de Estados Unidos una economía de consumo, porque el gasto de los consumidores representa la mayor parte del gasto total y, por tanto, es el motor de lo que se produce. El gasto directo de los consumidores, sin embargo, subestima su importancia. Sin el gasto de los consumidores, habría pocas razones para que las empresas invirtieran en fábricas, herramientas, equipos, edificios de oficinas y ordenadores, que necesitan para producir todos los bienes y servicios que la gente compra.

Este hecho suele ser convenientemente ignorado por quienes sostienen que una reducción de los impuestos a los ricos impulsará la economía y creará más empleos. Este argumento ha recibido muchos nombres –entre ellos, *reaganomics*,[12] economía del goteo[13] o economía de la oferta– y sigue siendo popular entre un buen número de personas en la derecha del espectro político. Su razonamiento es que los ricos tienen más probabilidades de poseer ya casi todo lo que desean, por lo que es más probable que ahorren cualquier dinero adicional que reci-

12. Término con el que se conocen las políticas económicas aplicadas en Estados Unidos bajo la presidencia de Ronald Reagan (1981-1989), a veces traducido como «política económica de Reagan» o «economía de la oferta impulsada por Reagan». Se basaban en la reducción de impuestos, la desregulación, el control del gasto público y una orientación de la política fiscal y monetaria hacia la oferta *(N. del T).*

13. La expresión no fue acuñada por economistas, sino popularizada de forma irónica por humoristas como Will Rogers y críticos de las políticas de reducción fiscal a los ricos en la década de 1980. La metáfora sugiere que las ventajas concedidas a los más adinerados «gotearían» hacia el resto de la sociedad, algo que sus detractores consideraban ilusorio *(N. del T).*

ban de una rebaja fiscal, en comparación con lo que haría una persona no adinerada. Y eso es cierto.

Lo que no es cierto es que un mayor ahorro conduzca de manera automática a más inversión por parte de las empresas, a una economía en crecimiento y a nuevos empleos. Esa afirmación viola la regla más importante para entender la economía: usar el sentido común. ¿Qué empresario competente invertiría para expandir su negocio sin que exista una demanda adicional de su producto? Por otro lado, si en realidad existe demanda de su producto, encontrarán la manera de financiar la expansión con independencia del tipo impositivo que paguen los ricos. Si no hay demanda adicional de su producto, cualquier oferta de financiación para expandirse caería en saco roto.

Dado que las empresas se expanden para satisfacer una mayor demanda de sus productos y servicios, una manera más eficaz de hacer crecer la economía y generar empleo sería concentrar las rebajas fiscales en las personas con menores ingresos. Así como los ricos son más propensos a ahorrar el dinero que reciben de una rebaja fiscal, los menos acomodados tienden a gastarlo, creando demanda de más bienes y servicios. Si las rebajas fiscales se concentran en los ricos, una pequeña parte podría «gotear» hacia otros ciudadanos. Si las rebajas fiscales u otros beneficios financieros, como alivio de deudas o pagos en efectivo por transferencias, se concentran en los no adinerados, casi todo se gastará rápidamente en nuevos bienes y servicios, provocando que las empresas inviertan y hagan crecer la economía para satisfacer esa nueva demanda.

Está claro que quién gasta y cuánto gasta depende del nivel de ingresos y riqueza. Cómo se generan esos ingresos y cómo se acumula esa riqueza será el tema del siguiente capítulo.

5

INGRESOS POR TRABAJO, INGRESOS POR INVERSIÓN Y RIQUEZA

¿Cómo se divide el ingreso entre trabajo y capital?

Hice mi dinero a la antigua usanza. Lo heredé.

John Raese, empresario y expresidente del Partido Republicano de Virginia Occidental

¿QUIÉN ESTÁ GANANDO?

Como se ha discutido en el capítulo anterior, cada dólar gastado en bienes y servicios producidos en Estados Unidos genera un dólar de ingresos para los estadounidenses.[1] Entonces, ¿cómo se transforman los billones de dólares de gasto en ingresos? Sólo hay dos maneras.

La primera forma es mediante salarios, propinas, bonificaciones y otros ingresos derivados del trabajo. Esta categoría incluye todo, desde el pago por hora de un trabajador con salario mínimo hasta la bonificación anual multimillonaria de un director ejecutivo. A esta categoría la llamaremos «ingresos por trabajo». Si se suman todos, se puede ver como la porción del PIB que corresponde al trabajo (labor).

---

1. El dinero que alguien recibe como ingreso puede transferirse de esa persona a otra para que la otra persona lo gaste. Estas transferencias pueden ser voluntarias, como herencias y regalos, o involuntarias, como los pagos de impuestos para financiar programas de transferencias gubernamentales. Esta sección se centra en quién recibe originalmente el ingreso y no en a quién puede transferirse más tarde parte de ese dinero.

La segunda forma en que los ingresos nos llegan es mediante «ingresos por inversión». Esta categoría incluye las ganancias de empresas, los pagos de intereses por dinero prestado a terceros y los alquileres de propiedades arrendadas.[2] Si se suman todos los ingresos por inversión, se puede ver como la porción del PIB que corresponde a los propietarios de capital (es decir, activos que generan ingresos).

Esta última categoría es aún más grande de lo que la gente piensa, porque cada dólar de beneficio de una empresa es en realidad un dólar de ingresos para sus propietarios. Esto es cierto incluso si ese dólar permanece en la cuenta bancaria de la empresa en lugar de distribuirse a sus propietarios como dividendo o retorno de capital. Las empresas no son personas. Pueden poseer activos y generar beneficios, pero a su vez están en manos de seres humanos reales, quienes son los propietarios y beneficiarios finales de esos activos y beneficios. Las ganancias que se quedan en la empresa después de que ésta haya pagado todos sus gastos, salarios, impuestos y demás obligaciones no dejan de ser dinero de los propietarios de la empresa, como si el dinero se hubiera distribuido directamente a ellos. Que el efectivo permanezca en la cuenta de la empresa y no se transfiera a las cuentas personales de los propietarios no cambia el hecho de que el efectivo pertenece a los propietarios.

Entonces, ¿qué ha ocurrido con la distribución de nuestro PIB entre trabajo y capital? Un estudio de 2023 de la Oficina Nacional de Investigación Económica (NBER, por sus siglas en inglés) estima que la proporción de ingresos que va al trabajo disminuyó aproximadamente un 7 % en Estados Unidos tras la Segunda Guerra Mundial.[3] Según el

2. Un propietario de empresa puede percibir tanto ingresos por trabajo como ingresos por inversión procedentes de su negocio. La remuneración que recibe por el trabajo que realiza en la empresa sería ingreso por trabajo y las ganancias que obtiene serían ingresos por inversión. En negocios más pequeños, la distinción entre ambos puede no ser clara: un propietario de una tienda puede considerar sus ingresos como una ganancia sobre su inversión en el negocio, cuando en realidad la tienda sólo sobrevive gracias a su trabajo detrás del mostrador. No obstante, el código tributario establece reglas muy detalladas para distinguir una categoría de otra.

3. Karabarbounis, L.: «Perspectives on the Labor Share», NBER Working Paper Series (noviembre de 2023). Disponible en: www.nber.org/system/files/working_papers/w31854/w31854.pdf

McKinsey Global Institute, la participación del trabajo en los ingresos en Estados Unidos cayó del 63,3 % en 2000 al 56,7 % en 2016 (lo que significa que la participación del capital aumentó del 36,7 al 43,3 %).[4] Este cambio de ingresos del trabajo al capital también queda reflejado en el hecho de que, en el mismo período de dieciséis años, el PIB de Estados Unidos aumentó un 82 %, mientras que la compensación neta mediana de los trabajadores sólo creció un 46 %.[5]

Dada nuestra discusión en el capítulo anterior, es probable que muchos ya hayan concluido correctamente que, si los ingresos por trabajo aumentan más despacio que el PIB, los ingresos por inversión crecen más rápido que el PIB.

En las últimas dos décadas, la mayoría de los principales países también ha visto disminuir la proporción de ingresos que va al trabajo, aunque no tanto como en Estados Unidos.[6]

En esencia, el trabajador típico está siendo golpeado doblemente. La proporción de la tarta económica total que corresponde al trabajo ha ido disminuyendo mientras que, como hemos visto en el capítulo 2, esa porción menguante se distribuye de manera cada vez más desigual entre quienes están en la cima y el resto de la población. Entonces, ¿por qué está creciendo la proporción que va al capital?

---

4. Manyika, J., *et al*: «A New Look at the Declining Labor Share of Income in the United States», McKinsey Global Institute (mayo de 2019). Disponible en: www.mckinsey.com/~/media/mckinsey/featured%20insights/employment%20and%20growth/a%20new%20look%20at%20the%20declining%20labor%20share%20of%20income%20in%20the%20united%20states/mgi-a-new-look-at-the-declining-labor-share-of-income-in-the-united-states.pdf
5. Banco de la Reserva Federal de San Luis: «Real Gross Domestic Product», Federal Reserve Economic Data (FRED). Disponible en: fred.stlouisfed.org/series/GDP. Véase también: Administración del Seguro Social de Estados Unidos: «Measures of Central Tendency for Wage Data». Disponible en: www.ssa.gov/oact/cola/central.html (consultado el 4 de febrero de 2025).
6. Manyika, J., *et al.*: «A New Look at the Declining Labor Share of Income in the United States», McKinsey & Company (30 de mayo de 2019). Disponible en: www.mckinsey.com/featured-insights/employment-and-growth/a-new-look-at-the-declining-labor-share-of-income-in-the-united-states

LA RIQUEZA ENGENDRA RIQUEZA

Así como todos los ingresos por trabajo provienen del trabajo, todos los ingresos por inversión provienen de la riqueza, es decir, de la propiedad del capital que genera esos ingresos de inversión. La riqueza está compuesta principalmente por acciones (que representan la propiedad de una empresa), bonos (que representan dinero adeudado al tenedor del bono), activos físicos (como bienes inmuebles que pueden arrendarse) y saldos en cuentas bancarias. En 2024, había alrededor de 169 billones de dólares en riqueza en Estados Unidos.[7] Los activos que conforman la riqueza suelen acumularse a lo largo del tiempo, a veces durante períodos muy largos, como en el caso de la riqueza heredada, que, como hemos visto, representa más de la mitad de toda la riqueza en Estados Unidos.

Se puede sostener que tener riqueza es más ventajoso que tener ingresos. La riqueza es una reserva de valor a la que se puede acceder en cualquier momento y para cualquier propósito, y no depende de seguir trabajando en un empleo. De particular importancia para esta discusión, la riqueza casi siempre genera más riqueza al producir ingresos para sus propietarios y apreciarse en valor con el tiempo. El multimillonario Edgar Bronfman Jr. comentó una vez este fenómeno diciendo que «convertir 100 dólares en 110 requiere trabajo; convertir 100 millones en 110 millones es inevitable». En otras palabras, las personas de ingresos inferiores tienen dificultades para ahorrar y se enfrentan a opciones de inversión limitadas debido al escaso tamaño de sus ahorros, mientras que las personas ricas cuentan con dinero sobrante después de gastar, así como con acceso a las mejores oportunidades de inversión que ofrece la economía.

Cuando las inversiones aumentan de valor, como ocurre en la gran mayoría de los casos a lo largo de períodos significativos de tiempo, ese incremento de valor no está sujeto a impuestos hasta que el propie-

7. Banco de la Reserva Federal de San Luis: «Households and Nonprofit Organizations; Net Worth, Level», Federal Reserve Economic Data (FRED). Disponible en: fred.stlouisfed.org/series/TNWBSHNO (consultado el 6 de enero de 2025). Los activos que conforman la riqueza se valoran a precios de mercado.

tario vende realmente la inversión y materializa la ganancia. Por ejemplo, aunque la riqueza de Jeff Bezos aumentó en aproximadamente 80 000 millones de dólares en 2023 debido al incremento en el valor de sus acciones de Amazon, no tuvo obligación tributaria sobre esa ganancia y no la tendrá hasta que las venda. En cambio, el salario medio de los empleados de Amazon a tiempo completo en Estados Unidos fue de 45 613 dólares en 2023,[8] y cada uno de esos empleados estuvo sujeto a impuestos sobre la totalidad de esa cantidad.

Cuando, por último, los activos financieros, como las acciones, se venden, el código tributario establece un tipo impositivo especial más bajo, denominado «impuesto sobre las ganancias de capital» para los beneficios que obtienen los inversores. El impuesto sobre las ganancias de capital funciona de la siguiente manera: cuando alguien compra acciones (o cualquier otro activo) por 100 000 dólares y las vende, digamos, cinco años después, por 160 000 dólares, existe una «ganancia de capital» de 60 000 dólares. Habrá un impuesto sobre esa ganancia tan sólo al final del período de cinco años, en el momento de la venta de las acciones, aunque éstas hayan podido revalorizarse cada año durante ese tiempo. Finalmente, esos 60 000 dólares de ganancia estarán sujetos a los tipos impositivos reducidos sobre las ganancias de capital. (Los otros 100 000 dólares del precio de venta de 160 000 corresponden simplemente a la devolución del capital invertido, lo cual, de manera comprensible, está exento de impuestos, ya que se trata del reembolso de la inversión original de la persona).

¿Qué significa esto? Los ingresos salariales, es decir, el dinero que la gente gana con su trabajo, casi siempre se gravan a tipos impositivos más altos que los ingresos por inversión, que se concentran entre los contribuyentes más ricos. Warren Buffett, cuya fortuna se estima en unos 146 000 millones de dólares, señaló célebremente que paga un porcentaje menor de sus ingresos en impuestos que su secretaria. Esto

8. «Forbes World's Billionaires List», *Forbes Magazine* (consultado el 4 de febrero de 2025).

También: Amazon: «Notice of 2024 Annual Meeting of Shareholders & Proxy Statement». Disponible en: s2.q4cdn.com/299287126/files/doc_financials/2024/ar/Amazon-com-Inc-2024-Proxy-Statement.pdf (consultado el 4 de febrero de 2025).

se debe al tipo impositivo más bajo de las ganancias de capital, que es la forma en que él obtiene sus ingresos, y al tipo impositivo más alto de los ingresos salariales, que es la forma en que su secretaria obtiene los suyos.

Además de aumentar de valor con el tiempo, muchos activos generan pagos periódicos a sus propietarios mientras los poseen. Entre ellos se incluyen los dividendos[9] de las acciones, los intereses de los bonos y las rentas de bienes inmuebles. Gran parte de estos ingresos también está sujeta a gravámenes a tipos más bajos que los ingresos derivados del trabajo. Incluso si los activos no generan ingresos antes de ser vendidos (como una segunda vivienda que el propietario no alquila o una acción que no paga dividendos), los propietarios se benefician del incremento de valor de su inversión. Estos beneficios no sujetos a impuestos incluyen la posibilidad de solicitar préstamos a tipos de interés más bajos utilizando el creciente valor de sus activos como garantía, la seguridad financiera que proporciona una mayor riqueza, la posibilidad de convertir esas ganancias en efectivo según sea necesario y, en el caso de una segunda vivienda, disponer de un lugar donde pasar tiempo.

Una justificación que se ofrece para no gravar cada año el incremento en el valor de los activos es que resulta difícil determinar cuánto han aumentado de valor a lo largo del año. Sin embargo, eso no es cierto en el caso de las acciones y los bonos que cotizan en Bolsa, los cuales constituyen la mayor parte de la riqueza en Estados Unidos, por ejemplo. El aumento en el precio de una acción puede consultarse fácilmente, y la ganancia obtenida durante el año puede calcularse sin dificultad.[10] No obstante, dicho incremento no se grava.

Otra justificación para no gravar el incremento en el valor de los activos es que las corporaciones pagan impuestos al Gobierno sobre sus

9. Los dividendos son una distribución de beneficios que una empresa entrega a sus propietarios (es decir, a sus accionistas). La empresa puede distribuirlos de forma periódica (por ejemplo, trimestralmente) o cuando lo considere oportuno.

10. En caso de una pérdida debida a la disminución del precio de una acción, podría concederse al accionista un crédito fiscal frente a sus ganancias. Así es como funciona en la actualidad con respecto a las ganancias y pérdidas de las acciones que se venden; el mismo sistema podría aplicarse a las ganancias y pérdidas de las acciones que no se venden.

beneficios y, por lo tanto, la ganancia del accionista se ve reducida por esos impuestos. El impuesto sobre los beneficios corporativos en el momento de redactar este texto es del 21 %. Sin embargo, debido a la complejidad de la legislación fiscal y a la abundancia de resquicios legales, la tasa media que pagan las quinientas mayores corporaciones estadounidenses en 2018 fue en realidad del 11,3 %, y noventa y una de esas quinientas no pagaron absolutamente nada.[11] Entre las empresas que no pagaron impuestos figuran Amazon, Chevron, Halliburton e IBM, algunas de las compañías más exitosas del mundo.

La pregunta sigue siendo: cuando los ingresos por inversiones finalmente llegan al inversor, ¿por qué Estados Unidos los grava casi siempre a un tipo bastante más bajo que los ingresos derivados del trabajo? Los políticos que apoyan este tipo reducido para los ingresos por inversión sostienen que proporciona a los inversores un incentivo para invertir. Entonces, ¿los inversores guardarían sus ahorros debajo del colchón si tuvieran que pagar un porcentaje mayor de sus ganancias de inversión en impuestos? Si se proyecta que una inversión genere un beneficio del 6 % y el impuesto sobre ese beneficio aumenta, ¿deciden que es preferible no obtener beneficio alguno y optan por no invertir?

Por otro lado, ¿no desincentiva un tipo impositivo más alto sobre los ingresos laborales el trabajo y la participación productiva en la economía? Tal vez no para el principal sostén económico de una familia con hijos. Pero para trabajadores mayores, trabajadores marginalmente vinculados al mercado laboral y otros grupos, un cambio en el salario neto puede influir en su decisión de aceptar un empleo o no. Darse cuenta de las falacias de los argumentos de quienes apoyan tipos impositivos más bajos sobre las ganancias de capital no requiere formación en economía. Como ocurre en tantos otros casos, sólo precisa aplicar el sentido común.

Está claro que la riqueza engendra riqueza, y que cuanto más posee una persona, más puede acumular. Estas ventajas fiscales sobre los in-

11. Gardner, M., *et al.*: Corporate Tax Avoidance in the First Year of the Trump Tax Law», Institute on Taxation and Economic Policy (16 de diciembre de 2019). Disponible en: itep.org/corporate-tax-avoidance-in-the-first-year-of-the-trump-tax-law

gresos por inversión, combinadas con la creciente desigualdad de ingresos y la acumulación de herencias, están provocando que la riqueza se concentre aún más. Existen muchas estimaciones sobre hasta qué punto se ha concentrado la riqueza en Estados Unidos, desde la estimación del Banco de la Reserva Federal de San Luis, que indica que el 69 % de toda la riqueza está en manos del 10 % más rico de los hogares,[12] hasta la estimación de la Reserva Federal, según la cual la mitad más pobre de los hogares sólo posee el 2,4 % de toda la riqueza.[13] A menos que se haga algo para nivelar las condiciones, es probable que esta disparidad provoque una concentración de la riqueza (y, por lo tanto, del poder) cada vez mayor en un grupo más o menos reducido de personas.

Este fenómeno es el eje central del ampliamente comentado *El capital en el siglo* XXI, de Thomas Piketty, un raro ejemplo de un libro de economía de más de seiscientas páginas que se convirtió en un superventas. Piketty habla de un retorno del mundo a un sistema de «capitalismo patrimonial», en el que gran parte de la economía está dominada por la riqueza heredada. Teme que esto convierta nuestra sociedad en una oligarquía, un lugar donde un pequeño grupo ejerce mucho más control sobre la sociedad de lo que se esperaría en una democracia.

Otro libro popular, *Dream Hoarders: How the American Upper Middle Class Is Leaving Everyone Else in the Dust, Why That Is a Problem, and What to Do About It*, de Richard Reeves, muestra cómo la riqueza heredada afecta mucho más que la suma total de los activos de la siguiente generación. La riqueza proporciona muchas ventajas desde el inicio de la vida, en particular educación de alta calidad, asegurando así que los padres adinerados puedan transmitir su estatus a sus hijos. Reeves sostiene que esto crea un «mercado amañado» para las oportunidades, reduce la movilidad social y hace la economía menos compe-

---

12. Hernández Kent, A., *et al.*: «The State of U.S. Wealth Inequality», Banco de la Reserva Federal de San Luis (18 de octubre de 2023). Disponible en: www.stlouisfed.org/institute-for-economic-equity/the-state-of-us-wealth-inequality

13. Junta de Gobernadores del Sistema de la Reserva Federal: «Distribution of Household Wealth in the U.S. since 1989». Datos del tercer trimestre de 2024. Disponible en: www.federalreserve.gov/releases/z1/dataviz/dfa/distribute/table (consultado el 4 de febrero de 2025).

titiva. Además, cuando los hijos de familias ricas tienen éxito, ellos (y la sociedad) pueden atribuir más de su éxito del que realmente corresponde a sus talentos innatos y esfuerzo, en lugar de reconocer la ventaja de mejores escuelas, tutorías privadas, enriquecimiento adicional y oportunidades de *networking* «acumuladas» por las familias más adineradas. Cuanto más subestimen las personas la importancia de estas ventajas, menos sentirán la obligación de apoyar políticas que hagan que tales ventajas estén al alcance de niños de un rango más amplio de entornos.

Los fundadores de Estados Unidos no abordaron el riesgo de que los representantes democráticamente elegidos permitieran que los intereses de una pequeña minoría de la población, como los adinerados, se adelantaran demasiado frente a los intereses de la gran mayoría. Creían que cualquier representante electo que permitiera que esto sucediera sería destituido mediante el voto. De hecho, plantearon una preocupación casi del todo opuesta: que en una democracia, la mayoría podría pisotear los derechos de la minoría. En particular, les preocupaba que la mayoría votara para gravar la riqueza de los mucho menos numerosos ricos. El Colegio Electoral es una de las consecuencias de esta preocupación.

Pero a diferencia de los fundadores, todos sabemos cómo el dinero ha distorsionado el proceso político. Por mucho que a algunos les guste pensar que los votantes toman decisiones bien informadas basadas en un interés propio razonado, el dinero habla y los votantes parecen escuchar y seguir. Esto es en especial cierto desde que la Corte Suprema abrió la puerta a permitir que se gastara dinero corporativo esencialmente ilimitado para influir en las elecciones en 2010 con el caso Citizens United, que discutiremos en el capítulo 8. Dejaré el tema de cómo y por qué podemos ser manipulados con tanta facilidad por políticos con enormes cantidades de dinero para que lo estudien los libros de ciencia política. Lo importante aquí es el hecho de que podemos serlo y sus consecuencias.

El aumento de la concentración de la riqueza y los ingresos y el poder que conlleva casi siempre no termina bien. A lo largo de la historia, una gran desigualdad de riqueza a menudo ha dado lugar a revoluciones violentas (como las revoluciones francesa, china y rusa) o al colapso de naciones (como la caída de Roma). De vez en cuando aparecía una plaga particularmente virulenta que reorganizaba la sociedad (como la peste bubónica en la Europa medieval). La buena noticia es que esos resultados pueden evitarse.

Los dos últimos capítulos de este libro analizan políticas gubernamentales que pueden promover tanto mayores oportunidades como mayor productividad. En particular, el último capítulo aborda nuestro sistema fiscal y muestra cómo puede empeorar una situación ya complicada –cómo los impuestos en realidad agravan la desigualdad económica– y qué se puede hacer para corregirla. La ventaja de esperar hasta el final del libro para tratar este tema es que, cuando llegues a él, contarás con la base de conocimientos necesarios para evaluar cuáles serían las medidas más efectivas.

En el siguiente capítulo miraremos más allá de nuestras fronteras, hacia el resto del mundo, para analizar el efecto global sobre nosotros y nuestra economía.

6

LA ECONOMÍA (EN SU MAYOR PARTE) ABIERTA

¿Cuáles son las consecuencias del comercio internacional?

El libre comercio, una de las mayores bendiciones que un Gobierno puede conceder a un pueblo, es impopular en casi todos los países.

THOMAS B. MACAULAY, historiador y político británico

¿POR QUÉ TENER LIBRE COMERCIO EN PRIMER LUGAR?

El libre comercio se refiere a la posibilidad de comprar bienes y servicios de otros países (importaciones) y de vender bienes y servicios a otros países (exportaciones). La magnitud del comercio en Estados Unidos y en casi todas las naciones no es algo directamente determinado por el Gobierno, sino el resultado de miles de millones de decisiones individuales de estadounidenses que compran algo fabricado en el extranjero y de miles de millones de decisiones individuales de personas en otros países que adquieren algo producido en Estados Unidos.

Muchos estadounidenses ven una virtud en comprar productos fabricados en el país. Creen que hacerlo fortalece la economía estadounidense y genera empleos para los estadounidenses. Dejando de lado la cuestión de lo que en realidad significa «fabricado en Estados Unidos» en un mundo en el que muchos bienes contienen componentes fabricados y ensamblados en varios países distintos, ¿es esto en realidad una virtud? ¿Deberían las personas renunciar a productos extranjeros más baratos o de mejor calidad para comprar productos fabricados en Estados Unidos?

Los consumidores se benefician cuando compran bienes fabricados en el extranjero. ¿Cómo lo sé? Si no fuera así, no habrían comprado los productos extranjeros en primer lugar. Si un fabricante local pudiera producir un artículo que el consumidor prefiriera al producto extranjero, el consumidor habría comprado el producto local. Además, dado que el precio de la opción local se beneficia de un transporte más barato y eficiente, es muy probable que la preferencia del consumidor por la opción extranjera haya sido clara.

Por ejemplo, Bangladesh tiene un clima muy favorable para cultivar mangos y abundante mano de obra para cosecharlos, de modo que los europeos compran mangos de Bangladesh en lugar de asumir el gran coste y la dificultad de cultivarlos y cosecharlos en Europa. El coste de producir mangos en Bangladesh y luego enviarlos a Europa es menor que el de cultivarlos en Europa. ¿Cómo lo sé? Aplicando la misma lógica que en el párrafo anterior: si no fuera más barato producir mangos en Bangladesh, la gente los cultivaría en Europa en lugar de importarlos. De manera similar, Europa cuenta con un gran número de ingenieros aeroespaciales y con una infraestructura aeronáutica de calidad, por lo que los bangladesíes compran aviones en Europa en lugar de afrontar el gran coste y la dificultad de fabricarlos por su cuenta.

La capacidad de Bangladesh para producir mangos a un coste menor que Europa y la capacidad de Europa para producir aviones a un coste menor que Bangladesh se conoce como «ventaja comparativa». La ventaja comparativa no significa que la otra nación no pueda fabricar el producto. Ni siquiera que no pueda hacerlo bien. Sólo significa que la nación con la ventaja comparativa puede producirlo a un coste más bajo que la otra, de modo que conviene comprarles ese producto. Todas las naciones tienen alguna ventaja comparativa, ya sea por su clima, por sus recursos naturales o, sencillamente, por disponer de mano de obra barata. Los estadounidenses podrían ensamblar teléfonos, coser ropa genérica y fabricar televisores, pero otros países, como China, pueden realizar esas tareas a un coste significativamente menor. Por tanto, nos conviene comprarles esos bienes.

Las ganancias del libre comercio son tan abundantes –no sólo productos a menor precio, sino también acceso a una mayor variedad de bienes y servicios y vínculos más estrechos con otras naciones y culturas– que la riqueza de un país y su apertura al comercio han estado estrechamente vinculadas a lo largo de la historia. Por ejemplo, entre los siglos XIII y XV, Venecia fue el centro de comercio más grande e importante del mundo, conectando Europa occidental con el Imperio bizantino y el mundo musulmán. Incluso hoy en día, la gente acude a la ciudad para ver los muchos vestigios de lo próspera, vibrante e interesante que fue. De manera similar, la Ámsterdam del siglo XVII fue uno de los grandes centros de comercio mundial, y su «Edad de Oro» aún da vida a la ciudad. La riqueza que los neerlandeses generaron les permitió explorar el orbe y establecer un puesto comercial en Norteamérica. Esa pequeña colonia aprovechó su puerto natural en el nuevo país para convertirse en uno de los grandes centros de comercio del mundo y, a su vez, en una de las ciudades más ricas y diversas de todos los tiempos (cambiando su nombre a «Nueva York» en el proceso).

Si bien los beneficios del comercio internacional en los países ricos pueden ser más visibles, los beneficios en los países pobres son significativos y se dividen sobre todo en dos categorías. En primer lugar, las personas de las naciones más pobres obtienen acceso a bienes que les resultaría difícil producir por sí mismas a cualquier precio, como aviones, equipos informáticos y, para bien o para mal, armamento avanzado. En segundo lugar, muchos de ellos acceden a oportunidades laborales adicionales, ya que lo que exportan –como ropa barata y productos manufacturados relativamente simples– suele requerir mucha mano de obra. Estos empleos quizá no paguen mucho, pero pueden representar una alternativa en cierto sentido mejor para muchos trabajadores.

Sin embargo, en algunas naciones de ingresos bajos, la oportunidad de dar a las personas el primer peldaño en la escalera hacia una vida mejor ha sido usurpada. Muchas empresas, en particular las manufactureras, mantienen condiciones laborales inseguras y deplorables, contaminan el medio ambiente y destruyen la vida de los niños al emplearlos cuando deberían estar en la escuela, aprovechando así la oportunidad de mejorar ellos mismos y su comunidad. Tales empresas se aprovechan de la desesperación a la que se enfrentan muchas personas en estos países y las explotan en busca de mayores beneficios.

Si esto suena familiar, así debería ser, pues ya hemos analizado una situación muy similar: los inicios de la Revolución Industrial. Califiqué la vida en las primeras fábricas como «tal vez las peores condiciones que habían soportado personas que no estaban siendo castigadas ni sometidas a esclavitud». Algunas personas hoy pueden consolarse pensando en cuánto ha mejorado la vida en el mundo desarrollado y suponer que los trabajadores del mundo menos desarrollado alcanzarán el mismo resultado a largo plazo. Sin embargo, como dijo célebremente el economista John Maynard Keynes, «a largo plazo, todos estaremos muertos».

Es discutible que tuvieran que soportarse esas duras condiciones en los primeros tiempos de la Revolución Industrial para construir una economía en la que la persona promedio de los países desarrollados tenga hoy acceso a alimentos abundantes, vivienda decente y una amplia gama de bienes y servicios que mejoran la vida. Pero que esas condiciones difíciles deban ser soportadas hoy no lo es en absoluto. El mundo es ahora muchísimo más rico de lo que era en los inicios de la Revolución Industrial y no hay razón para que los trabajadores sufran hoy lo que sufrían entonces. A modo de referencia, si dividiéramos el PIB mundial total (alrededor de 106 billones de dólares en 2023)[1] de manera equitativa entre todas las personas del planeta (aproximadamente 8000 millones),[2] el resultado para una familia de cuatro miembros sería de 53 000 dólares, suficiente para que nadie en el planeta viviera en la pobreza.

En la práctica, el coste adicional de proporcionar condiciones de trabajo humanas y seguras añadiría muy poco al precio de los productos importados. Si en la actualidad tiene sentido importar un producto en lugar de producirlo a nivel interno, unas pocas mejoras en las condiciones laborales difícilmente cambiarán esa conclusión. Las naciones ricas pueden exigir que todas las empresas cumplan ciertos estándares

---

1. Banco Mundial: «GDP (Current US$)». Disponible en: data.worldbank.org/indicator/NY.GDP.MKTP.CD?locations=1W (consultado el 4 de febrero de 2025).
2. Population Reference Bureau: «PRB's 2023 World Population Data Sheet». Disponible en: 2023-wpds.prb.org (consultado el 4 de febrero de 2025).

mínimos básicos, renuncien al trabajo infantil y garanticen condiciones de trabajo humanas. Si una nación incumple de manera reiterada esas normas, el resto del mundo puede imponer sanciones al país o, en casos extremos, amenazar con suspender el comercio con ese país para obligarlo a actuar. De ese modo, los países en desarrollo tienen el incentivo no sólo de adoptar unos estándares básicos (cosa que, en mayor o menor medida, ya hacen hoy en día), sino también de aplicarlos (algo que a menudo no ocurre).

El libre comercio tiene el potencial de permitir a la población de cada país ampliar muchísimo el mercado para sus bienes y servicios y, con ello, darles a ellos y a sus hijos la posibilidad de construir vidas mejores. No debemos permitir que las empresas que abusan de los trabajadores, devastan el medio ambiente y explotan a los niños les nieguen a las personas más desesperadas del mundo esa oportunidad. Estos trabajadores no deberían tener que esperar doscientos años (más o menos el tiempo transcurrido desde el inicio de la Revolución Industrial hasta el establecimiento de una clase media sólida en Occidente) para acceder a una vida mejor.

¿QUÉ SUCEDE CON EL DINERO QUE SE GASTA EN IMPORTACIONES?

Uno de los temas clave de este libro es que los principios fundamentales de la economía deberían quedar claros si uno está dispuesto a observar el mundo con atención y aplicar el sentido común. Esto también es cierto para la economía global. Como hemos comentado, la moneda estadounidense (el dólar) y las de casi todas las demás naciones son monedas fiduciarias, es decir, dinero creado de la nada por los Gobiernos. La producción de cada billete de un dólar le cuesta al Gobierno alrededor de 3,2 centavos, y cada billete de mayor denominación le cuesta entre 5,3 y 9,4 centavos, ya que contienen más elementos de seguridad.[3]

---

3. Junta de Gobernadores del Sistema de la Reserva Federal: «How Much Does It Cost to Produce Currency and Coin?», Federal Reserve Economic Data (FRED)

¿Hay algún problema si todos optamos por trabajar unas pocas horas al año, imprimir billetes que nos cuestan varios centavos cada uno y luego intercambiarlos por bienes y servicios que valen muchas veces esa cantidad? ¿Son las importaciones el «almuerzo gratis» definitivo? Puede que estés pensando que el problema de simplemente crear dinero nuevo para este propósito es que causaría inflación. Sin embargo, como sabes, si el dinero nuevo genera bienes y servicios nuevos –y las importaciones generan bienes y servicios nuevos para nuestra economía en una cantidad equivalente al dinero nuevo–, los precios no se ven afectados. Entonces, ¿podríamos simplemente imprimir dinero para comprar todo lo que necesitamos o queremos del extranjero?

La respuesta resulta evidente si piensas en lo que sucede con ese dinero cuando llega a manos de los extranjeros que nos vendieron el vino francés, el reloj suizo o cualquier cosa de China. Pueden usar esos dólares para comprar nuestras cosas. O pueden conservar esos dólares por un tiempo y luego usarlos para comprar nuestras cosas. O pueden cambiarlos en algún banco u oficina de cambio de divisas, que retendrá esos dólares hasta que otro cliente los necesite para comprar nuestras cosas. O los dólares pueden cambiar de manos muchas veces en el extranjero antes de finalmente llegar a alguien que quiera comprar nuestras cosas. ¿Qué tienen en común todos estos escenarios? Todos resultan en que los dólares gastados en el extranjero terminen gastándose en Estados Unidos.

Puede que pase un tiempo antes de que retornen los dólares gastados hoy en vino francés, pero hubo dólares gastados en el extranjero hace años por vino francés que están retornando hoy. Cada día enviamos algunos dólares al extranjero para comprar importaciones, y los extranjeros envían algunos dólares de vuelta para adquirir nuestras exportaciones. Si cada dólar no otorgara a los extranjeros el derecho a reclamar bienes y servicios por un valor equivalente en Estados Unidos, entonces los extranjeros no habrían tenido mucho interés en vendernos cosas por dólares en primer lugar.

(22 de agosto de 2024). Disponible en: www.federalreserve.gov/faqs/currency_12771.htm

¿Cuántos dólares hay en el extranjero? Aunque sabemos que aproximadamente 2,4 billones de dólares estadounidenses están en circulación,[4] no sabemos con certeza qué parte de esa cantidad se encuentra fuera del país. La moneda es sólo papel; no tiene ningún tipo de dispositivo de rastreo incorporado. No obstante, los analistas que han estudiado este tema estiman que más o menos entre el 60 y el 70 % de nuestra moneda nacional se encuentra en el extranjero.[5] ¿Por qué tanto? El dólar estadounidense se considera un activo muy seguro y líquido, lo que significa que su valor es reconocido y aceptado de inmediato en todo el mundo. Por ello, representa una atractiva reserva de valor para muchas personas e instituciones, en especial en países más volátiles.

Está claro que algunos dólares salieron de Estados Unidos para pagar importaciones y que no se han vuelto a gastar en el país. En realidad, esto representa un beneficio para los estadounidenses. Intercambiamos dinero que creamos de la nada por bienes con valor real. Cuando nuestras importaciones superan a nuestras exportaciones, obtenemos más bienes y servicios del resto del mundo de los que ellos reciben de nosotros. Entonces, ¿por qué se considera algo negativo? ¿Por qué muchas personas se quejan de nuestro «déficit comercial»?

El primer paso para entender qué problema, si es que existe alguno, genera el «déficit comercial» es comprender qué significa el término. Tan sólo indica en cuánto el precio de venta de todos los bienes y servicios que Estados Unidos importa supera al precio de venta de todos los bienes y servicios que el país exporta. En 2023, el país importó 3,9 billones de dólares en bienes y servicios del extranjero y exportó 3,1 billones.[6] Esto generó un «déficit comercial» aproximado de 800 000 millones de

---

4. Junta de Gobernadores del Sistema de la Reserva Federal: «Currency in Circulation», Federal Reserve Economic Data (FRED). Disponible en: fred.stlouisfed.org/series/CURRCIR (consultado en diciembre de 2024).
5. *Véase*, por ejemplo: Anderson, R. G., *et al.*: «How U.S. Currency Stacks Up ‘at Home and Abroad», Banco de la Reserva Federal de San Luis (primavera de 2007).
6. Banco de la Reserva Federal de San Luis: «Table 1.1.5. Gross Domestic Product: Annual», Federal Reserve Economic Data (FRED). Disponible en: fred.stlouisfed.org/release/tables?rid=53&eid=41047&od=# (consultado el 4 de febrero de 2025).

dólares ese año. Estados Unidos suele registrar un déficit comercial, aunque el de 2023 fue superior a la media.

En este punto, puede que te preguntes cómo puede existir regularmente un déficit comercial de tal magnitud si, como hemos comentado, la mayor parte del dinero que gastamos en el extranjero se vuelve a gastar en Estados Unidos. La respuesta es que el déficit comercial sólo contabiliza el gasto en «bienes y servicios». No tiene en cuenta el gasto en activos e inversiones, como la compra de acciones o bonos emitidos por empresas estadounidenses, préstamos a estadounidenses, compras de bonos del Gobierno de Estados Unidos y adquisiciones de bienes raíces en Estados Unidos. Cuando se consideran todas estas compras de activos e inversiones, la cantidad de dinero que sale de Estados Unidos es en esencia la misma que la cantidad de dinero que regresa al país.[7] Podemos importar más bienes y servicios de los que exportamos, pero exportamos más activos e inversiones de los que importamos.

Cualquier dólar que no vuelva a Estados Unidos como compra de bienes, servicios, activos o inversiones, y que en su lugar permanezca en el extranjero como reservas de instituciones financieras extranjeras, empresas y, no de manera insignificante, funcionarios corruptos, representa una ganancia única para nuestra economía. Intercambiamos dinero que se creó de la nada por bienes y servicios reales. La Reserva Federal simplemente podría aumentar nuestra oferta monetaria para compensar cualquier dólar que abandone nuestra economía de manera permanente.

Los dólares perdidos en alguna bóveda extranjera podrían ser reemplazados por nuevos dólares sin temor a la inflación, ya que la cantidad de dinero que realmente circula en la economía no se incrementaría. Reemplazar los dólares que permanecen en el extranjero no provoca inflación, por la misma razón que el reemplazo de billetes desgastados por billetes recién impresos, algo que el Gobierno hace de manera regular, tampoco la provoca. Los dólares recién impresos simplemente reemplazan a los que han desaparecido: en un caso porque fueron des-

7. Si se tiene en cuenta el cambio relativamente pequeño en la cantidad de dólares que se mantienen en el extranjero y se realizan otros ajustes técnicos menores, la cantidad que gastamos en importaciones e inversiones en el extranjero es igual a la que los extranjeros gastan en nuestras exportaciones e inversiones en Estados Unidos.

truidos por el Gobierno y en el otro porque fueron guardados en la bóveda de algún dictador para él y sus herederos. Como discutiremos en el capítulo 11, la Reserva Federal siempre tiene la capacidad de ajustar la cantidad de dólares, tanto hacia arriba como hacia abajo, según sea necesario. Por lo tanto, si casi todos los dólares que gastamos en el extranjero se vuelven a gastar en Estados Unidos y cualquier dólar que permanezca en el extranjero representa una ganancia para Estados Unidos, ¿por qué algunas personas se preocupan por el déficit comercial y se oponen al comercio exterior? ¿Quién, en palabras de los críticos del libre comercio, está siendo «estafado» y de qué manera? Los críticos siempre dicen que se pierden empleos y que los trabajadores resultan perjudicados. Pero ¿es eso realmente cierto?

COMERCIO Y EMPLEOS

La respuesta a la pregunta de si el comercio perjudica a los trabajadores depende de quién seas. Si eres un trabajador poco cualificado en Estados Unidos, la respuesta es un rotundo «sí». El libre comercio es un gran problema. Incluso con un salario mínimo de 7,25 dólares por hora,[8] el actual en Estados Unidos, a un trabajador estadounidense de fábrica le resultaría difícil competir con un trabajador en Bangladesh, Vietnam o incluso China, donde el salario promedio por hora de un trabajador de fábrica es bastante inferior. Por ejemplo, en la India –una nación que no carece de trabajadores potenciales–, los salarios para trabajos de fábrica de bajo nivel promedian menos de 1 dólar por hora.[9] Además, como se ha discutido, aunque no todos los empleos poco

8. El salario mínimo federal en Estados Unidos, establecido por la Ley Federal de Normas Justas de Trabajo (FLSA, por sus siglas en inglés) en 2009, no ha variado desde entonces. Sin embargo, muchos estados y algunas ciudades fijan salarios mínimos superiores al federal, los cuales pueden actualizarse cada año según la inflación. Por ejemplo, en 2025, estados como Washington y Rhode Island tienen sueldos mínimos de 16,66 y 15,00 dólares por hora, respectivamente *(N. del T)*.
9. «Factory and Manufacturing Average Salaries in India 2021», *Salary Explorer*. Disponible en: www.salaryexplorer.com/salary-survey.php?loc=100&loctype=1&job=33&jobtype=1 (consultado el 4 de febrero de 2025).

cualificados (como los de limpieza, mantenimiento o repartidores) puedan trasladarse al extranjero, muchos sí pueden hacerlo total o parcialmente, aumentando la competencia y reduciendo la remuneración de aquellos trabajos que permanecen en Estados Unidos. Por lo tanto, los trabajadores estadounidenses poco cualificados han sido, para usar un término técnico que la mayoría de los libros de economía evita, perjudicados por el comercio internacional.

Por otro lado, para la mayoría de las personas, el comercio internacional ha supuesto beneficios significativos. Podemos ser conscientes de los bienes más baratos que obtenemos, pero es menos probable que pensemos en los mayores niveles de ingreso y oportunidades de empleo que muchos de nosotros recibimos gracias al comercio. ¿Cuántos trabajadores adicionales hay en Microsoft gracias a sus ventas de *software* en el extranjero? ¿Cuántos profesores más hay en las universidades estadounidenses debido a los numerosos estudiantes internacionales que vienen a estudiar? ¿Cuántos empleados extra tiene Goldman Sachs porque la empresa ofrece productos de inversión a escala global? ¿Cuántos ejemplares adicionales de este libro se venderán porque está disponible en el extranjero? (Este último quizá no sea el mejor ejemplo).

La persona que pierde su empleo frente a un trabajador de otro país es muy consciente de su pérdida y de la causa. Su desempleo o subempleo puede ser fuente de amargura o resentimiento. Su situación suele aparecer en los medios y ha sido objeto de varios libros superventas. Su mayor tasa de mortalidad por suicidio, alcoholismo y drogadicción ha atraído tanta atención que incluso tiene un nombre: «muertes por desesperación».

Como tal vez puedas imaginar, el libre comercio no sólo acentúa la tendencia del «ganador se lo lleva todo» en lo que respecta a los individuos, sino que también amplía esta dinámica a comunidades enteras. Lugares como Seattle y Silicon Valley se están volviendo aún más prósperos de lo que serían de otro modo gracias al libre comercio. En cambio, las ciudades que dependían de la manufactura, como Detroit y Cleveland, están sufriendo muchísimo. Estar en el lado perdedor de esta tendencia es terrible, pero, como hemos comentado, estar en el lado ganador de este fenómeno tampoco es tan ventajoso como parece. Las ciudades más ricas de Estados Unidos se enfrentan a problemas de vivienda inasequible, personas sin hogar y una vida urbana menos dinámica a medida que más viviendas son adquiridas por residentes que apenas están presentes porque poseen varias propiedades. Esto no sólo supone un problema para esas personas y comunidades: es un problema de todos cuando el país no logra alcanzar su verdadero potencial.

El grupo más amplio de personas que se benefician de manera significativa (como los ingenieros o los artistas) y de forma menos evidente (como yo) no suele ser consciente del aumento de la demanda de su trabajo, ya que parte de lo que producen se vende en el extranjero. Por lo general, atribuyen su éxito tan sólo a sus habilidades y a su esfuerzo personal. Es posible que no se den cuenta de que es probable que tuvieran menos éxito si los estadounidenses no pudieran vender sus productos en los mercados extranjeros, que representan aproximadamente el 74 % del gasto total mundial.[10]

Entonces, ¿cuál es el resultado neto del libre comercio de bienes y servicios para Estados Unidos? Por un lado, perdemos empleos poco cualificados porque importamos muchos productos manufacturados baratos debido a la disponibilidad de mano de obra barata en el extranjero. Por otro lado, ganamos empleos altamente cualificados porque exportamos muchos productos de alto valor que requieren un gran talento para producirlos, gracias a la abundancia de conocimientos técnicos avanzados en nuestro país.

Sin embargo, es casi imposible calcular con exactitud cuántos empleos se pierden y cuántos se ganan. Por ejemplo, aunque puede estimarse el número de empleos en Microsoft atribuibles a las ventas en el extranjero, resulta mucho más difícil calcular todos los empleos creados por el gasto de esos empleados adicionales de Microsoft (en restaurantes, en escuelas privadas, en tiendas minoristas y en innumerables otros lugares). Aún más difícil es estimar el gasto adicional (y, por tanto, la creación de empleo) derivado de los gastos adicionales de todos esos empleados de restaurantes, escuelas privadas y tiendas minoristas a los que los empleados adicionales de Microsoft acuden como clientes.

10. «GDP Ranked by Country 2024», *World Population Review*. Disponible en: worldpopulationreview.com/countries/countries-by-gdp (consultado el 4 de febrero de 2025).

Los nuevos empleos e ingresos generados por las exportaciones crean múltiples rondas de nuevos empleos y gasto en lo que los economistas llaman un efecto multiplicador. Al mismo tiempo, la reducción del gasto de los trabajadores que perdieron su empleo a causa de las importaciones tiene un efecto multiplicador negativo: estos trabajadores gastan menos y esa reducción del gasto también se propaga por toda la economía.

Muchos políticos y activistas laborales presuponen que el comercio internacional destruye más empleos mal remunerados de los que genera bien remunerados, lo que se traduce en una pérdida neta de puestos de trabajo en Estados Unidos. ¿Por qué? Porque importamos más bienes y servicios de los que exportamos, y la venta de inversiones y activos crea pocos empleos. Además, lo que importamos suele requerir más trabajadores (es decir, ser más intensivo en el uso de mano de obra) que lo que exportamos. Sin embargo, algunas investigaciones recientes sugieren que el comercio no provoca una pérdida neta de empleos, debido al efecto multiplicador.[11] En concreto, el aumento del número de empleos bien remunerados conlleva un aumento del gasto y, por tanto, un incremento del número de empleos en el sector servicios.

En definitiva, el libre comercio nos proporciona acceso a una gama más amplia y barata de productos, y nuestro país gana algunos empleos altamente cualificados y bien pagados, pero pierde otros poco cualificados y mal pagados. Así que el libre comercio es excelente, salvo que seas uno de los trabajadores cuyas competencias han quedado obsoletas o vivas en una comunidad cuya industria principal se ha vuelto obsoleta o incluso ha desaparecido.

---

11. *Véase* Bloom, N., *et al.*: «The Impact of Chinese Trade on U.S. Employment: The Good, The Bad, and The Debatable» (julio de 2019). Disponible en: www.semanticscholar.org/paper/The-Impact-of-Chinese-Trade-on-U.S.-Employment%3A-The-Bloom-Handley/07f743ed93ee5841d3cd2483e9e6b2c1d5a410bc.

Véase también: Feenstra, R. C., *et al.*: «The 'China Shock', Exportsand U.S. Employment: A Global Input-Output Analysis», National Bureau of Economic Research (20 de noviembre de 2017). Disponible en: www.nber.org/papers/w24022

Dado que el libre comercio genera beneficios materiales tan significativos y fomenta la interacción y la cooperación entre naciones, la pregunta no debería ser si debemos abandonarlo, sino cómo podemos lograr que todos se beneficien de él. Una solución clara sería que el grupo más amplio de ganadores del libre comercio (aquellos que prosperan en la economía global) compensara al grupo más reducido de perdedores del libre comercio (aquellos que han perdido su empleo debido a la competencia extranjera y carecen de las habilidades necesarias para encontrar otro). De ese modo todos podrían salir ganando.

En concreto, el Gobierno podría ofrecer educación técnica o superior gratuita, programas de formación para nuevos empleos, prestaciones por desempleo más generosas, opciones de jubilación anticipada o incluso empleos públicos para los trabajadores desplazados, todo financiado mediante un pequeño aumento de los impuestos a ese gran número de personas que prosperan en la economía abierta. *Podría* hacerlo, pero no lo ha hecho.

En su lugar, tenemos una clase creciente de personas profundamente indignadas con los extranjeros que «nos quitan los empleos», mientras muchos políticos se limitan a observar cómo sucede todo o a explotar esa ira en beneficio propio. Al mismo tiempo, muchos de los que nos hemos beneficiado del comercio internacional rara vez pensamos en cuáles son esos beneficios, cuán grandes son o cómo se han producido. A riesgo de quedarnos cortos, no es una situación que favorezca la adopción de buenas políticas públicas ni la elección de los mejores candidatos a cargos públicos.

Una de las respuestas políticas ante la preocupación por los efectos del libre comercio sobre el empleo ha sido la imposición de aranceles. Los aranceles son, sencillamente, impuestos aplicados por el Gobierno a las importaciones (pueden cobrarse como una cantidad fija por cada bien importado o como un porcentaje de su precio, de forma similar a un impuesto sobre las ventas). Aunque algunos defensores de los aranceles afirman lo contrario, éstos no los pagan los fabricantes extranjeros de los bienes importados. Las empresas extranjeras no pagan impuestos en Estados Unidos ni están sujetas a su legislación fiscal. En realidad, el importador radicado en Estados Unidos es quien paga el arancel correspondiente a nuestro Gobierno al introducir las mercancías en el país. Los importadores actúan como intermediarios: pagan los productos, añaden todos los gastos asociados (incluidos los aranceles) y un margen de beneficio por su gestión, y luego venden los bienes al minorista estadounidense, que finalmente nos los vende a nosotros. En resumen, los que acabamos pagando el arancel somos los estadounidenses, no una empresa extranjera.

Dado que los aranceles encarecen los bienes importados, otorgan una ventaja a los productores nacionales de bienes alternativos. Por ejemplo, si prefiero un vino francés a uno californiano similar y ambos cuestan 20 dólares la botella, compraré el francés. Si el Gobierno impone un arancel del 30 % sobre el vino francés, el precio de este vino para mí, como consumidor, aumentará en esa proporción, hasta los 26 dólares. Por tanto, es posible que me pase al vino californiano de 20 dólares. Esto parece una buena noticia para las bodegas de California y sus empleados, pero es perjudicial para los consumidores: o bien tienen que pagar más por el vino francés que les gusta, o pagar lo mismo por el vino californiano que les gusta menos. También es muy negativo para Boeing, Netflix, Microsoft, la Universidad de Nueva York y tantas otras empresas e instituciones estadounidenses –y sus trabajadores– que dependen del gasto de los extranjeros. Recordemos que si los extranjeros no pueden ganar dólares vendiéndonos sus productos, tampoco pueden gastar dólares comprando los nuestros. Cuantos más bienes estén sujetos a aranceles y más altos sean éstos –como ocurre en una «guerra comercial» cuando los países elevan los aranceles sucesivamente en represalia unos contra otros–, mayores son las pérdidas para los consumidores.

Además, dado que los productos importados han subido de precio a causa del arancel (recordemos que el vino francés pasó de 20 a 26 dólares), el productor nacional siente menos presión para mantener precios bajos, conservar la calidad y seguir siendo competitivo frente al productor extranjero. Esa bodega californiana probablemente podría ahora subir el precio de su vino unos cuantos dólares o relajarse en cuanto a la calidad sin perder demasiados clientes. En consecuencia, yo tendría que pagar más por un vino que me gusta menos o decidir comprar menos cosas, lo que no es una buena noticia ni para mí ni para nuestra economía.

El efecto de los aranceles sobre los productores también es negativo. Los productores de bienes nacionales menos preferidos (como la bodega californiana del ejemplo anterior) son beneficiados, mientras que los productores de los productos en los que los estadounidenses sobresalen, aquellos que todo el mundo quiere comprar, resultan perjudicados. Cuando los estadounidenses reducen las importaciones, fluyen menos dólares hacia los extranjeros que quieren adquirir los bienes y servicios internacionalmente competitivos que produce Estados Unidos, como aviones, películas de gran presupuesto, música y servicios financieros. Esto no es una receta para promover la competitividad de las empresas estadounidenses y, por lo tanto, la salud de la economía de Estados Unidos.

Quizá recuerdes que el presidente Trump dijo una vez que «las guerras comerciales son buenas y fáciles de ganar». Sin embargo, como ocurre con la mayoría de las guerras, provocan que sucedan muchas cosas muy negativas. Puede que no se pierdan vidas humanas como en una guerra real, pero se pierde valor para los consumidores estadounidenses, oportunidades para las empresas más competitivas de Estados Unidos y empleos para los trabajadores más cualificados del país. Moody's Analytics ha estimado que la escalada de aranceles durante el primer mandato del presidente Trump redujo nuestro PIB en aproximadamente 65 000 millones de dólares y nos costó 300000 empleos.[12]

Recurrir a la «guerra» es casi siempre la forma más costosa y menos constructiva de responder a un problema. Si China u otro socio comercial roba nuestra propiedad intelectual o viola las normas del comercio internacional de alguna otra manera, la Organización Mundial del Comercio (OMC), creada precisamente con ese propósito, puede dirimir la disputa. Estados Unidos fue fundamental en la creación de la OMC, y China, así como la gran mayoría de los países del mundo, son miembros. Si las medidas que impone la OMC son insuficientes, la respuesta no es abandonarla. La respuesta es mejorarla para que pueda cumplir

12. Zandi, M., *et al.*: «Trade War Chicken: The Tariffs and the Damage Done», *Moody's Analytics* (septiembre de 2019). Disponible en: www.economy.com/economicview/analysis/376236/Trade-War-Chicken-The-Tariffs-and-the-Damage-Done

con su misión de garantizar el cumplimiento de los acuerdos comerciales y promover un comercio libre y justo. La diplomacia tradicional y la presión coordinada de los socios comerciales también pueden ayudar a resolver este tipo de situaciones. Cuando tenemos un problema con un socio comercial, la guerra –ya sea caliente, fría o comercial– debería ser el último recurso, no el primero.

Ahora volvemos a la economía nacional para analizar cómo se organizan, quién las posee y cómo se valoran las empresas estadounidenses, las entidades responsables de producir nuestros bienes y servicios. También discutiremos qué las impulsa, qué las influye y cómo el fenómeno del «ganador se lo lleva todo» les está afectando.

PARTE III

EL NEGOCIO

7

EL SECTOR PRIVADO Y EL MERCADO DE VALORES

¿Cómo se organizan, quién las posee y controla, y cómo se valoran las empresas?

Si los expertos en Bolsa fueran tan expertos, estarían comprando acciones, no vendiendo consejos.

NORMAN RALPH AUGUSTINE, presidente y director ejecutivo de Lockheed Martin

¿QUÉ SON LAS CORPORACIONES?

Desde que existen las personas, también ha existido la actividad empresarial. Aquellos que se especializaban en cazar y recolectar alimentos intercambiaban con quienes se dedicaban a coser pieles de animales, y, presumiblemente, la división del trabajo y la especialización beneficiaban a ambos. Con el tiempo, el comercio y las actividades empresariales se expandieron y, con frecuencia, se volvieron más complejos y costosos.

En particular, alrededor del siglo XV, la exploración mundial se intensificó. Construir, equipar y lanzar una expedición para explorar el mundo y traer bienes y recursos hallados en el extranjero era extremadamente caro.

El coste, sumado al gran riesgo involucrado, hacía improbable que una sola persona o un pequeño grupo estuviera tanto capacitado como dispuesto a asumir un proyecto de tal envergadura. Como resultado, surgieron las corporaciones.

Una corporación es una organización creada por ley con el propósito de realizar actividades comerciales y producir bienes y servicios.[1] Aunque las corporaciones no son personas en sentido literal, se las trata como entidades distintas a efectos legales y administrativos. Específicamente, se consideran separadas de sus propietarios, también conocidos como accionistas.

Para comprender cómo se posee una corporación, puedes imaginar una tarta dividida en porciones iguales. En el caso de una corporación, estas porciones se llaman acciones. Si la corporación tiene 100 acciones en circulación (es decir, propiedad de los accionistas)[2] y un accionista posee una acción, entonces posee el 1 % de la corporación. Dado que todas las acciones tienen el mismo valor, el valor total de la empresa se calcula simplemente multiplicando el precio de la acción por el número de acciones en circulación. Por ejemplo, en el momento de escribir estas líneas, la empresa más valiosa del mundo es Apple Inc. Su propiedad está dividida en un poco más de 15 000 millones de acciones valoradas en 238 dólares cada una, lo que le da un valor total aproximado de 3,6 billones de dólares.

Los accionistas tienen un voto por cada acción que poseen en decisiones importantes de la empresa, como si fusionarse con otra compañía, trasladar la empresa al extranjero o disolverla. Además, las corporaciones en ocasiones deciden distribuir parte de sus beneficios entre los accionistas (mediante dividendos regulares o extraordinarios) en lugar de retenerlos en la empresa, y los accionistas participan en los dividendos en proporción al número de acciones que poseen.

1. También existen corporaciones sin ánimo de lucro creadas con el propósito de proporcionar diversos tipos de beneficios públicos. La discusión en este capítulo se centra únicamente en las corporaciones con ánimo de lucro.
2. Las corporaciones a menudo poseen algunas de sus propias acciones. Estas «acciones en autocartera» no otorgan ningún derecho de propiedad y no tienen derecho a dividendos ni a voto. En la práctica, es como si esas acciones no existieran.

CORPORACIONES, RESPONSABILIDAD LIMITADA Y JUSTICIA

Cualquiera puede realizar negocios y producir bienes y servicios sin formar una corporación. También pueden asociarse con otros para hacerlo en lo que se denomina sociedad. Entonces, ¿por qué casi todas las empresas importantes son corporaciones? La principal razón es la responsabilidad limitada de los propietarios de la corporación.

La presentación de un formulario estatal de constitución y el pago de una tarifa convierte un negocio en una corporación, permitiendo que sus propietarios (ahora llamados «accionistas») queden libres de cualquier responsabilidad personal por los daños causados por la corporación. Así, si tú, junto con tus socios comerciales, fueras dueño de un petrolero que se derramara y vertiera unos 41 millones de litros de petróleo a lo largo de 2100 kilómetros de costa virgen, serías personalmente responsable de los miles de millones de dólares en costes de limpieza. Si tú, junto con los demás accionistas, fueras dueño de ese desafortunado petrolero (llamémoslo *Exxon Valdez*) a través de una corporación, no deberías pagar ni un céntimo de los costes de limpieza. La protección frente a responsabilidades que ofrece la constitución de una corporación es la razón por la que todas las empresas, excepto las más pequeñas (como un negocio unipersonal que limpia tu casa o corta tu césped), están organizadas como corporaciones.

La responsabilidad limitada de las corporaciones protege únicamente los activos personales de los accionistas, no los activos de la propia corporación. El dinero y la propiedad que posee la corporación siguen estando disponibles para hacer frente a cualquier daño o responsabilidad que la empresa cause. Está claro que, cuando se utilizan activos corporativos significativos para cubrir los daños ocasionados, el valor de las acciones de la empresa se ve afectado.

El valor de una acción puede reducirse hasta cero, como descubrieron los accionistas de Enron después de que se revelara toda la contabilidad fraudulenta de la compañía y ésta colapsara en 2001. Las acciones que reducen drásticamente o eliminan el valor de las acciones de una corporación, como los enormes fraudes de Enron, a menudo son una sorpresa para los accionistas, al igual que para el resto de las personas, cuando por último se hacen públicos. Pero el valor de una acción nunca puede ser inferior a cero, lo que significa que un accionista nunca puede perder más de lo que pagó por sus acciones.

Limitar la responsabilidad de los accionistas de una corporación puede parecer algo injusto para quienes resultan perjudicados por la empresa. No obstante, podríamos estar viviendo como campesinos sin acceso seguro a los alimentos en aldeas medievales si no fuera por las corporaciones. La responsabilidad limitada anima a los inversores –desde los más pequeños y menos experimentados hasta los más grandes y expertos– a aportar capital para emprender empresas enormes y arriesgadas que pueden cambiar el mundo.

Al constituirse como corporaciones y, de este modo, transformar a sus propietarios con responsabilidad personal ilimitada en accionistas con responsabilidad limitada, las empresas pudieron reunir las enormes sumas necesarias para crear líneas de ensamblaje eficientes, desarrollar nuevos fármacos, construir las inmensas centrales eléctricas necesarias para proporcionar electricidad y levantar la infraestructura que hace posible Internet y los teléfonos inteligentes. Las grandes empresas esenciales no habrían podido recaudar los miles de millones de dólares que necesitaban si sus propietarios temieran verse obligados a responder con recursos personales ilimitados por cualquier accidente o problema que pudiera surgir en la compañía.

Hacer que los accionistas sean personalmente responsables de las acciones de sus empresas también plantearía un problema de justicia. Muchas corporaciones son organizaciones grandes y complejas. La base de accionistas suele ser demasiado amplia (hay demasiados accionistas) y demasiado dispersa (cada uno de los muchos miles de accionistas no tiene un interés suficiente ni capacidad para influir en la corporación) como para que puedan participar de manera activa en la empresa.

Por ello, cada corporación debe contar con un consejo de administración que supervise la empresa en nombre de los accionistas. Los accionistas pueden votar para elegir a los directores, pero el consejo de administración sólo aumenta la distancia entre los accionistas y su empresa. Los directores seleccionan al director ejecutivo (CEO) y le delegan la gestión cotidiana de la empresa. El CEO selecciona a los demás directivos (como el presidente, el director financiero y el asesor legal principal). En resumen, los directivos reportan al CEO, el CEO reporta a los directores y los directores son elegidos por los accionistas, lo que crea una distancia significativa entre los accionistas de una gran corporación y las personas que toman decisiones en nombre de la empresa.

Esta distancia significa que la gran mayoría de los accionistas tal vez no esté al tanto de los problemas que enfrenta la corporación ni de las acciones que ésta lleva a cabo. (Si tienes acciones en una empresa, ¿cuán consciente eres de las acciones y problemas cotidianos de esa compañía? Dada la popularidad de los fondos de inversión, ¿cuán consciente eres de las empresas cuyas acciones posees realmente?). Por ello, desde los inicios de las corporaciones en el siglo xv, los accionistas han estado protegidos frente a la responsabilidad personal por las acciones de la corporación.

Hasta ahora, sólo hemos hablado de cómo la responsabilidad limitada afecta a los accionistas. ¿Qué hay de quienes sufren daños? Específicamente, ¿es justo limitar la compensación que reciben quienes resultan perjudicados por una corporación a los activos que ésta tenga disponibles en ese momento? ¿Por qué alguien que se quema con café en un McDonald's debería tener acceso a más compensación que alguien que se quema con café en una pequeña cafetería local, sólo porque ambas son corporaciones? Para bien o para mal, la ley pretende tratar a todas las partes por igual, con independencia de sus activos. Una persona que posee una acción en la pequeña cafetería tiene la misma protección frente al pago personal por cualquier daño que un millonario que posee acciones en McDonald's. Esto significa que los accionistas de pequeñas empresas, que tienen más probabilidades de estar involucrados en la gestión del negocio, cuentan con las mismas protecciones que los accionistas de grandes empresas, quienes tal vez ni siquiera sean conscientes de que poseen acciones.

Entonces, si los accionistas están protegidos frente a la responsabilidad y la corporación carece de activos, ¿existe alguna otra fuente de fondos para las víctimas de las acciones dañinas de una corporación? En un mundo ideal la respuesta sería sí. Si los ejecutivos corporativos, las personas que toman las decisiones cotidianas de la empresa, actúan con un cuidado insuficiente hacia el público, tal vez algo de su propio dinero debería estar en juego. Quizá deberían pagar por parte del daño que provocan incluso antes de que afecte a los accionistas.

Sin embargo, no es así como funciona realmente. Cualquier daño causado por una corporación se paga con los activos de la propia corporación. Por lo tanto, el dinero sólo proviene de la inversión de los accionistas. Si bien es posible que la actividad delictiva de un empleado corporativo genere responsabilidad personal por el daño que haya causado, eso sería raro y excepcional. Por ejemplo, a pesar de todo el fraude y abuso financiero en la industria hipotecaria que contribuyó a la gran recesión de 2008, hubo una responsabilidad personal casi nula para los ejecutivos del sector hipotecario. En cambio, sus acciones deshonestas derivaron en un gran número de nuevas regulaciones. ¿Quién pagó el coste de cumplir con estas nuevas regulaciones? Principalmente los accionistas, ya que los mayores costes reducen las ganancias. En la medida en que los costes se trasladaron a precios más altos de los productos de la corporación, los consumidores también pagaron. La mayoría de los ejecutivos que causaron los problemas en primer lugar quedaron exentos de responsabilidad.

Cada acción que realiza una corporación, ya sea legal o ilegal, es la acción de un ser humano real empleado por la empresa. Amenazar al individuo que actuó de manera ilegal con multas significativas o pena de privación de libertad sería más eficaz para lograr que los empleados corporativos actúen con integridad que imponer más regulaciones a su empresa y costes a sus accionistas y, potencialmente, a sus clientes. En lugar de acusar a una corporación con la esperanza de que tenga algún efecto sobre el ejecutivo responsable del acto ilegal, los fiscales podrían acusar directamente al ejecutivo.

Como exasesor legal principal de una importante empresa financiera, puedo confirmar lo que ya sabes: las personas son más propensas a cometer actos ilegales cuando el beneficio percibido es grande y las consecuencias parecen pequeñas. Piensa en los innumerables corredores hipotecarios que ayudaron a falsificar información en las solicitudes de préstamos para que más personas obtuvieran la aprobación y así poder ganar mayores comisiones: es probable que hubieran actuado de manera diferente si el riesgo fuera pasar tiempo en prisión en lugar de recibir una simple amonestación de su empleador. Exigir a los ejecutivos corporativos un estándar menor cuando actúan en nombre de su empresa que cuando actúan por su cuenta en su vida personal es una invitación a problemas.

Por suerte, todos tenemos formas de influir en el comportamiento corporativo y de cambiarlo, y estas maneras se tratan en el siguiente capítulo. Pero antes de llegar a eso, necesitamos explicar cómo se determina el precio de las acciones de una corporación, que es el centro de tanta atención.

CORPORACIONES Y EL MERCADO DE VALORES

La gran mayoría de las grandes corporaciones son propiedad «pública», lo que significa que cualquier persona puede comprar y vender sus acciones en una Bolsa de valores (como la Bolsa de Nueva York). Por lo tanto, tú y yo podríamos convertirnos en propietarios de Facebook junto a Mark Zuckerberg, aunque nuestro porcentaje de propiedad sería considerablemente menor que el suyo. Para hacerse pública, una empresa debe cumplir con un conjunto formidable de requisitos impuestos por la Comisión de Bolsa y Valores (Securities and Exchange Commission), una agencia del Gobierno federal, y hacer pública información detallada y abundante sobre sus productos, operaciones y perspectivas.

Si una empresa no es pública, como ocurre con la mayoría de las pequeñas empresas y algunas grandes, como Bloomberg L.P. y Koch Industries, se dice que sus acciones son propiedad «privada». Esto significa que los miembros del público no pueden convertirse en propietarios a menos que los accionistas actuales de la empresa acepten venderles acciones en una transacción privada. También implica que la empresa puede evitar revelar toda la información detallada sobre sus actividades que las empresas públicas están obligadas a divulgar.

¿Quién controla una corporación? Si posees más del 50 % de sus acciones en circulación, tú la controlas. Esto te permite ganar cualquier votación de accionistas. Puedes elegir un nuevo consejo de administración (que puede incluirte a ti), que contratará a un nuevo CEO (que también puedes ser tú) y que cambiará la dirección de la empresa. Si la corporación es grande y cuenta con miles de accionistas, muchos de los cuales no siguen lo que ocurre ni participan en las votaciones, probablemente puedas controlarla con mucho menos del 50 %. Por ejemplo, Jeff Bezos posee el 9,56 % de los aproximadamente 10 400 millones de acciones en circulación de Amazon,[3] lo que le permite controlar la empresa. (El siguiente accionista individual más grande posee el 0,02 % de las acciones de Amazon y el mayor accionista institucional es una sociedad de corretaje que posee el 7,1 % de las acciones).

¿CÓMO SE DETERMINA EL PRECIO DE LAS ACCIONES?

El precio de las acciones de una corporación se determina de la misma manera que lo hace el precio de la mayoría de las cosas: por la oferta y la demanda. Cuando alguien compra una acción de una corporación, está adquiriendo literalmente una parte de la empresa y de todos sus beneficios futuros. Así, si la gente cree que la empresa tiene buenas perspectivas, los compradores superarán a los vendedores y el precio de la acción subirá; si no, los vendedores superarán a los compradores y su precio bajará.

John Maynard Keynes comparó una vez este proceso con un concurso de belleza que se realizaba en su época (a principios del siglo XX), en el que un periódico ofrecía un premio a la persona que eligiera a las seis mujeres más atractivas de entre una serie de fotos. ¿El truco? La belleza se basaba en las elecciones de todos, no en criterios objetivos. Por lo tanto, no importaba quiénes fueran objetivamente las más atractivas; lo único que importaba era a quiénes cada concursante pensaba que los demás considerarían más atractivas. El mercado de valores funciona de manera similar: los inversores compran acciones que creen que otros inversores querrán comprar. Keynes resumió la lección diciendo: «Invertir con éxito es anticipar las anticipaciones de los demás».

---

3. Algunas de estas acciones pueden ser propiedad de los familiares directos de Jeff Bezos.

A pesar de las afirmaciones de muchos asesores de inversión, no existe una fórmula objetiva para identificar las acciones más prometedoras, al igual que no existe una fórmula objetiva para predecir el resultado del concurso de belleza que describió Keynes. Si la hubiera, como señalaba la cita al inicio de este capítulo, esos asesores de inversión estarían ganando grandes sumas para sí mismos en lugar de pasar su tiempo intentando venderte sus ideas.

Los expertos en negocios han desarrollado una teoría para explicar cómo el mercado determina los precios de las acciones: la hipótesis de los mercados eficientes. La hipótesis establece que el precio de las acciones de cada empresa refleja la opinión de todos sobre su valor futuro. Por ejemplo, si dos empresas tienen ganancias actuales similares pero la mayoría de las personas cree que una tiene mejores perspectivas para el futuro, el precio de sus acciones debería ser mayor en la medida en que se espera que sus perspectivas superen a las de la otra empresa.

El respaldo a esta teoría puede encontrarse con sólo visitar cualquier banco de inversión, donde algunos de los recién graduados más inteligentes y aplicados de universidades y escuelas de negocios trabajan como «analistas», pasando sus días (y noches y fines de semana) examinando informes corporativos, datos de mercado, indicadores económicos, artículos de prensa, foros de inversores y un sinfín de otras fuentes. ¿Qué buscan? Empresas cuyo precio de las acciones se desvíe, aunque sea ligeramente, del valor que creen que deberían tener (en función de todo lo que han leído y escuchado). Cualquier desviación supone una oportunidad para que su empresa (y ellos mismos) ganen dinero.

Si estos analistas concluyen que el precio de la acción es demasiado bajo, comprarán acciones con la esperanza de que su precio acabe subiendo hasta alcanzar el valor que consideran adecuado. Si concluyen que el precio es demasiado alto, venderán las acciones (o «venderán en corto», lo que implica apostar a que el precio bajará). El efecto neto de esta actividad –tanto en los bancos de inversión como entre muchos inversores individuales– debería ser ajustar el precio de cada acción hasta un valor ampliamente aceptado como justo para la empresa.

Este proceso es el origen del término «mercado eficiente»: los precios de las acciones deberían reflejar rápida y eficientemente toda la información pública disponible sobre la empresa. Empleo la palabra «deberían» porque lo que ocurre en el mundo real es, como casi siempre, mucho más caótico que en la teoría. Aunque a veces no lo parezca, los inversores son seres humanos, no máquinas: a menudo actúan de manera impulsiva, emocional e incluso irracional. Así fue como las acciones «puntocom» alcanzaron valores extraordinarios (y luego se desplomaron) en los eufóricos primeros años de Internet, y como las acciones «meme» se disparan no por cambios en sus perspectivas de negocio, sino por la obsesión viral que generan.[4]

Incluso cuando los inversores evalúan de forma objetiva y exhaustiva la información sobre una empresa, la valoración a la que llegan puede estar muy distorsionada, ya que la información pública disponible puede no ser completa ni del todo precisa. Además, esa información puede ser objeto de manipulación por parte de quienes tienen interés en promocionar la empresa (como su equipo directivo), así como por parte de quienes buscan perjudicarla (como los inversores que apuestan contra sus acciones). Difundir información falsa o engañosa sobre una empresa con el fin de influir en el precio de sus acciones es, sin embargo, ilegal. En cambio, expresar una opinión negativa sobre una empresa y sus perspectivas es legal. La frontera entre ambas cosas no siempre está clara, y el Gobierno suele mostrarse reacio a emprender acciones judiciales, salvo que lo esté.

Alguien que dispone de información veraz sobre una empresa que el resto del público desconoce –por ejemplo, que una farmacéutica está a punto de comercializar un nuevo medicamento revolucionario– puede ganar mucho dinero. Puede comprar acciones de la empresa y ver cómo su precio se dispara después de que ésta anuncie la gran noticia. O puede vender acciones de una compañía que está a punto de comunicar malas noticias. Esto último fue lo que hizo Martha Stewart con sus acciones de ImClone justo antes de que la empresa anunciara que el Gobierno no aprobaría su nuevo fármaco contra el cáncer. Como

4. Las «acciones puntocom» hacen referencia a las empresas tecnológicas vinculadas a Internet que protagonizaron una burbuja especulativa a finales de la década de 1990. Las «acciones meme» son valores que experimentan fuertes alzas en su cotización debido a movimientos virales en redes sociales, más que a fundamentos económicos reales *(N. del T).*

aprendió Martha Stewart,[5] operar basándose en «información privilegiada» (es decir, información clave que afectaría al precio de las acciones pero que el público general aún desconoce) constituye un delito y puede llevarte a prisión.

Lo importante es entender que los numerosos compradores y vendedores del mercado ajustan el precio de las acciones de las empresas (y, de hecho, de cualquier otro activo) hasta alcanzar un valor que refleja un consenso general –aunque imperfecto– sobre su valor real. Algunas personas creen que pueden ser más inteligentes que el mercado e identificar casos en los que éste ha fijado mal el precio, para luego obtener beneficios cuando el mercado se corrija. Algunos de los inversores más meticulosos y sofisticados, como Warren Buffett, lo han conseguido en numerosas ocasiones. Pero son la excepción. Superar sistemáticamente a los numerosos analistas e inversores que evalúan con detalle el valor de una acción es una hazaña que rara vez se consigue.

¿Cuál es el efecto de las recompras de acciones?

En el momento de escribir estas líneas, el valor total de todas las acciones de las empresas cotizadas en Estados Unidos, por ejemplo, asciende a unos 55 billones de dólares.[6] Puede que te sorprenda saber que, según Goldman Sachs, los mayores compradores de acciones de la mayoría de las grandes compañías no son los particulares, los fondos de inversión ni los fondos de pensiones, sino las propias empresas.[7] En los últimos años, las compañías han gastado billones de dólares en recomprar sus propias acciones en el mercado público. ¿Por qué?

5. Esta empresaria y presentadora de televisión estadounidense fue condenada en 2004 por uso de información privilegiada tras vender acciones de la empresa farmacéutica ImClone antes de que se hiciera pública una noticia negativa sobre la compañía *(N. del T)*.
6. «Total Market Value of U.S. Stock Market», Siblis Research. Disponible en: siblisresearch.com/data/us-stock-market-value (consultado el 23 de enero de 2025).
7. «Global Macro Research: Buyback Realities», *Goldman Sachs*, n.° 77 (11 de abril de 2019).

En teoría, las empresas recompran sus acciones cuando consideran que disponen de efectivo (normalmente procedente de los beneficios obtenidos) que no necesitan para su actividad y que, por tanto, debería retornarse a los propietarios de la empresa, es decir, a sus accionistas. ¿Cómo beneficia la recompra de acciones a los accionistas?

Puedes entenderlo si recuerdas la analogía entre una empresa y una tarta. Cuando una compañía recompra sus propias acciones en circulación, éstas desaparecen del mercado y dejan de representar una parte de la propiedad. Por tanto, la propiedad de la empresa queda repartida entre un número menor de acciones. Del mismo modo que al dividir una tarta en menos porciones cada trozo resulta más grande, al dividir una empresa en menos acciones el valor de cada una aumenta. Los beneficios de la compañía se reparten entre un número más reducido de acciones, lo que hace que aumenten los beneficios por acción. Y cuando los beneficios por acción se incrementan, también lo hace el precio de las acciones.

Al igual que los dividendos, las recompras de acciones transfieren efectivo de la empresa a sus propietarios. Cuando una compañía compra las acciones de quienes desean venderlas, simplemente dirige ese dinero hacia los accionistas que ya no están interesados en seguir siendo propietarios. Así, se elimina su participación, que pasa a repartirse entre los accionistas restantes.

Dado que los ejecutivos que deciden usar los fondos de la empresa para recomprar acciones también poseen personalmente un número considerable de ellas, sus acciones aumentan su riqueza, a menudo de manera significativa. ¿Es gastar el dinero de la corporación en recomprar sus propias acciones una decisión empresarial prudente o una maniobra deshonesta del precio de la acción?

Muchos miembros del Congreso, comentaristas financieros y sindicatos han criticado las recompras de acciones. Consideran que si una empresa retiene el dinero que ha determinado que no necesita para sus operaciones en lugar de gastarlo en adquirir sus propias acciones, podría usarlo para promover una economía más justa o equitativa. Podrían emplear el efectivo para aumentar los salarios, crear empleos, mejorar las condiciones laborales o financiar programas de responsabilidad social corporativa. No obstante, si la dirección tuviera algún interés en esas cosas o creyera que alguna de ellas tiene sentido para la empresa, ya lo habría hecho. ¿Detener las recompras obligaría a reconsiderarlo?

Si se limitaran o se ilegalizaran las recompras de acciones, como han propuesto algunos legisladores, las empresas podrían simplemente devolver dinero a sus accionistas mediante dividendos. Un dividendo pone efectivo en el bolsillo de cada accionista, a diferencia de una recompra de acciones, que aumenta el valor de cada acción restante. Desde la perspectiva de la empresa, esto puede considerarse dos formas distintas de hacer lo mismo: en ambos casos, el dinero se transfiere de la empresa a sus accionistas. Desde la perspectiva del accionista, un dividendo es una forma menos deseable de obtener efectivo de la empresa. Los dividendos están sujetos a impuestos (aunque, como quizá sospeches, a una tasa inferior a la de muchos salarios), a diferencia del aumento en el valor de las acciones que no se venden, que no se grava.

Tal vez te estés preguntando por qué el Gobierno no restringe los dividendos, además de las recompras de acciones. La respuesta es que el Gobierno debe permitir alguna forma de que los accionistas puedan retirar dinero de sus empresas. Si no, los inversores tendrían poco interés en aportar dinero a las empresas desde el principio. ¿Quién invertiría en una nueva compañía que necesita fondos para comenzar o en una empresa existente que precisa capital para expandirse o innovar si el dinero sólo pudiera entrar en la empresa pero no salir? Si el Gobierno se limitara a retrasar la devolución de efectivo a los accionistas en lugar de prohibirla por completo, el resultado sería un tejido empresarial estadounidense aún más saturado de liquidez, algo muy distinto de lo que se pretende.

¿Qué ocurriría con ese dinero en efectivo mientras no pudiera finalmente devolverse a los accionistas? Dado que los directivos de las empresas siempre buscan aumentar los beneficios, lo más probable es que intentaran obtener una rentabilidad de ese dinero invirtiéndolo (en acciones de otras compañías, bonos u otros activos). Así, cuando llegara el momento de devolvérselo a los accionistas, habría más dinero disponible.

La desigualdad en Estados Unidos, entre otros países del globo, es un problema que debe abordarse. Pero obligar a las empresas a invertir un dinero que no necesitan, en lugar de devolvérselo a sus propietarios para que lo inviertan o lo gasten, no ayudará en absoluto. Nuestros esfuerzos por aumentar las oportunidades y fomentar la productividad deben centrarse en medidas eficaces que realmente igualen las condiciones del terreno de juego, y no en cuestiones simbólicas. Una buena forma de empezar es analizar qué impulsa el comportamiento corporativo y cómo puede influirse en él, tema que abordará el siguiente capítulo.

8

COMPORTAMIENTO CORPORATIVO

Qué impulsa a las empresas y cómo puede influirse en ellas

Sólo hay una responsabilidad social de las empresas: utilizar sus recursos y participar en actividades destinadas a aumentar sus beneficios, siempre que se mantengan dentro de las reglas del juego.

MILTON FRIEDMAN, economista galardonado con el premio Nobel

¿CUÁL ES EL OBJETIVO DE UNA EMPRESA?

Según *Fundamentos de finanzas corporativas*,[1] un manual universitario de finanzas muy popular y ampliamente utilizado, «el objetivo de la gestión financiera en una empresa es maximizar el valor actual por acción de las acciones existentes».[2] Podrías elegir casi cualquier texto moderno sobre finanzas corporativas y encontrarías en esencia la misma afirmación.

En justicia, ese objetivo abarca una amplia gama de incentivos que la mayoría de los demás no contemplarían. Si el objetivo de la empresa fuera maximizar los beneficios actuales, existiría un incentivo para despedir a un gran número de empleados y descuidar los activos de la

1. Ross, S. A., *et al.*: *Fundamentos de finanzas corporativas.* McGraw-Hill Interamericana de España, Madrid, 1997.
2. Una empresa organizada como sociedad se centraría en el valor de las participaciones de sus socios.

compañía, inflando así los beneficios a corto plazo, pero comprometiendo la supervivencia de la empresa a largo plazo. Si el objetivo fuera maximizar las ventas, la empresa acabaría aceptando negocios poco rentables, comprometiendo su salud financiera futura. Si el objetivo fuera mantener o crear empleos locales mejor pagados que los del extranjero, la empresa tendría dificultades para sobrevivir frente a competidores menos altruistas. Si el objetivo fuera generar beneficios sociales significativos, la empresa podría adoptar una agenda religiosa o ideológica que agradara al director general, pero que a ti o a mí podría parecernos inaceptable.

El objetivo de maximizar el valor para los accionistas abarca una amplia variedad de objetivos porque, como ya hemos comentado, el precio de las acciones refleja la opinión consensuada del mercado sobre las perspectivas de éxito a largo plazo de la empresa. Y el éxito, como sabemos, depende de múltiples factores. Si una empresa engaña a sus clientes, el valor de sus acciones debería resentirse por las demandas, sanciones, mala publicidad y pérdida de negocio resultantes. En cambio, si invierte con prudencia en nuevos productos o ayuda a sus empleados a ser más productivos, el valor de sus acciones debería aumentar gracias al incremento de la rentabilidad.

Todo eso puede tener sentido en teoría, pero quizá sigas preguntándote si incrementar el valor para los accionistas debería ser el único objetivo de una empresa. En concreto, si una compañía puede legalmente salirse con la suya contaminando, pagando menos que un salario digno, trasladando empleos al extranjero o fabricando productos inseguros, ¿debería hacerlo si eso aumenta su rentabilidad? Y si estas preocupaciones llevaran a las empresas a abandonar su fijación por incrementar el valor para los accionistas, ¿cuál debería ser el nuevo objetivo o conjunto de objetivos, quién debería decidir cuáles son, cómo debería establecerse su prioridad relativa, cómo debería evaluarse su cumplimiento y cómo debería hacerse cumplir?

La dificultad de gobernar las innumerables decisiones que cada empresa toma a diario, las razones que las motivan y los múltiples efectos que generan nos ha llevado a la situación actual, en la que el precio de las acciones se ha convertido en su principal referencia. Sin embargo, las empresas suelen rendir homenaje de palabra al bien social y destinan presupuestos más o menos modestos a los programas de «responsabilidad social corporativa». Por ejemplo, un informe reciente reveló que las quinientas mayores compañías del mundo destinaron a estos programas algo menos del 1 % de sus beneficios (un 0,06 % de sus ingresos).[3] Es un precio pequeño que pagar por obtener buena publicidad y presumir de cómo contribuyen a mejorar la sociedad. Aun así, la inmensa mayoría de las decisiones que toman los directivos empresariales demuestra que maximizar el valor para los accionistas sigue siendo su preocupación principal.

En este punto, quizá estés pensando en las cooperativas o empresas propiedad de sus trabajadores o clientes, que sí se centran en objetivos distintos del beneficio económico. Ese modelo puede funcionar bien en empresas más o menos pequeñas, gestionadas por personas con objetivos comunes, como pagar salarios más altos, emplear a trabajadores que, por diversas razones, tienen dificultades para encontrar trabajo u ofrecer productos con un mercado limitado. Sin embargo, hay una razón por la que esas cooperativas resultan marginales en comparación con las corporaciones convencionales: sus objetivos no son tan ampliamente compartidos.

Aun a riesgo de parecer cínico, la realidad muestra que la mayoría de las personas actúan de forma similar a las empresas: pueden proclamar metas más elevadas, pero sus actos revelan algo mucho menos altruista. La mayoría de los consumidores compran guiados por el precio y la calidad, y rara vez parecen dispuestos a pagar más para mejorar los salarios o subvencionar productos minoritarios. No es casual que Walmart sea el mayor supermercado y Amazon el mayor minorista de Estados Unidos, mientras que la Park Slope Food Coop[4] sigue siendo una única y querida tienda de barrio en Brooklyn.

---

3 *Véase*: Belanger, L.: «Global 500», *Fortune* (18 de mayo de 2020). Disponible en: fortune.com/global500/2019

Véase también: Meier, S., *et al.*: «Stop Talking about How CSR Helps Your Bottom Line», *Harvard Business Review* (31 de enero de 2018). Disponible en: https://hbr.org/2018/01/stop-talking-about-how-csr-helps-your-bottom-line

4. Cooperativa de consumo fundada en 1973. Propiedad de sus socios, que deben trabajar unas horas al mes para poder comprar allí, se ha convertido en un modelo emblemático de cooperativismo alimentario en Estados Unidos *(N. del T).*

Por tanto, la ley no ofrece una orientación clara a la dirección como consecuencia de la llamada *business judgment rule*, o «principio de discrecionalidad empresarial»; tampoco lo hacen los consejos de administración, debido a su relación de connivencia con la alta dirección, ni los accionistas, por su distancia respecto a las operaciones cotidianas de la empresa. Entonces, ¿quién, o qué, guía a la dirección? El precio de las acciones. Cuanto más se asciende en la jerarquía corporativa, más estrechamente está vinculada la remuneración al valor de las acciones de la empresa.

Esta vinculación puede materializarse mediante opciones sobre acciones, que permiten a los directivos beneficiarse de cualquier incremento en el precio de las acciones durante un período determinado, o mediante concesiones directas de acciones, que pueden conservar o vender a su discreción.[5] Como resultado, la dirección tiende a concentrarse de manera obsesiva en el precio de las acciones. En los niveles más altos, la gran mayoría de la remuneración de los directores ejecutivos y otros altos cargos clave está ligada a la cotización bursátil.

Vincular la remuneración al precio de las acciones garantiza que la dirección tenga, en general, los mismos intereses que los accionistas y no otros distintos, como asegurar que sus puestos sean lo más estables, lucrativos y cómodos posible. Sin embargo, este vínculo refuerza la focalización en el aumento del precio de las acciones. En un mundo ideal, el objetivo de incrementar dicho precio debería orientar a la dirección hacia la solidez de la empresa a largo plazo. Por ejemplo, debería disuadirla de tomar decisiones que incrementen los beneficios a corto plazo, pero acaben perjudicando a la compañía en el futuro. Por desgracia, no vivimos en un mundo ideal.

La dirección tiene un fuerte incentivo para que las cosas parezcan lo mejor posible en el presente. La rentabilidad del trimestre en curso es una cifra concreta que cualquiera puede analizar, introducir en sus algoritmos y utilizar para determinar el valor de la acción en el mercado. En cambio, la salud a largo plazo de la empresa es mucho más incierta: no puede determinarse con precisión ni reducirse a un conjunto de

5. En el caso de las empresas privadas de gran tamaño, se utiliza habitualmente una estimación de cuál sería el precio de sus acciones si la empresa cotizara en Bolsa.

cifras verificables que los auditores de la compañía puedan certificar. El futuro, además, es mucho más susceptible de ser manipulado a través del relato corporativo. Por ello, en el mundo real, el objetivo de aumentar el valor de las acciones no es tan inocuo como podría parecer en teoría. Con frecuencia lleva a los directivos a asumir riesgos excesivos o a perjudicar a los trabajadores –acciones que la dirección puede ocultar o maquillar– con tal de lograr titulares por el aumento de los beneficios a corto plazo.

Cuando las empresas comunes asumen riesgos excesivos, ponen en peligro su propia supervivencia. En cambio, cuando las empresas financieras asumen riesgos excesivos, pueden poner en peligro toda la economía. Por tanto, dado que nuestro objetivo es comprender el funcionamiento de la economía, debemos examinar más de cerca este sector específico del ámbito privado.

¿CUÁL ES EL PAPEL DE LA INDUSTRIA FINANCIERA?

Las empresas financieras –como los bancos comerciales, los bancos de inversión, los fondos de cobertura, los fondos de capital riesgo y otras firmas del sector– se parecen a cualquier otra empresa en que son propiedad de accionistas individuales y centran su atención en generar valor para ellos. Sin embargo, a diferencia de la mayoría de los demás sectores, sus actividades ejercen una influencia desproporcionada sobre la economía. En particular, las empresas financieras suelen ser acusadas de agravar o incluso provocar recesiones, como la gran recesión de 2008.

Analizaremos en el capítulo 11 el papel único e importante que desempeñan los bancos estadounidenses en el proceso de creación de dinero del Sistema de la Reserva Federal. Pero los bancos tienen una función más amplia en la economía que tan sólo ayudar a la Fed a gestionar la oferta monetaria. Además, el sector financiero en su conjunto es mucho más amplio que el de los bancos.

La Oficina de Análisis Económico (Bureau of Economic Analysis, BEA), que forma parte del Departamento de Comercio de Estados Unidos, calcula cuánto aporta cada tipo de empresa a la economía del país.[6] La categoría más grande, con casi 5,8 billones de dólares (aproximadamente el 21 % de la economía), es la de «finanzas, seguros, bienes raíces, alquileres y arrendamientos». Y eso representa sólo la participación directa de esta categoría en la economía: su influencia sobre el 79 % restante es considerable.

La BEA desglosa esta categoría un nivel más, mostrando que «finanzas y seguros» por sí sola representa aproximadamente 2 billones de dólares anuales. Lo que hacen las compañías de seguros es bastante claro: reciben pagos, llamados primas, de un gran número de asegurados y los agrupan, de modo que puedan proporcionar fondos a cualquier asegurado que sufra una pérdida cubierta por su póliza. De hecho, lo que hacen las empresas en la mayoría de las categorías de la BEA es bastante evidente.

Pero ¿qué hacen realmente las empresas del sector financiero? Su función más básica, importante y tradicional es poner en contacto los fondos de quienes disponen de dinero que no necesitan en ese momento con los de quienes precisan dinero que no poseen en ese instante, beneficiando así a todos en el proceso. Quienes aportan el dinero (ahorradores o inversores) obtienen una rentabilidad sobre él (como intereses, dividendos y plusvalías). Quienes reciben el dinero pueden hacer lo que deseen antes de lo que podrían haberlo hecho de otro modo, como comprar una vivienda, iniciar un negocio o inventar un nuevo producto. El resto de nosotros nos beneficiamos de las empresas, infraestructuras, educación y otras inversiones beneficiosas adicionales que la disponibilidad de préstamos hace posibles.

Hay tres grupos principales en nuestra economía que buscan dinero a través del sector financiero: los consumidores (personas como tú y yo), las empresas y el Gobierno (federal, estatal y local). Cada uno puede obtener el dinero extra que necesita mediante deuda. ¿Qué es la «deuda»?

---

6. Oficina de Análisis Económico, Departamento de Comercio de Estados Unidos: «Table 14. Gross Domestic Product by Industry Group», (datos para 2023; consultado el 4 de febrero de 2025). Disponible en: www.bea.gov/data/gdp/gdp-industry

Piénsalo así: los esquimales tienen un número inusualmente grande de palabras para la nieve, lo que dice algo sobre su forma de vida. Bueno, el idioma inglés tiene un número inusualmente grande de palabras para la deuda y eso tal vez diga algo sobre nuestra forma de vida. La deuda puede adoptar muchas formas diversas y su denominación puede variar según quién la contraiga y con qué propósito. Ejemplos de deuda incluyen un préstamo estudiantil, la obligación de devolver una línea de crédito contraída por una empresa, un contrato hipotecario que obliga a un propietario a devolver el dinero prestado para comprar una vivienda y un bono del gobierno o del Tesoro de Estados Unidos que obliga al Gobierno a pagar una suma de dinero al propietario del bono.

En definitiva, sea cual sea su nombre o la forma que adopte, toda deuda es simplemente dinero que una parte debe a otra. Por lo general, va acompañada de un documento que detalla los términos específicos bajo los cuales debe devolverse ese dinero: en concreto, cómo y cuándo el prestatario debe reembolsar la cantidad prestada y los intereses sobre esa cantidad. Eso es en esencia todo lo que implica la deuda, sin importar su denominación o forma.

Las empresas disponen de una manera adicional de obtener dinero de los ahorradores o inversores que los consumidores y el Gobierno no tienen: el capital social (*equity*). El capital social es otra forma de referirse a la propiedad de la totalidad o de un porcentaje de una empresa y, como hemos comentado en el capítulo anterior, se representa mediante acciones. Sólo las empresas pueden recaudar dinero mediante capital social, ya que, afortunadamente, los ahorradores o inversores no pueden ser propietarios de una persona (la esclavitud ha sido abolida) ni tampoco de una parte del Gobierno (al menos hasta el momento de escribir este libro).

Las empresas que necesitan dinero pueden, por tanto, decidir obtenerlo mediante deuda o capital social. Las personas imaginativas del sector financiero han ampliado sus opciones creando una serie de productos que combinan características de deuda y de capital social de todas las formas concebibles, inventando innumerables híbridos con nombres como acciones preferentes, bonos convertibles, *warrants* o deuda con componente de capital. Por ejemplo, las acciones preferentes son como las acciones ordinarias o comunes[7] en el sentido de que otorgan propiedad parcial en la empresa emisora, salvo que también son similares a la deuda en cuanto a que suelen garantizar el derecho a recibir pagos regulares (como intereses) y no confieren al propietario derechos de voto en la compañía. Un bono convertible es como la deuda porque su propietario recibe intereses, pero además le da el derecho de convertir la deuda en capital social bajo determinadas circunstancias. Todos estos productos financieros están diseñados para canalizar dinero de personas que no lo gastan hacia quienes sí lo harán. Ése es el negocio tradicional de una empresa financiera, que no parece más complejo o esotérico que el de la mayoría de las demás empresas.

La razón por la que la pregunta «¿Qué hacen las empresas financieras?» ha podido parecer difícil de responder unos párrafos atrás es que, en las últimas décadas, la búsqueda de ingresos, beneficios y un mayor precio de las acciones ha llevado a las empresas financieras a aventurarse mucho más allá de su función tradicional. Estas compañías han lanzado nuevos productos e instrumentos sumamente complejos que no tienen nada que ver con canalizar dinero de personas que no lo gastan hacia quienes sí lo harán. Muchos de estos productos están diseñados para permitir que las personas hagan apuestas sobre el rendimiento financiero de otros, sobre indicadores financieros específicos (como la inflación futura o los tipos de interés) o sobre casi cualquier cosa.

Por ejemplo, puedes apostar a que el precio de las acciones de IBM subirá mediante un producto llamado «opción de compra» (*call option*). Puedes apostar a que el precio de las acciones de Apple bajará mediante un producto denominado «opción de venta» (*put option*). Puedes apostar a que el precio del petróleo subirá mediante un producto llamado «contrato de futuros» (*futures contract*). Y, por último, pero no menos importante, puedes apostar a que un conjunto concreto de préstamos hipotecarios se pagará o no se pagará mediante un producto conocido como «*swap* de incumplimiento crediticio» (*credit default swap*). Los banqueros de inversión pueden ser extraordinariamente crea-

7. Todas las demás menciones a acciones en este libro se refieren a acciones ordinarias. La convención consiste en usar el término «acciones» para referirse a las ordinarias, salvo que el contexto requiera una aclaración.

tivos a la hora de estructurar estas apuestas y darles nombres muy impresionantes e intimidantes, como el del último ejemplo. Sin embargo, en esencia, todas son apuestas y se denominan «valores derivados» (o tan sólo «derivados»), porque su valor deriva de otra cosa, en concreto de si se cumple o no lo que se apuesta.

Si esto te parece un juego, es porque eso es precisamente lo que es. Entonces, ¿cómo surgió este nuevo papel para las empresas financieras?

En un primer momento, los derivados fueron diseñados para permitir a los inversores reducir el riesgo en sus carteras mediante la cobertura (*hedging*) o, dicho de otro modo, minimizando su exposición a pérdidas específicas. Por ejemplo, si un inversor poseía una gran cantidad de bonos emitidos por la ciudad de Filadelfia, le preocuparía que Filadelfia no pudiera o no quisiera reembolsar los bonos (en otras palabras, que Filadelfia incurriera en incumplimiento). Dicho inversor podría protegerse de la pérdida mediante un «*swap* de incumplimiento crediticio», que en realidad es muy similar a una póliza de seguro. Apostaría a que Filadelfia incumpliría pagando una prima (similar a una prima de seguro) a otra parte que confiara más en que Filadelfia cumpliría.

Si Filadelfia *no* incumplía, la otra parte se quedaría con la prima y el inversor recibiría todo el dinero adeudado por los bonos de Filadelfia. Si Filadelfia incumplía, la otra parte tendría que reembolsar al inversor total o parcialmente (según la cantidad apostada) la pérdida sufrida por el inversor (similar a cómo una aseguradora indemniza por una pérdida). De esta manera, aunque el inversor perdiera dinero debido al incumplimiento de Filadelfia, recuperaría al menos parte de la pérdida gracias a haber ganado su apuesta. Por esta razón, la ley permitía específicamente los derivados, a pesar de que la mayoría de los estados prohíben los juegos de azar en Estados Unidos (excepto las loterías estatales, que están expresamente autorizadas y, no por casualidad, generan importantes ingresos para los estados).

Lo que comenzó como una herramienta –que funcionaba como un seguro y permitía a los inversores gestionar el riesgo– se ha transformado en un auténtico casino virtual, cuyo tamaño haría que Las Vegas pareciera insignificante. El número y la complejidad de las apuestas han crecido exponencialmente, y la gran mayoría parece no tener nada que ver con la protección de los inversores frente a pérdidas concretas. El Banco de Pagos Internacionales estimó que el volumen total de derivados era de 730 *billones* de dólares en 2024. También estimó que los *swaps*, sólo un tipo de derivado, alcanzaban los 469 billones de dólares. Aunque estas estimaciones estuvieran muy desviadas, su tamaño gigantesco exige atención.

La creación, la comercialización, la ejecución y el seguimiento de estos derivados se han convertido en un negocio enorme y en una fuente significativa de beneficios para el sector financiero. Las instituciones que participan en este negocio también atraen a algunas de las personas más brillantes y mejor formadas. La pregunta obvia es: ¿cómo se beneficia la sociedad en general de todo esto, si es que lo hace?

Para la gran mayoría de las empresas, desde los fabricantes hasta los proveedores de servicios, el beneficio que aportan sus productos es evidente. Aunque uno nunca comprara un producto determinado, habrá alguien que sí lo haría y, como se explicó en el capítulo 2, es de suponer que esa persona obtuvo del producto un beneficio mayor que su coste; de lo contrario, no lo habría comprado.

Con los derivados, sin embargo, toda ganancia obtenida por un cliente que gana una apuesta se compensa con una pérdida equivalente para otro cliente que la pierde. Por tanto, los derivados pueden parecer un juego de suma cero. No obstante, en realidad los derivados son menos que un juego de suma cero para los clientes, porque el sector financiero cobra comisiones en relación con su estructuración, comercialización y gestión. Así pues, la respuesta a cómo se beneficia la sociedad de los derivados es la misma que a cómo se beneficia del juego en general. En moderación, estas actividades pueden resultar entretenidas y causar poco daño, pero en exceso generan perjuicios inmensos que pueden superar con creces su valor recreativo.

¿Qué tipo de perjuicio generan los derivados? El mero tamaño del mercado, junto con el hecho de que emplea a una gran parte de las mentes más brillantes de Estados Unidos, nos da una pista. Las personas dedicadas a este negocio podrían estar buscando soluciones a problemas importantes, inventando nuevos productos útiles o curando enfermedades, en lugar de diseñar apuestas hipercomplejas que pueden desestabilizar toda la economía. Esto ocurrió en 2008, cuando miles de millones de dólares en apuestas sobre el rendimiento de los préstamos hipotecarios salieron mal. Varias grandes instituciones financieras, como Lehman Brothers, quebraron como consecuencia de ello, lo que minó la confianza en nuestro sistema financiero y en la economía. Las dificultades financieras se propagaron a la economía real, lo que provocó la gran recesión y causó daños desproporcionados en comparación con cualquier posible beneficio que esos derivados pudieran aportar.

El mercado de derivados es otro ejemplo de cómo el crecimiento de la desigualdad económica puede distorsionar la economía e incrementar la volatilidad. Si la riqueza y los ingresos estuvieran distribuidos de un modo más equitativo, muchos de los recursos dedicados a esta enorme operación especulativa para quienes poseen un capital masivo se emplearían en otros ámbitos, presumiblemente en actividades que causaran menos perjuicio y generaran un beneficio mayor.

También observamos una distorsión similar en un ámbito relacionado: el dinero ha fluido hacia las monedas alternativas, una de las últimas innovaciones del sector financiero (si aceptamos definir «sector financiero» en un sentido amplio). La especulación con monedas alternativas, como la mayoría de las formas de especulación, se asemeja mucho al juego. El precio de un activo –ya sea un bitcoin, un NFT o una acción meme– se eleva simplemente porque la gente espera que los inversores con abundante liquidez sigan haciéndolo subir. (En el capítulo 10 se aborda con más detalle el tema de las «burbujas» especulativas). La especulación con activos no se parece a la inversión tradicional en empresas, que por lo general crea valor real al proporcionar los fondos necesarios para producir más bienes y servicios, ampliar la economía y, de ese modo, generar una rentabilidad para el inversor.

Si la gente quiere jugar, puede ir a Las Vegas en lugar de participar en una actividad de varios billones de dólares que puede alterar toda la economía. Del mismo modo que tenemos normas para el resto de la industria del juego, necesitamos limitar la magnitud, el alcance y los efectos del mercado de derivados, mucho mayor, así como de cualquier forma de especulación que se mida en billones de dólares. De lo contrario, corremos el riesgo de descarrilar la economía, como ocurrió en 2008. Al igual que con los trenes, deberíamos hacer todo lo posible por mantener la economía en el buen camino para evitar el esfuerzo mucho mayor que supone volver a encarrilarla una vez que se ha salido.

CAMBIAR EL COMPORTAMIENTO EMPRESARIAL

Ya hemos analizado qué motiva a las personas que toman las decisiones en las empresas en general y, en particular, en las compañías financieras. ¿Qué podemos hacer si no estamos satisfechos con los resultados?

Influir en el comportamiento empresarial

Aunque las empresas no son personas, sí se preocupan mucho por su imagen, ya que, en muchos casos, su reputación o su marca constituyen algunos de sus activos más valiosos. Además, están dirigidas por personas y, por tanto, son sensibles a la crítica pública y al rechazo social, incluidas las protestas o los boicots dirigidos específicamente contra ellas. Al fin y al cabo, una protesta o un boicot de gran magnitud puede convertirse en una pesadilla de relaciones públicas y provocar la pérdida de clientela y una caída del valor de sus acciones. Este tipo de acciones ha demostrado su eficacia en el pasado: gracias a ello, hoy se llevan a cabo menos pruebas cosméticas en animales, se producen menos alimentos modificados genéticamente y se utilizan menos pesticidas dañinos.

Cabría pensar que, dado que los consumidores descontentos con las acciones de una empresa pueden organizarse, los accionistas de una corporación podrían hacerlo con mayor facilidad. Al fin y al cabo, los accionistas son los propietarios de las compañías, y muchos de ellos no desean que estas envenenen las aguas subterráneas, trasladen empleos al extranjero, etcétera. Entonces, ¿por qué no vemos más cambios impulsados por los propios accionistas? Porque, en realidad, organizar a los accionistas es muy difícil.

Como se ha mencionado, las sociedades cotizadas pueden tener centenares de miles de accionistas, y no hay forma de saber quiénes son, ya que las empresas que cotizan en Bolsa no mantienen listas de accionistas. De hecho, la mayoría de las personas poseen sus acciones en lo que se conoce como «valores a nombre de un intermediario» (*street name*), lo que significa que como propietario figura el nombre del corredor de Bolsa o de otra institución. El titular registrado posee o mantiene las acciones en beneficio del propietario real. Este sistema, que asigna al intermediario financiero la titularidad formal, simplifica en gran medida la transferencia de acciones vendidas, ya que el corredor puede realizar el papeleo sin involucrar al dueño efectivo. Este proceso puede ser eficiente, pero oculta la identidad de los verdaderos propietarios de las acciones, incluso a la propia compañía. (Si tienes acciones en una cuenta de corretaje, es casi seguro que estén registradas a nombre del intermediario. La empresa no tiene forma de saber que tú eres el propietario de esas acciones).

Además, los fondos de inversión, los fondos de pensiones y otras instituciones poseen aproximadamente el 80 % de todas las acciones,[8] y los beneficiarios reales de esas participaciones son asimismo difíciles de identificar. Por último, muchos, si no la mayoría, de los accionistas poseen acciones en múltiples empresas, por lo que su interés en cualquiera de ellas suele ser reducido.

La legislación establece mecanismos mediante los cuales los accionistas pueden influir directamente en el comportamiento de su empresa. En primer lugar, todos los accionistas pueden votar para elegir a nuevos consejeros. Además, en Estados Unidos, por ejemplo, cada accionista de una sociedad cotizada que haya sido titular de al menos 2000 dólares en acciones de la empresa durante un mínimo de tres años, 15 000 dólares durante al menos dos años o 25 000 dólares durante al menos un año tiene derecho a incluir *una* propuesta en el envío anual que la compañía remite a sus accionistas.[9] (En el caso de acciones registradas a nombre de un intermediario, la empresa envía la documentación anual al titular registrado, por ejemplo, el bróker, que se la

8. «80 % of Equity Market Cap Held by Institutions», *Pensions & Investments* (25 de abril de 2017). Disponible en: www.pionline.com/article/20170425/INTERACTIVE/170429926/80-of-equity-market-cap-held-by-institutions
9. Comisión de Bolsa y Valores de Estados Unidos: «17 CFR Part 240 – Procedural Requirements and Resubmission Thresholds under Exchange Act Rule 14a-8». Disponible en: www.sec.gov/rules/final/2020/34-89964.pdf (consultado el 4 de febrero de 2025).

reenvía al propietario real). Este envío anual se denomina «documento de representación» (*proxy statement*), y solicita el voto de cada accionista sobre los consejeros que se eligen ese año, así como sobre otros asuntos, incluidas las propuestas de los accionistas.

Sin embargo, las normas relativas a las propuestas de los accionistas son muy complejas y a menudo permiten que la empresa deniegue su inclusión en el documento de representación, lo que significa que los demás accionistas ni siquiera llegan a enterarse de su existencia. Incluso cuando la propuesta se incluye y es aprobada, el resultado no es vinculante, a menos que la propuesta exija un cambio específico en los estatutos de la empresa (su documento constitutivo). En 2023, las tres mil mayores compañías cotizadas de Estados Unidos (el índice Russell 3000) registraron un total de sólo 836 propuestas de este tipo, y sólo el 23 % de ellas fue aprobado.[10] Es probable que la tasa de fracaso siga siendo elevada, ya que las instituciones que poseen la gran mayoría de las acciones suelen centrarse tan sólo en la rentabilidad financiera de las empresas en las que invierten.

Las propuestas de los accionistas pueden influir en el comportamiento empresarial. No obstante, debido a la dificultad de incluirlas en la votación y de reunir una mayoría de accionistas que las respalde, su efecto seguirá siendo bastante limitado, salvo que se modifiquen las normas que regulan este proceso para hacerlo menos restrictivo. De todos modos, esto parece poco probable, dado que las reglas se modificaron a finales de 2020 en Estados Unidos precisamente para *dificultar* la presentación de propuestas de los accionistas. Ello nos lleva a una cuestión mucho más amplia: cambiar las reglas que rigen el comportamiento empresarial en general.

Modificación de las normas

El punto clave que quiero destacar sobre el comportamiento empresarial es el mismo que ya he señalado en este libro en relación con nuestro

10. «2023 Proxy Season Review», *The Conference Board* (19 de octubre de 2023). Disponible en: www.conference-board.org/press/2023-proxy-season-review

sistema económico. Las normas que regulan el comportamiento de las empresas, al igual que las que rigen la economía, son el resultado del proceso político y, por tanto, los cambios en dichas normas también son fruto de ese proceso. La objetividad y la equidad de este proceso constituyen una cuestión importante, dado el enorme poder de influencia que ejercen las corporaciones sobre él.

Esta influencia se ha incrementado en gran medida en los últimos años debido al fallo del Tribunal Supremo de 2010 en el caso «Citizens United v. Federal Election Commission» de Estados Unidos, que extendió las protecciones de la cláusula de libertad de expresión de la Primera Enmienda a las corporaciones. En concreto, esta sentencia permitió que las empresas gastaran cantidades ilimitadas de dinero para apoyar o rechazar la elección de determinados candidatos a cargos públicos. El Tribunal sostuvo que, si un individuo tiene derechos de libertad de expresión y puede gastar lo que desee para influir en una elección, las asociaciones de individuos también deberían gozar de esos mismos derechos.

Eso puede parecer lógico a primera vista, pero basta rascar un poco para que resulte evidente un enorme problema. Cuando una persona habla, tiene control sobre lo que dice. Cuando habla una asociación de personas –como una corporación con centenares de miles de accionistas–, la inmensa mayoría de esas personas no tiene ningún control, ni siquiera conocimiento, de lo que se dice en su nombre. Quien decide las posiciones de la empresa en los distintos asuntos –el director ejecutivo– puede amplificar su propia voz utilizando los recursos que pertenecen a los accionistas sin su consentimiento ni su conocimiento.

En la práctica, este fallo judicial transformó un proceso en el que los grupos de presión ya ejercían una influencia considerable sobre los cargos electos en otro en el que pueden llegar casi a controlarlos. Si un representante no adopta la postura defendida por el lobista de una corporación, ésta puede gastar lo que sea necesario para sustituirlo por otro que sí lo haga.

Decir que Citizens United inclinó aún más la balanza de poder a favor de las corporaciones sería quedarse corto. Robert Reich, que fue secretario de Trabajo durante la administración Clinton y es profesor en la Universidad de California, Berkeley, ha documentado cómo las empresas obtienen un rendimiento mucho mayor de sus inversiones en el proceso político que de cualquier otra inversión, incluidas las realizadas en sus propios negocios. Las corporaciones pueden gastar millones de dólares en influir en el proceso político y esperar beneficios muchas veces superiores a ese gasto, ya sea en forma de una regulación más permisiva, exenciones fiscales o incluso subsidios directos.

Si las acciones de una empresa no tuvieran ningún efecto en el mundo fuera de ella, este tipo de gasto sería un problema menor. En un mundo así, la corporación se limitaría a persuadir (o, en el mundo posterior a Citizens United, a coaccionar) a los cargos públicos para que adoptaran políticas que beneficiaran a la empresa y a sus accionistas, sin repercusiones para los demás. Ese mundo puede existir en algún modelo teórico, pero está muy lejos de la realidad.

Prácticamente toda acción en el mundo empresarial tiene algún efecto, intencionado o no, sobre terceros. Algunos de estos efectos son evidentes, como la contaminación causada por la falta de equipamiento adecuado de una empresa, los servicios comunitarios recortados por un gobierno local para poder ofrecer subsidios corporativos, la desaparición de pequeñas empresas cuando el Gobierno concede incentivos fiscales especiales a las grandes, o los empleos perdidos cuando una empresa decide sustituir empleados por máquinas o por trabajadores más baratos en otro lugar. Los economistas llaman a estos costes impuestos a terceros «externalidades negativas». Se producen cuando las actividades de una empresa imponen un coste a un actor «externo» a la compañía. Por ello, la empresa tiene poco incentivo para reducir dichas actividades.

Muchas externalidades, como la contaminación, son fáciles de medir, pero muchas otras son sutiles o más difíciles de cuantificar. Cuando el algoritmo de Facebook ofrece a los usuarios enlaces cada vez más provocativos sobre política y la situación mundial para captar su atención, la sociedad sufre un aumento de la ira y la polarización. Cuando la eficiente distribución de Amazon provoca el cierre de comercios locales, las comunidades sufren de múltiples formas: desde economías locales deprimidas hasta calles menos vibrantes, acogedoras y seguras. Cuando una aplicación de transporte compartido hace más fácil usar un vehículo privado que el transporte público, el tráfico aumenta y el transporte masivo se deteriora. Cuando muchas empresas cometen innumerables actos diarios que afectan al medio ambiente, algunos de manera mínima, el efecto acumulativo sobre el clima a lo largo del tiempo puede resultar catastrófico. El daño directo y evidente causado por las empresas es negativo, pero al menos tenemos la posibilidad de identificarlo y abordarlo. El daño indirecto y sutil, como los impactos ambientales, puede pasar fácilmente desapercibido; incluso cuando se identifica, sus causas y los medios para mitigarlo pueden no ser tan claros.

La única manera de mitigar el coste que estas actividades imponen a otros es mediante la acción gubernamental. Una de las medidas que puede funcionar en algunos de estos casos consiste en hacer que la empresa «internalice» el coste del daño que causa a terceros. En concreto, los economistas del Gobierno pueden estimar en dólares el monto del perjuicio que provocan determinadas actividades e imponer a la empresa un impuesto o una tasa equivalente a esa cantidad. Si la tasa es significativa, la actividad se reducirá. Si la actividad no se reduce lo suficiente, puede aumentarse dicho gravamen hasta lograrlo.

Por otro lado, si la actividad es lo bastante importante para la empresa, pagará la tasa y continuará realizándola. Pero al menos en ese caso, la sociedad será compensada por el daño causado y la empresa tendrá en cuenta ese perjuicio al tomar decisiones futuras. Por ejemplo, el Gobierno podría exigir a los fabricantes de automóviles que pagaran un impuesto proporcional al nivel de contaminación que emiten sus vehículos y al coste que dicha contaminación representa para la sociedad. Una tasa de este tipo, de carácter progresivo, reduciría las ventas de los vehículos más contaminantes. El dinero recaudado por el Gobierno a través de estas tasas sobre las ventas restantes podría destinarse a promover el transporte público y otras formas de movilidad más sostenibles, compensando así parte del daño causado por esos vehículos.

Cualquier remedio frente al daño causado por las corporaciones, sin embargo, sólo puede ser implementado por los funcionarios del Gobierno, los cuales a menudo muestran parcialidad hacia los grandes intereses corporativos y adinerados que financian en buena medida sus campañas y respaldan sus carreras. Reducir esa influencia mediante la anulación de Citizens United y la restricción del flujo de dinero, requeriría que tres cuartas partes de los estados aprobaran una enmienda a la Constitución de Estados Unidos, algo muy improbable en el actual contexto político. Conseguir que el Tribunal Supremo reexamine y revoque el caso parece igualmente poco probable, dado que la decisión es reciente y los jueces sirven de por vida. Por tanto, en el futuro previsible, el cambio sólo se producirá si nos centramos en nuestro propio papel en este proceso como ciudadanos.

Algunos conciben a los ciudadanos como clientes a los que hay que servir, como Jared Kushner, yerno del presidente Trump, quien afirmó que el Gobierno debería «alcanzar logros y eficiencias para nuestros clientes».[11] Otros los ven como dependientes, como el propio suegro de Kushner, cuando habló de despojar de la ciudadanía a ciertos estadounidenses. Pero no somos ni los clientes del Gobierno ni sus dependientes: somos sus jefes. Si los cargos electos ignoran el bien común en favor de quienes financian sus campañas, la respuesta no es pedirles que ignoren a sus donantes. La respuesta es despedirlos votándolos fuera del cargo.

Inspirar a las personas a interesarse más por los temas que afectan a sus vidas, trascender la retórica constante para identificar buenas políticas y apoyar a los políticos que las defienden no es tarea fácil. No obstante, simplemente no hay otra forma práctica de lograr un cambio en nuestro país. Me gusta pensar que este libro podrá desempeñar algún papel en este proceso.

Innumerables movimientos que logran agitar a la gente pero no consiguen ningún cambio real demuestran lo difícil que es influir en las políticas públicas. En muchos casos, estos esfuerzos obtienen victorias simbólicas que algunos confunden con transformaciones reales, lo que les lleva a creer que la batalla está ganada y que ya se ha alcanzado la verdadera victoria, distrayéndolos de seguir actuando. La «Declaración sobre el propósito de una corporación», emitida en 2019 por la

---

11. Parker, A., *et al.*: «Trump Taps Kushner to Lead a SWAT Team to Fix Government with Business Ideas», *The Washington Post* (26 de marzo de 2017). Disponible en: www.washingtonpost.com/politics/trump-taps-kushner-to-lead-a-swat-team-to-fix-government-with-business-ideas/2017/03/26/9714a8b6-1254-11e7-ada0-1489b735b3a3_story.html

Business Roundtable[12] y firmada por casi doscientos directores generales de las mayores corporaciones estadounidenses, es un ejemplo de ello. Presionados por la creciente brecha económica en nuestro país, estos directivos afirmaron que «las empresas no sólo deben servir a sus accionistas, sino también ofrecer valor a sus clientes, invertir en sus empleados, tratar con equidad a los proveedores y apoyar a las comunidades en las que operan».[13] Es una declaración loable, pero que sigue siendo sólo eso: una declaración bienintencionada, carente de toda indicación sobre cómo o cuándo se traducirá en un cambio real.

Otro ejemplo es el movimiento Occupy Wall Street, que logró aumentar la concienciación pública sobre la creciente desigualdad económica.[14] Cuando la gente menciona el «1 %» o el «99 %», todos sabemos de qué se está hablando, en gran medida gracias a este movimiento estadounidense. Sin embargo, los manifestantes que ocuparon parques en las principales ciudades no lograron ocupar ni tener una presencia efectiva en los lugares donde realmente se elaboran las políticas: los parlamentos y las estructuras administrativas del Estado. Creer en buenas políticas o hablar de ellas no necesariamente cambia nada, por mucho que la gente piense que debería hacerlo o desee que lo hiciera. Desde la aparición de Occupy Wall Street en 2011, la brecha entre el 1 % y el resto ha crecido aún más rápido, lo que confirma este hecho.

Por otro lado, el movimiento del Tea Party, que reclamaba menos impuestos y menos gasto público tras la gran recesión, puede haber estado equivocado en lo económico (hablaremos más de ello en la parte IV, en la sección dedicada al ciclo económico), pero acertó de pleno en lo político. En las elecciones legislativas de mitad de mandato de

12. Asociación de directores ejecutivos de las mayores corporaciones de Estados Unidos que ejerce influencia en políticas económicas y empresariales *(N. del T).*

13. Business Roundtable: «One Year Later: Purpose of a Corporation». Disponible en: purpose.businessroundtable.org/#:~:text=In%20its%20place%2C%20the%20CEOs,communities%20in%20which%20they%20operate (consultado el 4 de febrero de 2025).

14. Movimiento de protesta nacido en Nueva York en septiembre de 2011 que denunciaba la creciente desigualdad económica y la influencia del dinero en la política. Su lema «Somos el 99 %» aludía a la concentración de la riqueza en el 1 % más rico de la población *(N. del T).*

2010, el *The New York Times* identificó a 138 candidatos al Congreso con un respaldo significativo del Tea Party,[15] de los cuales alrededor de una tercera parte resultó elegida.[16] Su presencia en el Congreso podría ser una de las razones por las que la respuesta del Gobierno a la gran recesión no fue tan contundente como la mayoría de los economistas considera que debería haber sido, lo que se tradujo en una recuperación más lenta.

Cómo organizarse va más allá del alcance de este libro. No obstante, espero que este trabajo ayude en lo que quizá sea la parte más difícil de impulsar un cambio: identificar ideas que funcionen en el mundo real, reunir los argumentos que las respalden y motivar a otros para que las apoyen, junto con los políticos comprometidos con su puesta en práctica. Cuanto mejores sean las ideas y más claros los argumentos, más fácil será movilizarse. Como se ha anunciado en el prefacio, «la democracia no es un deporte de espectadores». Shakespeare, como era de esperar, lo expresó de forma mucho más artística en otro contexto: «La culpa, querido Bruto, no recae en nuestras estrellas, sino en nosotros, que estamos bajo ellas».

Antes de pasar a nuestros derechos democráticos y al papel de nuestro Gobierno en la economía, debemos hablar de una amenaza emergente para nuestra economía: la tendencia hacia un sistema en el que el ganador se lo lleva todo. Cada vez más, estamos quedando a merced de megacorporaciones con el poder de controlar los mercados, dictar precios y fijar las condiciones de empleo. El siguiente capítulo aborda este fenómeno y lo que podemos hacer al respecto.

---

15. Movimiento político conservador estadounidense surgido en 2009 en respuesta a las políticas de gasto público y rescate financiero impulsadas tras la crisis de 2008. Abogaba por reducir los impuestos, limitar la intervención del Gobierno y promover el libre mercado *(N. del T).*

16. Zernike, K.: «Tea Party Set to Win Enough Races for Wide Influence», *The New York Times* (15 de octubre de 2010). Disponible en: www.nytimes.com/2010/10/15/us/politics/15teaparty.html

9

CONSOLIDACIÓN EMPRESARIAL Y REDUCCIÓN DE LA COMPETENCIA

¿Por qué cada vez menos empresas dominan más sectores?

Un monopolio es algo terrible... hasta que lo consigues.

Rupert Murdoch, magnate multimillonario de los negocios y los medios de comunicación

VENTAJAS DE COSTES Y EFECTOS DE RED

Como hemos visto en el capítulo 2, la revolución tecnológica ha reducido en gran medida, si no eliminado por completo, el coste de hacer negocios a gran escala, otorgando ventajas sin precedentes a los mayores productores. Estas economías de escala dificultan la competencia con ellos, lo que ha hecho que cada vez más sectores estén dominados por una sola empresa (un «monopolio») o por un pequeño grupo de ellas (un «oligopolio»). Este fenómeno ha permitido que el comercio minorista se realice a una escala antes inimaginable gracias a Amazon, que servicios de transporte estén disponibles casi en todas partes gracias a Uber y que pueda ofrecerse prácticamente cualquier tipo de entretenimiento audiovisual cuando y donde se desee gracias a Netflix.

La ventaja creciente de las megacorporaciones se extiende a la mayoría de los sectores. Un estudio académico reveló que más de tres cuartas partes de las industrias estadounidenses, por ejemplo, experimentaron un aumento en sus niveles de concentración entre 1996 y

2016, y que las empresas de los sectores con los mayores incrementos en dicha concentración «han disfrutado de márgenes de beneficio más altos, rendimientos bursátiles anómalos positivos y operaciones de fusión y adquisición más rentables, lo que sugiere que el poder de mercado se está convirtiendo en una fuente importante de valor».[1] Un estudio de Barclays señaló que, desde el año 2000, la concentración empresarial ha aumentado en más de un 60 %.[2]

Las grandes empresas casi siempre han tenido ventaja. Lo que ha cambiado en las últimas décadas es que se ha vuelto casi imposible competir con Amazon, Uber, Netflix y muchas otras grandes compañías, dada su capacidad para repartir sus costes fijos entre la enorme cantidad de clientes que les proporciona Internet a escala global. La ventaja competitiva que les otorga su tamaño también les permite negociar precios mínimos para los bienes y servicios que necesitan para operar, así como una mayor capacidad de poder de negociación frente a la mano de obra; en otras palabras, aún más economías de escala.

Muchas de estas nuevas megacorporaciones no sólo se benefician de las ventajas de costes. También lo hacen de un fenómeno conocido como «efecto de red». Cuando compras pan en una panadería, en realidad no te importa cuánta gente más compre allí. Tus principales preocupaciones son la calidad y el precio del pan que estás comprando. En cambio, cuando eliges una red social o un programa informático, te importa mucho cuántas otras personas eligen esa misma red o ese mismo programa, porque su elección influye en el beneficio que obtienes. ¿Cómo?

Una red social como Facebook cuenta con alrededor de tres mil millones de usuarios, y es probable que encuentres más amigos, fami-

---

1 Grullon, G., *et al.*: «Are U.S. Industries Becoming More Concentrated?» (junio de 2016). Disponible en: www.cicfconf.org/sites/default/files/paper_388.pdf

2 «Increased Corporate Concentration and the Influence of Market Power», *Barclays Impact Series* (26 de marzo de 2019). Disponible en: www.ib.barclays/content/dam/barclaysmicrosites/ibpublic/documents/our-insights/MarketPower/Barclays-ImpactSeries5-MarketPower_final_2.4MB.pdf
También: Wessel, D.: «Is Lack of Competition Strangling the U.S. Economy?», *Harvard Business Review* (3 de abril de 2020). Disponible en: hbr.org/2018/03/is-lack-of-competition-strangling-the-u-s-economy

liares y conocidos entre ellos que entre el número, mucho menor, de usuarios de otra plataforma. Esto es cierto incluso si esa otra plataforma está mejor diseñada y resulta más sencilla de usar: tu principal interés es conectarte con otras personas, y ellas están en Facebook.

De forma similar, si todos los ordenadores que has utilizado han tenido *software* de Microsoft, tal vez te sentirás más inclinado a comprar *software* de Microsoft cuando adquieras un equipo nuevo. Esto no se debe a que el *software* de Microsoft sea intrínsecamente mejor, sino a que tendrías que invertir tiempo y esfuerzo en aprender nuevos programas, o a que usar un programa distinto del que utilizas en el trabajo podría dificultar la transferencia de tus archivos, o a que la mayoría (¿casi todos?) de los archivos a los que necesitas acceder emplean *software* de Microsoft. Con los efectos de red, cuantas más personas eligen utilizar un bien o servicio, mayor es el beneficio para ti y más probable resulta que otros también lo elijan.

La tecnología y los efectos de red han reducido la competencia y permitido que un número cada vez menor de grandes empresas controle más y más sectores de la economía. ¿Por qué supone esto un problema? Cuando un sector cuenta con muchos competidores, cada empresa se ve presionada a mantener precios bajos, desarrollar productos innovadores y ofrecer un buen servicio al cliente para no perder cuota de mercado. Cuanta menos competencia afronta una empresa, menos siente esas presiones. Por ejemplo, para hacerse una idea del «servicio al cliente» que muchas de estas empresas dominantes consideran suficiente, basta con intentar negociar una modificación en los «términos de servicio» –de varias páginas y en letra minúscula– que la mayoría de ellas exige aceptar explícitamente antes de realizar cualquier transacción.

Las empresas más grandes y dominantes también tienen mayor poder de negociación con los trabajadores, más capacidad para financiar e implementar tecnologías destinadas a ahorrar mano de obra y una influencia adicional sobre los políticos cuando buscan reducciones de impuestos, desregulación y otros beneficios por parte del Gobierno. Todo este poder sobre consumidores, proveedores, trabajadores y el Gobierno también permite a estas empresas apropiarse de una mayor parte de la tarta económica para sus propietarios, acentuando así el traslado de ingresos del trabajo al capital.

PROMOVER LA COMPETENCIA

¿Qué se puede hacer para fomentar la competencia y evitar que el poder se concentre? El primer paso es reconocer que muchas de las propias leyes y políticas del Gobierno contribuyen a crear o agravar estas tendencias.

Algunas de estas leyes crean intencionada y explícitamente monopolios para impedir la competencia. Por ejemplo, el Gobierno concede patentes sobre productos –como los farmacéuticos– que otorgan al titular de la patente un monopolio sobre la venta de ese producto. También concede derechos de autor sobre la propiedad intelectual –como los programas informáticos– que otorgan al propietario un monopolio sobre la concesión de licencias a terceros para que usen o disfruten ese producto.

La justificación de estos monopolios es que habría muchas menos invenciones y nuevos productos si los desarrolladores no dispusieran de un período de tiempo durante el cual fueran los únicos vendedores de lo que han creado. Esa exclusividad es la única forma de garantizarles un retorno por la enorme cantidad de tiempo y de dinero necesarios para inventar y desarrollar nuevos productos.

No obstante, en el caso de ciertos tipos de productos, en especial de medicamentos de gran importancia, parecen razonables algunas restricciones sobre los precios. Las patentes deberían incentivar a las empresas a desarrollar nuevos fármacos permitiéndoles fijar precios que les permitan recuperar los elevados costes de desarrollo y obtener beneficios adecuados, pero no deberían justificar precios que generen beneficios desproporcionados aprovechándose de las necesidades médicas de las personas. Como dijo el capitalista de riesgo Peter Thiel, «la competencia es para los perdedores».

A diferencia de las leyes que crean deliberadamente monopolios para fomentar la innovación, muchas otras leyes que inclinan el terreno de juego en favor de las empresas más grandes y ricas carecen de una justificación sólida. Las regulaciones demasiado complejas, los requisitos de licencia desproporcionados y las normas fiscales enrevesadas, que un departamento jurídico de una gran empresa puede manejar de forma rutinaria, pueden situar a una empresa pequeña –con un departamento jurídico reducido o, en muchos casos, inexistente– en una situación de clara desventaja.

Además, nuestro sistema legal ofrece a las grandes corporaciones con amplios recursos la posibilidad de saturar con litigios costosos no sólo a sus competidores, sino también a cualquiera que se interponga en su camino. Por ejemplo, la llamada «regla estadounidense» sobre las costas judiciales establece que, en general, cada parte en un proceso judicial paga sus propios gastos legales. Por ello, los pleitos constituyen una táctica especialmente útil para las grandes empresas que cuentan con abogados internos, mientras que las pequeñas suelen tener que contratar bufetes externos caros para defenderse. Incluso si la parte demandada consigue que se desestime la causa o gana el juicio, sigue cargando con los gastos legales necesarios para demostrar que no ha hecho nada malo. En una ocasión oí a alguien preguntar a un abogado interno de una gran empresa, conocida por su agresividad al demandar a sus competidores, si su trabajo era estresante. El abogado respondió: «Yo no sufro estrés. Yo lo provoco».

Es evidente que muchos representantes electos proclaman de palabra las virtudes de las pequeñas empresas y suelen referirse a ellas con afecto como «negocios familiares». Además, la Administración de Pequeñas Empresas (Small Business Administration, SBA) del Gobierno federal «ofrece asesoramiento, capital y experiencia en contratación como el único recurso y portavoz de referencia del país para los pequeños negocios».[3] La mayoría de los Gobiernos locales cuenta con un organismo similar destinado a apoyar a las pequeñas empresas. No obstante, muchas de las leyes y normativas que, en muchos casos de forma no intencionada, benefician a las grandes compañías siguen vigentes y parecen multiplicarse y hacerse más complejas con el tiempo.

El aumento de las economías de escala y los efectos de red plantean una amenaza grave y sin precedentes para una competencia sólida. Son fuerzas formidables, de modo que derogar las políticas gubernamentales que favorecen a las grandes empresas sólo serviría para ralentizar el problema. En el pasado, el Gobierno ha intentado tres enfoques prin-

3. Administración para la Pequeñas Empresas de Estados Unidos: «About S.B.A.». Disponible en: www.sba.gov/about-sba (consultado el 4 de febrero de 2025).

cipales para poner freno a las empresas que empiezan a dominar o monopolizar un sector.

El primer enfoque consiste en disolver las empresas cuando se vuelven demasiado grandes y poderosas, o bien actuar de forma preventiva para impedir que se fusionen y alcancen ese poder en primer lugar. Las leyes antimonopolio, promulgadas hace más de un siglo en Estados Unidos, facultan al Gobierno para hacerlo. Uno de los casos más célebres de aplicación de esta potestad tuvo lugar en la década de 1980, cuando el Gobierno ordenó la disolución de la Bell Telephone Company, que mantenía el monopolio de la telefonía en Estados Unidos. El monopolio de la compañía telefónica se debía a ambos fenómenos mencionados antes.

En primer lugar, gozaba de grandes economías de escala, ya que podía distribuir los costes fijos de su red telefónica entre millones de usuarios, lo que hacía muy barato conectar a un nuevo cliente. En segundo lugar, tenía como usuarios casi a todos los habitantes del país, lo que hacía difícil, si no imposible, crear una red paralela. A diferencia de los actuales operadores de telefonía móvil, Bell Telephone no facilitaba las llamadas procedentes de otras redes.

El Gobierno dividió la empresa en varias compañías telefónicas regionales más pequeñas, denominadas «Baby Bells». Desde entonces, se han producido fusiones entre esas compañías menores, de modo que dos de ellas, AT&T y Verizon, han acabado controlando aproximadamente el 70 % del mercado de la telefonía móvil. ¿Ejercen estas dos compañías menos poder de mercado que la que antes controlaba prácticamente el cien por cien? Posiblemente, aunque AT&T y Verizon no tienen muchos incentivos para competir con demasiada agresividad entre sí, dado que es poco probable que el Gobierno permita que una sola empresa vuelva a dominar el mercado telefónico.

Las economías de escala y los efectos de red son especialmente importantes en muchas industrias nuevas y de gran relevancia, como las que ofrecen acceso de banda ancha, redes sociales, servicios de búsqueda en Internet o compras en línea con entrega al día siguiente. Las ventajas que el tamaño y la red proporcionan a las empresas más grandes de estos sectores no desaparecen simplemente por el hecho de dividirlas. Como ocurrió con la industria telefónica, es probable que esas ventajas conduzcan a la reaparición de unas pocas compañías dominantes incluso después de una disolución.

Mantener numerosas y competitivas a las empresas en un sector de este tipo exige una lucha constante por parte del Gobierno contra las tendencias que favorecen la concentración. Por otro lado, también puede implicar renunciar a algunos de los beneficios derivados de las economías de escala y de los efectos de red que se trasladan hasta los consumidores. Por ejemplo, el servicio telefónico local se encareció justo después de la disolución de Bell Telephone, porque la compañía utilizaba los beneficios de las llamadas de larga distancia para subvencionar el servicio local. No obstante, es posible que hoy no disfrutáramos de llamadas de larga distancia prácticamente gratuitas ni de innumerables innovaciones en las comunicaciones si Bell Telephone hubiera conservado su monopolio.

El segundo enfoque que ha intentado el Gobierno estadounidense consiste en poseer y gestionar determinadas empresas. Eso fue lo que hizo la ciudad de Nueva York en 1940, cuando compró la Brooklyn-Manhattan Transit Corporation (BMT) y la Interborough Rapid Transit Company (IRT), las dos líneas de metro privadas que operaban en aquel momento. También por esa razón el Gobierno gestiona ciertos servicios públicos, como el Servicio Postal de Estados Unidos y Amtrak. En actividades como la distribución postal, el transporte ferroviario y otros sectores que requieren enormes inversiones de capital para funcionar, el tamaño confiere ventajas decisivas. Otros países han mostrado aún mayor disposición a asumir la propiedad de empresas que demandan grandes inversiones de capital, como las aerolíneas o las compañías energéticas. Las empresas controladas por el Estado suelen parecerse mucho a los monopolios privados que no se enfrentan a competencia: tienden a no ser las más eficientes, innovadoras ni orientadas al consumidor. Basta con tomar un tren de Amtrak para hacerse una idea más clara de este problema.

El tercer enfoque consiste en regular el funcionamiento de la empresa y limitar los precios que puede cobrar. Éste es el método que el Gobierno estadounidense ha aplicado a la mayoría de las compañías que suministran electricidad y gas a las comunidades locales. Esta regulación puede restringir la capacidad de una empresa dominante para cobrar de más a los consumidores o presionar a los trabajadores. Sin embargo, la capacidad de la regulación para incentivar a las empresas a mejorar sus servicios y crear nuevos productos que beneficien a los clientes es más limitada.

Como ya hemos señalado, los grandes conglomerados que llegan a dominar un sector pueden apropiarse de una parte mayor de la tarta económica para sus inversores, reduciendo la que corresponde al trabajo. Algunos problemas económicos tienen soluciones relativamente sencillas; éste no es uno de ellos. He llamado a la disolución de empresas, la propiedad pública y la regulación tres «enfoques» de este problema, y no «soluciones», por una razón.

Cada sector es diferente y el poder se concentra por razones distintas. Puede deberse a las economías de escala (como en el caso de las compañías eléctricas), a un efecto de red (como en el caso de Facebook), a una estrategia de competencia sumamente agresiva (como en el caso del casi monopolio de Rockefeller sobre el refinado de petróleo a principios del siglo XX) o a una combinación de estos factores. Una vez adquirido, el efecto de ese poder puede ser benigno (por ejemplo, cuando obtenemos acceso a una vasta base de datos de ofertas de empleo) o perjudicial (por ejemplo, cuando una única empresa selecciona o controla la selección de todas las noticias que vemos). Cualquier respuesta a esta concentración de poder debe tener en cuenta estas diferencias. Es necesario sopesar los beneficios que las grandes organizaciones pueden ofrecer –como precios potencialmente más bajos gracias a las economías de escala o una red más sólida para los usuarios– frente a los costes que su poder e influencia pueden imponer a los trabajadores y a la sociedad en general.

Este tipo de «análisis coste-beneficio» es muy popular entre los economistas, y con razón. Permite ponderar las ventajas (beneficios) de cada alternativa –como permitir que una gran organización domine el mercado, dividirla, desmantelarla, nacionalizarla o regularla– frente a sus desventajas (costes). La alternativa adecuada es aquella cuyos beneficios superan en mayor medida a los costes. La dificultad radica en incluir todos los costes y beneficios, por complicado que resulte calcularlos o asignarles un valor monetario, sin importar quién los asuma. Este equilibrio es en especial difícil de lograr en el caso de los costes del poder concentrado, que pueden incluir innovaciones o inventos que quizá nunca lleguemos a conocer, una menor diversidad de productos, el desaliento de posibles competidores y, en general, una economía menos dinámica y competitiva.

La tendencia al aumento del poder, la riqueza y la influencia de las empresas más grandes y dominantes no se detendrá por sí sola. Al igual que el cambio climático, ocurre de forma gradual y casi imperceptible. Además, como ocurre con el cambio climático, puede ser peligroso ignorarla.

La necesidad de una acción colectiva para abordar de frente los problemas económicos importantes en lugar de ignorarlos es una lección que Estados Unidos aprendió en relación con las recesiones económicas. Desde la gran depresión, la gente ha llegado a esperar que el Gobierno ayude a sacar la economía de las recesiones y mitigue las oscilaciones del ciclo económico. Qué herramientas utiliza el Gobierno para lograrlo es el tema de la siguiente parte de este libro.

PARTE IV

EL CICLO ECONÓMICO

10

BOOM Y CRISIS

¿Debe bajar lo que sube?

Una recesión es cuando tu vecino pierde su trabajo. Una depresión es cuando tú pierdes el tuyo. Y la recuperación es cuando Jimmy Carter pierde el suyo.

Ronald Reagan durante la campaña presidencial de 1980

¿QUÉ ES UNA RECESIÓN?

La recesión relacionada con el coronavirus y la gran recesión de 2008 son las dos caídas más recientes de la economía. Según muchos registros, en Estados Unidos, por ejemplo, ha habido al menos otras doce recesiones desde la gran depresión a principios de la década de 1930. ¿Qué son exactamente estas caídas de la economía y por qué siguen ocurriendo?

En términos generales, una «recesión» se define como una disminución de la producción total (es decir, del PIB) durante dos trimestres calendario consecutivos. Así, si la producción cae respecto al trimestre calendario anterior y esto vuelve a ocurrir en el siguiente trimestre, la economía suele considerarse en recesión. El término «depresión» no tiene una definición tan ampliamente aceptada como «recesión», pero, por lo general, se refiere a una recesión en particular severa. ¿Cuán severa? En los últimos cien años, sólo la «gran depresión» ocurrida en la década de 1930 se menciona de forma consistente como depresión. La recesión de 2008 se suele denominar «gran recesión» porque fue peor que la mayoría de las recesiones, pero no tan grave como la gran depresión.

Dado que la mayoría de nosotros no seguimos los datos trimestrales del PIB, ¿cómo sabríamos que la economía está en recesión? Como hemos discutido en el capítulo 4, la producción total de bienes y servicios de la economía equivale al gasto total, que a su vez equivale a los ingresos totales. Por lo tanto, si la producción disminuye, también lo hacen el gasto y los ingresos. Esto significa que observaríamos un aumento del desempleo (porque se necesitan menos trabajadores para producir menos), una caída de los ingresos (a medida que más trabajadores son despedidos), una caída generalizada de los precios (ya que las empresas compiten por vender a un número menor y menos solvente de clientes) y un aumento de quiebras, ejecuciones hipotecarias y desalojos.

Entonces, ¿qué sucede cuando los ingresos disminuyen? Las personas gastan aún menos. ¿Y qué pasa cuando la gente gasta todavía menos? Los ingresos caen aún más. ¿Y qué acaece cuando los ingresos caen aún más? Creo que te haces una idea: la economía entra en una espiral descendente. Esto plantea la siguiente pregunta: ¿cómo se inicia esta espiral descendente?

¿QUÉ CAUSA UNA RECESIÓN?

Choques de demanda

El hecho de que el término económico para una recesión severa sea el mismo que el término psicológico para un período de gran abatimiento (una «depresión») proporciona una pista sobre su causa.[1] Lo que cambia en una depresión típica (o, más generalmente, en una recesión) es el estado de ánimo general y las perspectivas de la sociedad. Un pesimismo contagioso se apodera de la gente, se gasta menos, la producción disminuye y los ingresos caen. Este cambio en la perspectiva se

1. Uso el término psicológico «depresión» de manera informal y no para referirme a ningún conjunto específico de síntomas clínicos que pueda ser provocado por un desequilibrio químico o un problema fisiológico.

denomina «choque de demanda» porque la disposición de las personas a gastar disminuye de manera brusca y «demandan» menos bienes y servicios.

Un choque de demanda es un fenómeno psicológico a gran escala. Cuando la economía entra en recesión, las fábricas no se derrumban, los trabajadores no olvidan sus habilidades y los recursos de la economía no desaparecen. Puedes evaluar la capacidad industrial de las fábricas, el potencial productivo de las empresas y el nivel de habilidad de los trabajadores justo antes de que comience una recesión típica y justo después de que haya comenzado, y no notarás ninguna diferencia. Lo que cambia es la perspectiva de las personas. Aunque una recesión puede comenzar como un fenómeno puramente psicológico, muy pronto tiene consecuencias reales.

¿Por qué las personas cambian de repente su perspectiva, se vuelven pesimistas y se inicia el ciclo perverso de menor gasto e ingresos más bajos? Economistas y empresarios a menudo señalan un desplome abrupto en el valor de acciones, bienes raíces u otros activos que habían crecido rápidamente como la causa del pesimismo. Este fenómeno se denomina «burbuja de activos», y la caída de precios se conoce como la «ruptura» de la burbuja. Cuando ese activo afecta a muchas personas, como las acciones en 1929 o la vivienda en 2008, la ruptura de la burbuja probablemente provocará un choque de demanda y una recesión económica a su paso. Esto plantea la pregunta de por qué se forman burbujas en primer lugar. ¿Por qué los rendimientos de algunos activos se disparan sólo para desplomarse después?

La respuesta (una vez más) es la psicología de masas. Durante los buenos tiempos, cuando el PIB está creciendo, las personas se vuelven optimistas. Invierten en acciones, bienes raíces, negocios y otros activos con la expectativa de obtener grandes rendimientos. En muchas ocasiones, un activo con rendimientos particularmente altos atrae una atención inusual.

Esto atrae a numerosos inversores, haciendo que su precio se dispare aún más, muy por encima de lo que cualquier análisis racional podría predecir o justificar. John Maynard Keynes se refirió a este fenómeno como «resultado de la fogosidad –de un resorte espontáneo que impulsa a la acción de preferencia a la quietud, y no como consecuencia de un promedio ponderado de los beneficios cuantitativos multiplicados por las probabilidades cuantitativas».[2]

Muchos inversores que se ven atrapados en una burbuja de activos se dan cuenta de que el precio que están pagando y los préstamos que puedan estar tomando para comprar ese activo en ascenso son decisiones imprudentes. No obstante, asumen que siempre habrá alguien «más tonto» al que podrán vender su inversión con ganancias. La mentalidad gregaria, el constante goteo de anécdotas sobre cómo otros inversores se están haciendo ricos y el miedo a quedarse fuera pueden hacer que muchas personas actúen de manera imprudente. Los economistas llaman a esto la «teoría del más tonto», y funciona hasta que no queda ningún tonto más y el inversor, al que yo llamaría el «tonto supremo», se queda con el activo cuando la burbuja finalmente estalla.

Veamos la gran recesión de 2008 para comprender mejor este fenómeno. A comienzos de la década de 2000, cuando la economía gozaba de buena salud, los prestamistas se contagiaron del optimismo sobre el mercado inmobiliario. Se volvieron más laxos a la hora de evaluar la solvencia de las personas para conceder préstamos hipotecarios. Muchos incluso empezaron a otorgar hipotecas a personas con crédito cuestionable (o realmente malo) para permitirles comprar viviendas que es posible que no pudieran permitirse. Más dinero para hipotecas llevó a más compras de viviendas, lo que hizo subir los precios de los inmuebles. Esto atrajo la atención de inversores, que comenzaron a comprar casas para revenderlas con rapidez o para alquilarlas (y cobrar lo que los inversores pensaban que serían alquileres en constante aumento). A medida que los precios de las viviendas seguían subiendo, los prestamistas bajaban aún más sus estándares, incluso con algunos otorgando lo que en la industria se llamaba préstamos «NINJA»: préstamos a personas sin ingresos, sin trabajo y sin activos.

¿Qué pensaban los prestamistas que financiaban esta fiebre compradora y el auge de los precios de la vivienda? Muchos creían que podían obtener una ganancia rápida vendiendo esos préstamos a otros inversores, de modo que ya no les importaba si el préstamo se devolvía o no.

---

2. Keynes, J. M: *Teoría general de la ocupación, el interés y el dinero*. Fondo de Cultura Económica, México, 1965, pág. 147.

Y, en gran medida, tenían razón. Sin embargo, por muchas veces que cambiara de manos la titularidad de esos préstamos, cada uno tenía un comprador final dispuesto a financiarlo. Entonces, ¿en qué estaban pensando? En la medida en que los compradores finales de esos préstamos pensaban realmente en lo que hacían, en lugar de dejarse arrastrar por la fiebre especulativa, pensaban (de manera correcta) que podía ocurrir una de dos cosas: que el prestatario haría los pagos del préstamo hipotecario *o* que el prestatario no los haría. Si el prestatario hacía los pagos, el comprador del préstamo obtendría más dinero del que ganaría adquiriendo préstamos concedidos a prestatarios solventes, ya que los préstamos más arriesgados ofrecen tipos de interés más altos. Si el prestatario dejaba de pagar, simplemente recuperarían la vivienda (es decir, ejecutarían la hipoteca) y la venderían con beneficio en un mercado inmobiliario que parecía subir sin parar. Pensaban que, de un modo u otro, saldrían ganando. Sí, incluso los inversores sofisticados, con títulos prestigiosos, hojas de cálculo complejas y grandes ingresos, pueden ser víctimas del optimismo contagioso y olvidar algo que todos sabemos: el precio de un activo importante no puede dispararse de manera indefinida. Parece lógico, pero ¿por qué lo es?

En la década anterior a la gran recesión (de 1996 a 2006), los precios de la vivienda aumentaron aproximadamente un 93 % en total en Estados Unidos, por ejemplo.[3] Sin embargo, los ingresos medios durante ese mismo período sólo crecieron alrededor de un 36 %.[4] Una situación en la que el coste de la vivienda consume una parte cada vez mayor del presupuesto total de cada hogar provocará que cada vez menos personas puedan permitirse comprar una vivienda.[5] Esta situación

3. Banco de la Reserva Federal de San Luis: «All-Transactions House Price Index for the United States», Federal Reserve Economic Data (FRED). Disponible en: fred.stlouisfed.org/series/USSTHPI (30 de noviembre de 2021).

4. Banco de la Reserva Federal de San Luis: «Median Household Income in the United States», Federal Reserve Economic Data (FRED). Disponible en: fred.stlouisfed.org/series/MEHOINUSA646N (15 de septiembre de 2021).

5. Los valores inmobiliarios en mercados específicos, como Manhattan o Silicon Valley, pueden crecer más rápido que la economía en su conjunto, ya que dependen del gasto de un grupo relativamente pequeño de personas cuyos ingresos aumentan a un ritmo superior al del conjunto de la economía.

debía llegar a su fin en algún momento. Ese momento fue en 2007, cuando el aumento de los precios de la vivienda se ralentizó y pasó a ser negativo más adelante ese mismo año.

La pregunta sigue siendo: ¿por qué las burbujas estallan de forma repentina en lugar de desinflarse poco a poco hasta volver a un nivel de crecimiento más sostenible, creando así un «shock» menor en la demanda? La respuesta, una vez más, está en la naturaleza humana.

Cada inversor que se incorporó al mercado inmobiliario a mediados de la década de 2000 esperaba obtener grandes beneficios y durante muchos años esas expectativas se cumplieron. Sin embargo, cuando las viviendas se volvieron cada vez menos asequibles en 2007 y el aumento de los precios comenzó a frenarse, los nuevos inversores empezaron a buscar otros destinos para su dinero. Además, muchos de los inversores existentes comenzaron a poner sus viviendas en venta para cobrar en lo que empezaba a parecer el punto máximo del mercado o simplemente deshacerse de un activo que empezaba a perder atractivo. La disminución de compradores y el aumento de vendedores hicieron que el ritmo de crecimiento de los precios de la vivienda se ralentizara aún más. A su vez, un número aún mayor de inversores inmobiliarios intentó vender y asegurar sus beneficios (o evitar pérdidas futuras). La espiral descendente se puso en marcha cuando los inversores empezaron a ver caer los precios, corrieron hacia las salidas, saturaron el mercado y provocaron el estallido de la burbuja. Los precios estancados de la vivienda en 2007 fueron seguidos por dos años en los que los precios cayeron más de un 6 % de media anual.[6]

El desplome del mercado se vio agravado por el uso generalizado del «apalancamiento» (otro sinónimo de deuda) para comprar bienes inmuebles. ¿Por qué? Porque si utilizo 500 000 dólares de mi propio dinero para comprar una casa y su valor se desploma hasta 350 000 dólares, sigo teniendo un interés de 350 000 dólares en esa vivienda. Si decido conservarla, cada dólar que aumente su valor a partir de ese

6. Banco de la Reserva Federal de San Luis: «All-Transactions House Price Index forthe United States», Federal Reserve Economic Data (FRED). Disponible en: fred.stlouisfed.org/series/USSTHPI (30 de noviembre de 2021).

punto bajo será un dólar que entra en mi bolsillo. Si decido venderla, materializo una pérdida de 150 000 dólares.

Por otro lado, si uso 100 000 dólares de mi propio dinero y un préstamo hipotecario de 400 000 dólares para comprar la casa, mi participación en la vivienda (mi inversión completa de 100 000 dólares) queda totalmente anulada. Además, incluso si el valor de la casa aumenta, los primeros 50 000 dólares de subida no me aportarán ni un dólar, ya que el préstamo seguirá superando el valor de la vivienda. Y lo que es aún más importante, tendré que seguir haciendo los pagos mensuales de la hipoteca de 400 000 dólares por una casa que ahora sólo vale 350 000 dólares. En esencia, puedo aumentar mi patrimonio neto en 50 000 dólares tan sólo abandonando la casa: pierdo una vivienda valorada en 350 000 dólares, pero me libero de una deuda de 400 000 dólares.[7] No es de extrañar que tantos de los préstamos hipotecarios más arriesgados concedidos en los años previos a la gran recesión acabaran impagados cuando el mercado empezó a caer.

Aunque podamos entender fácilmente este fenómeno del estallido de una burbuja, el momento en que ocurre sigue siendo un misterio. Los inversores podrían ganar mucho dinero si lograran aprovechar una burbuja de activos mientras ésta sube y vender justo antes de que estalle. Se han propuesto todo tipo de indicadores –desde la caída de los precios de las acciones hasta los tipos de interés de los bonos a corto plazo que superan a los de los bonos a largo plazo (la célebre «curva de rendimiento invertida»)– como posibles pistas para saber cuándo la economía está al borde de una recesión. Como bromeó Paul Samuelson, autor de un manual de economía introductoria utilizado por generaciones de estudiantes universitarios, el mercado bursátil ha predicho nueve de las últimas cinco recesiones. Los economistas tampoco han tenido mucho éxito en predecir el futuro de la economía. Al igual

7. La mayoría de los préstamos hipotecarios concedidos para la compra de una vivienda son «sin recurso», lo que significa que el prestamista puede quedarse con la vivienda en caso de impago, pero no puede reclamar ningún otro bien o ingreso del prestatario. No obstante, el prestamista informará del impago a una agencia de crédito, lo que podría perjudicar al prestatario moroso si intenta obtener un nuevo préstamo.

que los psicólogos y, de hecho, cualquier otra persona, les resulta difícil prever el momento exacto en que cambiará el estado de ánimo.

Dicho esto, algunas personas sí han tenido éxito en hacer tales predicciones. Cuenta la leyenda que Joseph Kennedy, padre del presidente John Fitzgerald Kennedy, decidió vender sus acciones justo antes del desplome de 1929, después de que un limpiabotas le diera un consejo bursátil. Pensó que, si incluso los limpiabotas estaban comprando y vendiendo acciones, el mercado bursátil ya había alcanzado su techo: cada dólar disponible estaba ya invertido, así que la única dirección posible era hacia abajo. Más recientemente, el gestor de fondos de cobertura Michael Burry utilizó valores derivados (en concreto, *swaps* de incumplimiento crediticio) para apostar al desplome de los precios de la vivienda. Soportó el escepticismo de sus financiadores durante años mientras perdían dinero con sus apuestas. Tal como se muestra tanto en el libro como en la película *The Big Short* (*La gran apuesta*), logró resistir hasta que la burbuja inmobiliaria acabó estallando y pudo cobrar unos beneficios enormes. Sin embargo, lo que fue excelente para Joseph Kennedy y Michael Burry resultó nefasto para la economía.

Choques de oferta

En ocasiones, algo distinto a un choque de demanda provoca una recesión. Un descenso de la actividad económica también puede desencadenarse por un daño físico directo a una nación que reduzca su capacidad para producir bienes y servicios. Si un número significativo de personas no puede trabajar o muere (a causa de una guerra o una pandemia, por ejemplo), o si una parte importante de la infraestructura física o de los suministros necesarios para la producción se destruye o deja de estar disponible (debido a una catástrofe natural o a una acción hostil), la producción disminuirá. Los economistas denominan «choques de oferta» a este tipo de sucesos, que afectan directamente a la oferta de bienes y servicios y pueden provocar recesiones en especial graves.

Antes de 2020, el ejemplo clásico de una recesión causada por un choque de oferta era la que siguió al embargo petrolero impuesto por los miembros de la Organización de Países Exportadores de Petróleo (OPEP). El embargo se dirigió contra Estados Unidos y otros países que la OPEP consideraba partidarios de Israel durante la guerra del Yom Kipur de 1973.

Dado que la energía es esencial para prácticamente cualquier actividad productiva (incluso los escritores necesitan electricidad para sus ordenadores) y que el petróleo era entonces la principal fuente de energía, la reducción del suministro de crudo y el aumento de su precio hicieron que casi todos los tipos de producción resultaran mucho más caros y difíciles de mantener. Como era previsible, se produjo una fuerte recesión económica.

Más recientemente, hemos tenido otro lamentable ejemplo de recesión provocada por un choque de oferta. El coronavirus llevó al Gobierno a cerrar sectores enteros de la economía, reduciendo de forma repentina la oferta de muchos bienes y servicios. Si el Gobierno no hubiera cerrado gran parte de la economía, es probable que la cifra de muertes hubiera sido aún mayor, presumiblemente acompañada de grandes ausencias laborales por parte de empleados asustados, lo que podría haber reducido la producción todavía más. Fuera cual fuese la respuesta del país, el coronavirus estaba destinado a interferir en la economía y a provocar que se produjera menos, se comprara menos y se ganara menos dinero. Como era de esperar, un choque de oferta también deprime la confianza de los consumidores, generando por lo general un choque de demanda a su paso.

Podemos observar las causas de una recesión económica del mismo modo que analizamos las causas del decaimiento de una persona. Una persona que sufre un malestar psicológico se asemeja a una economía que padece un choque de demanda: un estado de ánimo sombrío y depresivo la domina, volviéndola menos productiva. Una persona que sufre una dolencia física grave, como una pierna rota o una arteria obstruida, se parece a una economía afectada por un choque de oferta: una disminución directa de su capacidad física la vuelve menos productiva. La persona que sufre una dolencia física tal vez también se desmoralice, del mismo modo que un choque de oferta suele provocar su propio choque de demanda, lo que puede dificultar aún más la recuperación de la productividad.

Ahora que hemos analizado las causas de las recesiones económicas, podemos abordar la cuestión de qué debería hacer el Gobierno al respecto. En los capítulos 11 y 12 hablaremos del Sistema de la Reserva Federal y de una de las dos principales herramientas para combatir una recesión: la política monetaria. En el capítulo 13 abordaremos la otra herramienta principal: la política fiscal (el gasto público y la política tributaria).

11

EL SISTEMA DE LA RESERVA FEDERAL Y LA BANCA

¿Cuál es el papel de la Fed y cómo se crea el dinero nuevo?

Es bueno que la gente del país no entienda nuestro sistema bancario y monetario, porque si lo hiciera, creo que habría una revolución antes de mañana por la mañana.

HENRY FORD, industrial estadounidense

¿QUÉ ES LA FED Y QUÉ HACE?

El Sistema de la Reserva Federal de Estados Unidos, casi siempre denominado simplemente «la Fed», es el banco central del país. Todos los países, salvo los más pequeños, cuentan con un banco central. Aunque sus nombres –como el Banco de Inglaterra, el Banco de la Reserva de Australia o el Banco Nacional Suizo– difieren del de la Fed, todos son responsables de llevar a cabo la política monetaria de su país: controlar la oferta monetaria y, con ello, influir en los tipos de interés y la actividad económica. Los países que utilizan el euro son la gran excepción: comparten un banco central único, el Banco Central Europeo.

La Fed fue creada en 1913 por el Gobierno de Estados Unidos como una agencia independiente. Tiene su sede en Washington D. C. y cuenta con doce bancos de reserva federales situados en las principales ciudades del país, responsables de supervisar las entidades bancarias dentro de sus respectivas jurisdicciones. La Fed está dirigida por una junta de siete gobernadores, nombrados por el presidente y confirmados por el Senado para mandatos de catorce años. El presidente también designa a uno de ellos (con aprobación del Senado) para ejercer como presidente o presidenta de la Fed durante un período de cuatro años.

Los gobernadores suelen ser figuras destacadas del sector financiero o del mundo académico. Una vez nombrados, no pueden ser destituidos por sus opiniones políticas o por sus decisiones en materia de política monetaria. La duración prolongada de sus mandatos busca protegerlos de las presiones políticas cotidianas. En muchos aspectos, la Fed está estructurada de forma similar al sistema judicial estadounidense: es independiente del Gobierno y sus cargos tienen mandatos largos precisamente para garantizar esa independencia.

La Fed tiene dos misiones principales. La primera es actuar como el banco de los bancos. Las personas, las empresas, los Gobiernos estatales y locales y, en realidad, todas las organizaciones públicas y privadas (excepto los propios bancos) depositan su dinero en los bancos, y éstos, a su vez, lo depositan en la Fed.[1] Del mismo modo que puedes ingresar 100 dólares en tu banco, éste puede depositar esos mismos 100 dólares en su cuenta en la Fed. Tu cuenta corriente o de ahorro en el banco equivale, para los bancos, a su cuenta de reservas en la Fed.

Así como tú puedes optar por conservar tu dinero en efectivo en lugar de ingresarlo en el banco, un banco puede optar por mantener el dinero de sus depositantes en efectivo en lugar de ingresarlo en la Fed. Sin embargo, en la práctica, los bancos mantienen la gran mayoría de sus depósitos en la Fed y no en sus bóvedas bancarias, por la misma razón por la que las personas guardan la mayor parte de su dinero en el banco y no en casa: es más fácil y seguro. Las «reservas bancarias» son los depósitos que los bancos mantienen en la Fed más la relativamente pequeña cantidad de efectivo que el banco mantiene en sus instalaciones. La Fed también supervisa el sistema bancario nacional y establece políticas destinadas a garantizar su solidez y seguridad.

1. Según algunas de las propuestas de creación de monedas digitales de bancos centrales (CBDC) mencionadas en el capítulo 3, la Fed podría llegar a ofrecer cuentas directamente a toda la población.

El otro papel principal de la Fed –y el que resulta más relevante para nuestro análisis de las recesiones– es cumplir su «doble mandato». Por un lado, la Fed tiene el encargo de promover el máximo nivel de empleo (lo que, en la práctica, significa mantener el crecimiento económico). Por otro, debe fomentar la estabilidad de los precios (lo que la propia Fed ha interpretado como mantener la inflación promedio por debajo del 2 % anual).

Antes de que el Gobierno creara la Fed, la economía era mucho más volátil e inestable. Como hemos comentado, los pánicos bancarios y financieros (quiebras bancarias, caídas del mercado, turbulencias económicas, despidos masivos, etcétera) eran frecuentes. Se produjeron al menos trece pánicos financieros distintos en el siglo anterior a la creación de la Fed. Aunque nuestra economía todavía tiene altibajos, por lo general las oscilaciones han sido menos extremas desde que se estableció la Fed.

Sin embargo, este doble mandato (promover al mismo tiempo el máximo empleo y la estabilidad de los precios) impone objetivos algo contradictorios. En el capítulo 3 he mencionado que inyectar gran cantidad de dinero nuevo en la economía haría que las personas gastaran más. Las empresas responderían contratando y produciendo más en la medida de lo posible. Pero si el aumento de la cantidad de dinero fuera mayor que el incremento de la producción, se produciría inflación. Por otro lado, limitar el dinero nuevo para prevenir la inflación podría impedir estimular un gasto suficiente para maximizar el empleo. El objetivo de la Fed es encontrar el punto óptimo: estimular la economía lo suficiente para maximizar el empleo pero sin generar inflación.

Antes de analizar cómo el aumento de la cantidad de dinero (algo propio de la economía financiera) puede tener un impacto tan significativo en el empleo y, por tanto, en la producción (la economía real), debemos explicar primero cómo se crea el dinero nuevo.

¿CÓMO SE CREA EL DINERO?

John Kenneth Galbraith, prolífico economista y asesor de varios presidentes de Estados Unidos, dijo una vez: «El proceso de creación de dinero es tan simple que repugna a la mente».[2] Su definición de «simple» es muy distinta de la mía y sospecho que también de la tuya.

Como hemos visto, «dinero» u «oferta monetaria» se refiere sencillamente al efectivo en circulación más los saldos de las cuentas bancarias. La cantidad de dinero –que representa el poder adquisitivo existente en la economía– casi siempre está aumentando. Por ejemplo, en 1960, la oferta monetaria en Estados Unidos era de unos 312 000 millones de dólares. A finales de 2024, había aumentado aproximadamente 58 veces, hasta alcanzar unos 18 billones de dólares.[3] ¿Cómo ocurre esto y quién recibe esa enorme cantidad de dinero nuevo?

El Congreso otorgó a la Fed el control sobre el proceso de creación del dinero y le prohibió emitir dinero o entregárselo directamente a cualquier persona, empresa o, de hecho, a cualquier rama del Gobierno, incluido el propio Congreso o el Departamento del Tesoro de Estados Unidos. Así pues, en el sistema actual, cuando el Gobierno quiere gastar más dinero, no puede simplemente poner en marcha las imprentas para generar fondos adicionales. El Congreso debe recaudar cada dólar que necesita, ya sea mediante impuestos o endeudamiento.

El Congreso impuso esta restricción sobre sí mismo y delegó en la Fed la potestad de crear dinero al promulgar la ley que estableció su creación. Conviene recordar que el control de la Fed sobre el dinero no fue algo determinado por la naturaleza, sino una decisión adoptada por el Congreso hace más de cien años. Por tanto, un Congreso futuro podría suprimir con facilidad esta restricción, recuperar para sí el poder de crear dinero o establecer un nuevo sistema de creación monetaria.

La razón por la que Estados Unidos y la mayoría de los Gobiernos se han autoimpuesto esta limitación y han delegado en un banco cen-

2. Galbraith, J. K.: *El dinero: de dónde vino y a dónde fue*. Editorial Ariel, Barcelona, 2014, pág. 28.

3. Banco de la Reserva Federal de San Luis: «M1», Federal Reserve Economic Data (FRED). Disponible en: fred.stlouisfed.org/series/M1SL (consultado el 26 de diciembre de 2024). Desde que la Fed modificó la definición de M1 en mayo de 2020 para hacerla más parecida a M2, la cifra de la oferta monetaria correspondiente a 1960 se basa en M2. *Véase*: Banco de la Reserva Federal de San Luis: «M2», Federal Reserve Economic Data (FRED). Disponible en: fred.stlouisfed.org/series/M2SL (consultado el 26 de diciembre de 2024).

tral la autoridad para emitir dinero es que la ausencia de dicha restricción puede ser desastrosa. Cuando los Gobiernos tienen acceso directo a la máquina de hacer dinero, pueden perder el control del gasto y crear tanto dinero que éste acabe perdiendo todo su valor.

¿Cómo sucede exactamente esto? En lugar de subir los impuestos (lo cual es, por decirlo con suavidad, impopular) o endeudarse (lo que puede ser difícil o costoso), el gobierno sólo crea dinero para cubrir el gasto de nuevos programas o de programas en expansión, sobre todo aquellos que considera que lo ayudarán a mantenerse en el poder. Crear más dinero genera inflación, lo que aumenta el coste de esos programas. Entonces el Gobierno crea aún más dinero para cubrir unos programas cada vez más caros. Pero la inflación sigue creciendo, de modo que el Gobierno se ve obligado a crear una cantidad de dinero aún mayor. Esto provoca una tasa de inflación en aceleración constante, conocida como «hiperinflación», que finalmente hace que el sistema monetario del país colapse.

Por ejemplo, en la década de 1920, el Gobierno de Weimar, en Alemania, creó tanto dinero nuevo que se decía que la gente llegó a quemar billetes en lugar de leña para calentar sus casas y que llevaba carretillas llenas de billetes para comprar una barra de pan. Se cuentan historias de comidas en restaurantes que resultaban más caras al pagar la cuenta que al hacer el pedido. Poco después de la Segunda Guerra Mundial, en uno de los peores casos de hiperinflación de la historia, los aumentos de precios en Hungría alcanzaron los 41,9 mil billones por ciento al mes, lo que hizo que el valor total de toda la moneda húngara en circulación se redujera a una fracción de un centavo estadounidense.[4] Más recientemente, el Gobierno de Zimbabue imprimió billetes de 100 billones de dólares (que, en el momento de escribir estas líneas, se venden por unos 10 dólares cada uno en eBay) y la inflación alcanzó los 79 600 millones por ciento al mes. Cuando el dinero pierde su valor de esta manera, las consecuencias pueden variar desde un simple colapso

4. Marton, A.: «Inflation in Hungary after the Second World War», *Hungarian Statistical Review*, n.° especial 15. Disponible en: www.ksh.hu/statszemle_archive/2012/2012_K15/2012_K15_003.pdf (consultado el 4 de febrero de 2015).

económico, como en Zimbabue, hasta una mortandad masiva y una grave amenaza para la civilización mundial.

Cuando la Fed ejerce su prerrogativa de crear dinero y aumentar la oferta monetaria, suele decirse que está «imprimiendo dinero». Estoy a favor de simplificar, pero no de caer en la simplificación excesiva. Probablemente ya sepas por qué tan sólo imprimir billetes no aumentaría la cantidad de dinero en circulación: el nuevo efectivo quedaría guardado bajo llave en una bóveda del Gobierno y nadie podría gastarlo legalmente. A menos que los billetes recién impresos lleguen de manera efectiva a manos de alguien que pueda gastarlos, no generan poder adquisitivo, no afectan a la economía y no tienen más relevancia que una montaña de papeles.

Como hemos comentado, el nuevo efectivo ni siquiera se considera «dinero» hasta que entra realmente en circulación.

Entonces, ¿cómo llega el dinero a circular? A través de los préstamos bancarios. Cuando un banco concede un préstamo, lo hace con dinero completamente nuevo.

Los bancos no cargan nuestras cuentas ni nos piden que entreguemos parte de nuestro propio dinero cuando desean conceder préstamos; simplemente crean ese dinero de la nada. Ya sea que el prestatario reciba esos dólares recién creados en efectivo (que, si es necesario, la Fed proporcionará al banco para que éste los entregue) o como un abono en su cuenta bancaria, la oferta monetaria aumenta en la cantidad total del préstamo. Como suelen decir los economistas, el dinero nuevo se crea mediante el endeudamiento.

Este sistema, mediante el cual la Fed modifica la cantidad de dinero a través de los bancos, se denomina «banca de reserva fraccionaria». En esencia, cuando depositas dinero en un banco, éste sólo retiene una «fracción» de ese dinero como «reserva»; el resto puede prestarlo. La fracción de los depósitos que un banco mantiene como reserva depende, en el momento de escribir estas líneas, de la propia entidad. Antes de 2020, los bancos, en Estados Unidos, por ejemplo, estaban obligados a mantener al menos el 10 % de sus depósitos totales como reservas. Así, por ejemplo, si depositabas 1000 dólares en tu cuenta, el banco podía conservar 100 como reservas y prestar los 900 restantes. Tú sigues teniendo tus 1000 dólares y puedes gastarlos cuando quieras.

Pero, debido al préstamo concedido por el banco a otra persona, ahora también hay 900 dólares completamente nuevos para que el prestatario los gaste. La oferta monetaria ha aumentado en 900 dólares. (Antes del préstamo había 1000 y, gracias a la «magia» del sistema bancario, tras el préstamo hay 1900).

A estas alturas, tal vez estés pensando que todo esto se parece a lo que hacían los banqueros deshonestos hace varios siglos: utilizar los depósitos de las personas para conceder préstamos en beneficio propio. Y no estarías del todo equivocado. Sin embargo, desde entonces se han introducido dos mejoras importantes en el sistema bancario.

En primer lugar, los banqueros de hoy están sujetos a una regulación estricta destinada a garantizar que sus operaciones sean «seguras y sólidas» y que mantengan reservas suficientes.

Cuando un prestatario devuelve un préstamo, el dinero se reincorpora a las reservas del banco. Podemos imaginar las reservas bancarias como un fondo común del que se conceden préstamos de forma constante, se reembolsan y se vuelven a conceder a todo tipo de prestatarios. Si la Fed considera que el nivel de reservas de un banco es insuficiente, puede exigirle que las incremente o que reduzca su volumen de préstamos.

En segundo lugar, a diferencia de los primeros tiempos de la banca, las posibilidades de que hoy se produzca una corrida bancaria son muchísimo menores.

Cuando los banqueros de antaño se enfrentaban a más retiradas de fondos de las que podían cubrir con el metal precioso que tenían en reserva, el banco quebraba y los banqueros huían por su vida. Hoy eso ya no puede ocurrir. ¿Por qué? Por el seguro de depósitos de la Corporación Federal de Seguro de Depósitos (Federal Deposit Insurance Corporation, FDIC), en Estados Unidos, que forma parte del Gobierno federal y asegura los depósitos en los bancos estadounidenses hasta 250 000 dólares por cuenta.

Por tanto, en el caso, extremadamente improbable, de que los depositantes decidieran retirar una cantidad superior a las reservas del banco, éste podría quebrar, pero el FDIC intervendría para garantizar que la gran mayoría de los depositantes cobraran la totalidad de su dinero. El mero hecho de que exista este seguro hace que una corrida bancaria sea mucho menos probable. ¿Para qué correr al banco a sacar tu dinero si sabes que lo recuperarás incluso aunque la entidad quiebre?[5]

Aunque este proceso pueda parecer complicado, es el mecanismo mediante el cual todas las grandes naciones crean dinero. El economista galardonado con el premio Nobel Milton Friedman habló célebremente de una forma mucho más sencilla de aumentar la oferta monetaria, a la que llamó «dinero helicóptero». En concreto, escribió sobre imprimir billetes y dejarlos caer desde un helicóptero. La gente los recogería y, de ese modo, la oferta monetaria aumentaría. Cabe suponer que su ejemplo era una metáfora y que no pretendía dejar caer dinero sobre la población de esa forma; enviarlo por correo sería mucho más ordenado. Aun así, su ejemplo pone de relieve dos puntos importantes. El primero es que existen otras formas de crear dinero además de los préstamos bancarios. El segundo es que el dinero se crea, sencillamente, de la nada (y, en su ejemplo, también se distribuye de la nada).

¿QUIÉN SE BENEFICIA DE LA CREACIÓN DE DINERO?

Cuando se imprimen nuevos billetes y se lanzan desde un helicóptero o (de manera menos caótica) se envían por correo a los ciudadanos, es fácil ver quién se beneficia y en qué medida. Cuando el Gobierno simplemente toma el dinero a medida que sale de las imprentas y lo gasta, como hizo el Gobierno alemán en la década de 1920, también es fácil ver adónde va a parar. Lo que estos sistemas alternativos (y más sencillos) de aumentar la oferta monetaria tienen en común es que implican que el Gobierno decide a quién enriquecer con el dinero nuevo y cuándo, un sistema que puede prestarse fácilmente al abuso y la corrupción y que, como ya se ha comentado, no suele utilizarse en la actualidad.

Entonces, ¿quién se enriquece cuando un banco crea dinero nuevo para conceder un préstamo? Dado que el prestatario debe devolver el dinero al banco (con intereses), no es él quien se enriquece. Puede va-

5. Además, la Fed puede conceder préstamos directamente a los bancos que lo necesiten. Esta medida constituye una protección adicional para los depositantes, ya que la Fed recurriría a ella para evitar una gran perturbación financiera.

lorar y beneficiarse del préstamo, pero no se ha vuelto más rico por ello. El banco, la otra parte de la transacción, sí obtiene un beneficio. ¿Cómo? El banco gana intereses por los préstamos que concede. A riesgo de hacer un mal juego de palabras, así es como un banco hace dinero: literalmente crea dinero nuevo y obtiene beneficios mediante los intereses que cobra por los préstamos.

En realidad, el beneficio del banco derivado del dinero nuevo es menor que el total de los intereses del préstamo, ya que debe utilizar una parte de esos ingresos para pagar intereses sobre los depósitos. No obstante, como puede atestiguar cualquiera que haya tenido simultáneamente un préstamo pendiente (como una deuda de tarjeta de crédito) y dinero en el banco, existe una diferencia considerable entre el tipo de interés que los bancos cobran por un préstamo y el tipo que pagan por un depósito. Esa diferencia, que los banqueros llaman «margen» (o «diferencial»), constituye una fuente importante de beneficios para los bancos. Puede considerarse la comisión que el banco cobra por intermediar entre quienes desean ahorrar (los depositantes) y quienes desean endeudarse. Los bancos desempeñan, sin duda, un papel fundamental en nuestro sistema monetario, por lo que cabe preguntarse: ¿están cumpliendo bien esa función? En concreto, ¿cómo han utilizado el poder de decidir quién obtiene un préstamo, por qué importe y en qué condiciones, así como la facultad de determinar cuánto pagar a los depositantes y qué comisiones cobrarles? Sus decisiones pueden tener repercusiones significativas para innumerables estadounidenses, por ejemplo, y para su capacidad de acceder a determinadas oportunidades.

En general, quienes toman las decisiones en los bancos no son un reflejo muy representativo de la sociedad, en especial desde el punto de vista de los ingresos y la situación económica (debido a los salarios muy superiores a la media que perciben). Esto puede llevarlos a hacer suposiciones sobre la solvencia de determinados grupos o sobre la conveniencia de captar depositantes y conceder préstamos en algunas zonas.

Por ejemplo, durante muchos años las zonas urbanas habitadas sobre todo por minorías étnicas y raciales fueron objeto de la práctica conocida como *redlining* («discriminación hipotecaria») que impedía a las personas de esos barrios obtener la mayoría de los préstamos inmobiliarios. Aunque esta práctica fue prohibida en la década de 1960, los efectos de la falta de inversión en esas comunidades provocaron deterioro y degradación urbana. Además, impidió que muchas personas marginadas acumularan patrimonio durante el auge del valor de la vivienda posterior a la Segunda Guerra Mundial. Esos efectos –y la gran brecha de riqueza a la que contribuyeron– siguen siendo evidentes hoy en día. ¿Perjudicaría a los bancos ampliar su base de clientes? Dadas las características demográficas del sector, es poco probable que sea la propia industria bancaria la que responda a esa pregunta. No obstante, dado que los bancos operan con licencia del Gobierno, éste podría exigirles un mandato más amplio e inclusivo como condición para dicha licencia. Si así fuera, podríamos observar el impacto que unos servicios bancarios más sólidos tendrían en las poblaciones desatendidas y, a su vez, el efecto de esos servicios adicionales sobre los beneficios de los bancos. Es posible que todos –incluidos los propios banqueros– nos lleváramos una grata sorpresa. Por último, tanto si te sientes bien atendido por el sistema bancario como si no, quizá te preguntes qué efecto –si es que tiene alguno– ejerce este sistema de creación de dinero a través de los préstamos bancarios sobre ti y sobre la economía en general. El modo en que este sistema influye en nuestras vidas y en nuestra capacidad para afrontar las recesiones económicas será el tema del siguiente capítulo.

Por ahora, puede resultarte tranquilizador saber que existe una institución más o menos independiente en Estados Unidos, la Reserva Federal, encargada de regular la oferta monetaria, y que ni los «banqueros codiciosos» ni los funcionarios del Gobierno pueden simplemente crear dinero nuevo y apropiárselo. No obstante, el grado de tranquilidad que sientas en este momento podría cambiar cuando analicemos en detalle cómo la Reserva Federal controla la cantidad de dinero y cómo ese control repercute en nuestra economía.

¿CÓMO MODIFICA LA RESERVA FEDERAL LA CANTIDAD DE DINERO?

Los bancos están deseosos de conceder préstamos, ya que los intereses que obtienen por ellos les permiten pagar los intereses que deben a sus depositantes y generar beneficios propios. La Reserva Federal dispone de herramientas para influir en el grado en que los bancos están dispuestos a prestar dinero y, por tanto, también en la cantidad de dinero nuevo que se crea.

El principal modo en que la Reserva Federal influye en la concesión de préstamos y en la creación de dinero es variando el tipo de interés que paga por las cuentas de reservas bancarias. La idea es que, cuanto más interés reciben los bancos por mantener sus reservas, menor es el incentivo para retirarlas y conceder préstamos. Del mismo modo, si un banco obtiene menos intereses (o ninguno) por sus reservas, tiene un mayor incentivo para utilizarlas en la concesión de créditos.

La Reserva Federal tiene la facultad de fijar este tipo de interés, que, en el momento de redactarse este texto, es del 4,4 %. Dado que un banco puede ganar un 4,4 % sobre sus reservas sin hacer nada, no tiene incentivos para conceder préstamos a menos que el tipo de interés que cobre sea superior a ese nivel.

Antes de 2019, la Reserva Federal influía en la concesión de préstamos principalmente mediante modificaciones directas en la cantidad de reservas bancarias. La idea es que un aumento de las reservas bancarias tiende a incrementar los préstamos y la creación de dinero. Del mismo modo, una reducción de las reservas suele disminuir los préstamos y la creación de dinero.

¿Cómo aumentaría la Reserva Federal la cantidad de reservas de un banco? Comprando deuda a la entidad. Un ejemplo permitirá ver cómo funciona este mecanismo. Supongamos que Citibank ha prestado la mayor parte, o la totalidad, de sus reservas. ¿Qué tiene Citibank como contrapartida de todos esos préstamos? Un conjunto de deudas de sus prestatarios: las personas, empresas y administraciones que tomaron dinero prestado de Citibank. Ahora bien, supongamos que la Reserva Federal compra 5000 millones de dólares de esa deuda a Citibank. A cambio, abonaría 5000 millones de dólares en la cuenta de reservas de Citibank. De este modo, Citibank dispondría de 5000 millones más en reservas y, por tanto, de un mayor interés y capacidad para conceder nuevos préstamos y, con ello, crear dinero nuevo.

¿De dónde obtiene la Reserva Federal esos 5000 millones para comprar la deuda? Los crea, simplemente. (Recuerda que en la actualidad utilizamos dinero fiduciario: dinero creado por el propio Gobierno, en concreto por su banco central con la colaboración de bancos privados como Citibank). La Reserva Federal tomó los 5000 millones de deuda de Citibank y los «pagó» aumentando el saldo de la cuenta de reservas de Citibank en sus sistemas informáticos en 5000 millones.

Las «operaciones de mercado abierto» es el nombre del proceso específico mediante el cual la Reserva Federal compra (y vende) deuda a los bancos, ya que lo hace en el mismo «mercado abierto» en el que otras instituciones compran y venden deuda. Estas operaciones no se llevan a cabo en la sede central de la Reserva Federal en Washington D. C., sino en la capital financiera del país, Nueva York. El Banco de la Reserva Federal de Nueva York, uno de los doce bancos regionales del sistema, realiza estas operaciones desde su sede inspirada en un palacio renacentista, situada en el sur de Manhattan (que se puede visitar y donde, de hecho, se ofrecen visitas guiadas con regularidad).

La deuda específica que compra la Reserva Federal suele ser bonos del Gobierno estadounidense, y los adquiere del mismo modo que lo haría cualquier otro comprador de bonos públicos: intentando adquirirlos al precio más bajo posible que convenza al banco para vender. La Reserva Federal ha comprado billones de dólares en bonos de esta manera y, en enero de 2025, poseía más de 6,5 billones de ellos.[6] Los intereses que la Reserva Federal recibe por los bonos que posee financian su propio funcionamiento. Cualquier cantidad que exceda sus gastos se transfiere al Departamento del Tesoro de Estados Unidos y se utiliza del mismo modo que los ingresos procedentes de los impuestos. En 2022, la Reserva Federal transfirió de esta forma 76 000 millones de dólares al Gobierno.[7]

---

6. Banco de la Reserva Federal de San Luis: «Assets: Securities Held Outright: Securities Held Outright: Wednesday Level», Federal Reserve Economic Data (FRED). Disponible en: fred.stlouisfed.org/series/WSHOSHO (consultado el 23 de enero de 2025).

7. Junta de Gobernadores del Sistema de la Reserva Federal: «Federal Reserve Board Announces Reserve Bank Income and Expense Data and Transfers to the Treasury for 2022», *The Federal Reserve Board Press Release* (13 de enero de 2023). Disponible en: www.federalreserve.gov/newsevents/pressreleases/other20230113a.htm#:~:text=During%202022%2C%20Reserve%20Banks%20transferred%20

Si la Reserva Federal está en plena fase de compra masiva de bonos (como ocurrió de forma intensa tras la gran recesión de 2008 y de nuevo después de que el coronavirus golpeara en marzo de 2020),[8] las reservas bancarias aumentarán de manera significativa. A medida que las reservas aumentan, los bancos se interesan más en conceder nuevos préstamos. ¿Por qué? Porque, como hemos comentado, al conceder préstamos los bancos obtienen beneficios a partir de los intereses que cobran a los prestatarios. Pero los bancos necesitan hacer algo para que más personas pidan préstamos: deben reducir los tipos de interés que aplican a esos préstamos.

El tipo de interés es el coste de un préstamo del mismo modo que el precio del billete es el coste de un viaje en avión. Si el Gobierno de repente entregara a cada aerolínea un montón de aviones nuevos, las aerolíneas tendrían que bajar los precios de los billetes para que más personas volaran. Ésa sería la única manera de atraer pasajeros adicionales, llenar los nuevos aviones y obtener beneficios de ellos. De manera similar, cuando la Reserva Federal aumenta las reservas bancarias, los bancos deben reducir los tipos de interés para lograr que más personas pidan préstamos.

La Reserva Federal también puede reducir las reservas bancarias invirtiendo el proceso que se ha descrito. La Fed puede vender bonos a los bancos y restar su precio de la cuenta de reservas del banco. Las reservas así deducidas de la cuenta de un banco por la Fed simplemente desaparecen. Un nivel menor de reservas bancarias reduce la capacidad del banco para conceder préstamos. En lugar de decir a los clientes que solicitan préstamos a última hora del día que se han agotado las reservas necesarias, los bancos simplemente suben los tipos de interés, reduciendo la demanda de préstamos a un nivel que puedan atender. Por lo

---

%2476.0%20billion%20from,%2418.8%20billion%20by%20the%20end%20of%20the%20year

8. Normalmente, la Reserva Federal compra bonos emitidos por el Departamento del Tesoro de Estados Unidos con vencimientos de menos de cinco años a través de sus operaciones de mercado abierto. Tras la gran recesión, llevó a cabo una política de «expansión cuantitativa», lo que significó que empezó a adquirir un espectro mucho más amplio de bonos, incluidos bonos emitidos por otras entidades y con vencimientos más largos.

tanto, los tipos de interés suben, se conceden menos préstamos y se crea menos dinero. En la práctica, la forma habitual en que la Fed reduce la oferta monetaria es dejando que los bonos de su cartera venzan (es decir, permitiendo que se cumpla el principal adeudado bajo el bono). A continuación, acepta el principal de vuelta del emisor del bono y hace que ese reembolso desaparezca.

En concreto, la Fed tiene un intervalo objetivo (por lo general de 0,25 puntos porcentuales) para un tipo de interés particularmente importante: el «tipo de fondos federales». El intervalo objetivo para este tipo de interés, a principios de 2025, era de 4,25 a 4,50 %. Esto supone un aumento respecto al mínimo histórico de 0 a 0,25 %, registrado apenas dos años antes, a principios de 2022. Como era de esperar, la Fed incrementó con rapidez el intervalo objetivo para intentar frenar el repunte de la inflación que siguió al caos que el coronavirus provocó en la economía. Desde que la inflación ha remitido, el intervalo objetivo se redujo desde un máximo de 5,25 a 5,50 % durante 2024.

Como hemos comentado, la Fed no «fija» los tipos de interés de la misma manera que el Gobierno establece los impuestos. En su lugar, impulsa el tipo de fondos federales dentro del intervalo objetivo de la Fed modificando el tipo de interés que paga sobre las reservas bancarias y, en menor medida actualmente, mediante la compra o la venta de bonos a los bancos a través de sus operaciones de mercado abierto.

¿Qué es el tipo de fondos federales? Es el tipo de interés que los bancos se cobran entre sí por préstamos a un día (*overnight*). Por ejemplo, un banco podría haberse comprometido a conceder demasiados préstamos. En ese caso, podría tomar prestadas reservas de otro banco y pagaría un tipo de interés igual al tipo de fondos federales por ese préstamo.

Este tipo de interés, que puede parecer oscuro o poco relevante, puede resultar irrelevante para la mayoría de las personas. No obstante, influye en todos los demás tipos de interés, desde el de tu préstamo hipotecario hasta el de tu saldo de tarjeta de crédito, e incluso el que pagarías si necesitaras un préstamo para iniciar un negocio. El tipo de fondos federales es el interés de un préstamo con riesgo prácticamente nulo (como un préstamo a un día a un banco). Por lo tanto, establece un mínimo para el tipo de interés de todos los demás préstamos. Cuánto más alto será el tipo de interés de cualquier otro préstamo depende de la solvencia del prestatario, de la duración del dinero prestado, del propósito del préstamo y de muchos otros factores.

Puedes pensar en el tipo de interés de un préstamo concreto como la prima de un seguro para un automóvil específico. La aseguradora tiene un precio base para un conductor perfecto, en un barrio perfecto y con un coche perfecto. Una persona real en el mundo real pagará una prima más alta. Esta persona pagará ese precio base incrementado por todo tipo de razones, como un mal historial de conducción, reclamaciones de seguro anteriores, vivir en una zona con alta criminalidad o tener un vehículo deportivo.

En lo que respecta a un préstamo, ese precio base es el tipo de fondos federales. El tipo de interés real de cualquier préstamo es ese tipo base incrementado para compensar al prestamista por el riesgo asociado a un prestatario y a un préstamo concretos. A veces, el riesgo adicional es pequeño y el tipo de interés del préstamo está próximo al tipo de fondos federales, como ocurre cuando Apple Inc. pide dinero prestado. En otras ocasiones, el riesgo adicional es elevado y el tipo de interés del préstamo es mucho mayor que el tipo de fondos federales, como cuando un prestamista usurero presta dinero a un jugador.

Cuando el tipo de fondos federales baja, todos los tipos de interés tienden a bajar, las personas solicitan más préstamos y se crea más dinero. Cuando el tipo de fondos federales sube, todos los tipos de interés tienden a subir, las personas solicitan menos préstamos y se crea menos dinero. Cómo pueden afectar los cambios en los tipos de interés a la economía y ayudar durante una recesión (algo que quizá ya puedas anticipar) es el tema del siguiente capítulo.

12

POLÍTICA MONETARIA

¿Cómo combate la Reserva Federal las recesiones económicas?

Desde su fundación en 1913, la Reserva Federal se ha descrito a sí misma como una agencia «independiente», gestionada por servidores públicos desinteresados que se esfuerzan por «afinar» la economía mediante la política monetaria.
En la práctica, sin embargo, una institución gubernamental apolítica es tan probable como un gato que ladre.

Thomas DiLorenzo, profesor de economía, Escuela de Negocios Sellinger, Universidad Loyola Maryland

¿CÓMO AFECTA A NUESTRA ECONOMÍA EL CAMBIO EN LA CANTIDAD DE DINERO?

En nuestra discusión sobre la inflación hemos hecho una analogía entre la economía nacional y una subasta en la que todos los participantes recibían cierta cantidad de «dólares ficticios» para comprar los bienes expuestos. Si la cantidad de esos dólares ficticios aumenta sin que se incremente el número de bienes a la venta, la gente pujará y pagará más por cada bien.

El cambio en la economía financiera (un aumento de la cantidad de dinero) afecta únicamente a la economía financiera (provoca inflación); no tiene impacto en la economía real (la cantidad de bienes disponibles para la venta).

Ahora bien, imaginemos que aumentar la cantidad de dólares ficticios hiciera que se incrementara también el número de bienes a la venta en la subasta. Eso es justo lo que ocurre cuando la economía funciona por debajo de su capacidad, como en una recesión, y se crea dinero nuevo. En ese caso, la economía financiera influye en la economía real: más dinero conduce a más bienes y servicios. ¿Cómo sucede eso?

La respuesta a esta pregunta, como la de tantas otras planteadas en este libro, se encuentra en el ámbito de la psicología. Un aumento de la cantidad de dinero en circulación hace que la gente se sienta más optimista y esperanzada. Las personas se fijan más en el efectivo que llevan en la cartera y en el saldo de su cuenta bancaria, y menos (en realidad, nada) en la distinción entre la economía financiera y la economía real que hemos hecho en este libro. Los empresarios se vuelven más optimistas respecto a su capacidad para obtener beneficios (o, si se prefiere, deja aflorar su codicia) y empiezan a reincorporar a los trabajadores desempleados, a poner de nuevo en marcha las fábricas infrautilizadas y a reactivar los recursos inactivos. El mayor flujo de dinero en circulación anima a los consumidores a gastar más en esa nueva producción. En esencia, así es como la Reserva Federal aplica la llamada «política monetaria».

Aunque la idea de que crear más dinero impulsa la actividad económica durante una recesión puede ser una de las partes más intuitivas de este complejo proceso, unos cuantos ejemplos ayudarán a entender mejor cómo funciona en la práctica.

Si pienso que sería buena idea ampliar mi casa y el tipo de interés de un préstamo con garantía hipotecaria (o de cualquier otro préstamo, en realidad) baja, es más probable que pida el dinero prestado y haga esa ampliación. Si una empresa considera construir una nueva fábrica y el tipo de interés del préstamo necesario para financiarla disminuye, es más probable que el proyecto resulte rentable y que la fábrica llegue a construirse. En ambos casos, la actividad económica real aumenta porque han bajado los tipos de interés, debido a que la Reserva Federal ha incentivado a los bancos a conceder préstamos con sus reservas.

Sin embargo, éste es sólo el primer ciclo de actividad económica generado por la creación de dinero nuevo. El propietario de la vivienda contrata a un arquitecto, un contratista y varios trabajadores para llevar a cabo la ampliación, quienes, a su vez, gastan buena parte del dinero que reciben. Esos trabajadores pueden salir a cenar, comprar ropa adicional, hacer viajes más caros o incluso ampliar sus propias casas. De forma similar, la empresa contrata a distintas personas para construir y, finalmente, operar la fábrica, las cuales, a su vez, gastan una parte considerable del dinero que ganan en todo tipo de bienes y servicios.

Por lo tanto, el nuevo gasto posibilitado por el préstamo bancario original genera sucesivas rondas de actividad económica. El propietario del restaurante donde comió el trabajador que realizaba la ampliación de la vivienda también verá aumentar sus ingresos y, a su vez, gastará al menos una parte de ese dinero. Cada ronda sucesiva de gasto es menor que la anterior, ya que la gente no gasta todo lo que gana: ahorra una parte de sus ingresos. Aun así, el aumento total del gasto y de la producción económica puede ser varias veces superior al importe del préstamo original.

Éste es otro ejemplo del efecto multiplicador que hemos mencionado al hablar de los ingresos procedentes de las exportaciones: el cambio total en el gasto es un «múltiplo» del gasto inicial, que en este caso se originó con el préstamo bancario.

Un aumento del crédito conduce a un aumento del gasto, que, a su vez, genera un aumento de los ingresos. ¿Y qué ocurre cuando los ingresos suben? La gente invierte y consume aún más. ¿Y qué sucede cuando la gente invierte y consume aún más? Los ingresos aumentan todavía más. Éste es el equivalente optimista del fenómeno de pesimismo y contracción económica descrito en el capítulo 10 en relación con una recesión. En este caso, la economía entra en una fase de crecimiento a medida que el gasto y los ingresos se incrementan. Llamarlo una «espiral ascendente» sería una exageración, pero representa lo opuesto a la espiral descendente de una recesión.

Estimular la actividad económica de este modo se denomina «política monetaria expansiva». La Reserva Federal utiliza las herramientas que hemos descrito en el capítulo anterior para incentivar a los bancos a conceder préstamos. Por ello, los bancos reducen los tipos de interés para poder otorgar más créditos, lo que estimula el gasto y la economía. La mayoría de la gente se refiere a este proceso complejo simplemente como «bajar los tipos de interés», ya que ése es el eje central de la política monetaria expansiva y el mecanismo mediante el cual se impulsa la actividad económica.[1]

Entonces, ¿por qué la Reserva Federal no sigue inyectando más y más dinero en la economía para estimularla aún más? Ese comportamiento garantizaría el cumplimiento de una parte de su doble mandato: promover el máximo empleo. Pero, como imagino que ya sabes, provocaría el incumplimiento de la otra parte de ese mandato doble: mantener la estabilidad de los precios.

En un momento dado, casi todas las personas que desean trabajar y son capaces de hacerlo consiguen un empleo y la economía vuelve a funcionar a plena capacidad. ¿Seguirá existiendo cierto desempleo? Por supuesto. Incluso en los períodos de auge, hay personas que carecen de las habilidades necesarias para mantener un empleo, que están entre trabajos o que esperan una mejor oportunidad. Pero una vez que la recesión ha terminado y existen al menos algunas oportunidades para prácticamente todas las personas que desean y son capaces de trabajar, inyectar más dinero en la economía y aumentar el gasto no se traduciría en más empleo ni en un mayor nivel de producción. La economía está operando a plena capacidad, y más dinero sólo provocaría inflación: la cantidad de dinero aumentaría, pero no la producción.

En el caso de que la economía se esté recalentando y la inflación empiece a ganar impulso (demasiado dinero persiguiendo pocos bienes), la Reserva Federal puede hacer lo contrario de lo que hace durante una recesión: subir los tipos de interés y, de ese modo, reducir la oferta monetaria. Menos dinero reduce la inflación. Esta medida se denomina «política monetaria restrictiva», y es lo opuesto de la política

1. Cuando los tipos de interés se sitúan cerca de cero o, como ocurrió durante un breve período de tiempo en algunos países europeos, llegan a caer ligeramente por debajo de ese nivel, la posibilidad de seguir estimulando la economía mediante una reducción adicional de los tipos de interés deja de ser una opción. Los costes de endeudamiento son ya tan bajos que no hay margen para reducirlos más y fomentar así un mayor endeudamiento. (Los tipos de interés no pueden bajar mucho por debajo de cero, porque si lo hicieran, la gente dejaría de prestar dinero y optaría por mantener sus ahorros en efectivo). Los economistas llaman a esto «problema del límite cero» y este fenómeno hace que la política monetaria resulte ineficaz para contrarrestar una recesión económica.

monetaria expansiva. La mayoría de la gente se refiere a la política monetaria contractiva simplemente como «subir los tipos de interés», ya que ése es el objetivo de dicha política.

¿CÓMO DECIDE LA RESERVA FEDERAL SU POLÍTICA MONETARIA?

Cuando la Reserva Federal considera que la economía podría necesitar un impulso, aplica una política monetaria expansiva. Pero ¿cómo sabe la Fed cuándo la economía necesita ese estímulo? A veces es evidente, como cuando la economía está en recesión. Otras veces no lo es tanto, por ejemplo, cuando la economía parece funcionar bien, pero se vislumbra una desaceleración (o algunas personas creen que podría avecinarse una). La Fed analiza todo tipo de datos sobre gasto, ingresos, variaciones de inventarios, actividad de endeudamiento, precios de los activos, beneficios empresariales, actividad en la construcción y prácticamente cualquier indicador que pueda ofrecer pistas sobre hacia dónde se dirige la economía.[2]

A pesar de la sofisticación de este proceso, evaluar el rendimiento económico o su potencial es en realidad más un arte que una ciencia. Cuando yo estudiaba en la universidad (hace ya mucho tiempo), aprendíamos que cualquier intento de la Fed por reducir la tasa de desempleo por debajo del 6 % estaba condenado a provocar una inflación creciente. La teoría sostenía que, dado que había muy pocos trabajadores disponibles al margen del mercado laboral dispuestos a incorporarse en ese punto, cualquier intento de estimular la economía requeriría incrementos continuos de la oferta monetaria, lo que a su vez generaría aumentos continuos de la inflación. Sin embargo, antes de la pandemia de coronavirus, la tasa de desempleo se había mantenido claramente por debajo del 6 % durante varios años, sin mostrar señales

2. El Comité Federal de Mercado Abierto (Federal Open Market Committee, FOMC) de la Fed es el encargado de este proceso. Está compuesto por doce miembros: los siete gobernadores de la Fed, el presidente del Banco de la Reserva Federal de Nueva York y cuatro de los once presidentes restantes de los Bancos de Reserva, que cumplen mandatos de un año por turnos.

de una inflación al alza. En el momento en que se escribe este texto, el desempleo también está muy por debajo del 6 % y la inflación ha bajado en gran medida desde la pandemia. La lección que he aprendido es que los modelos matemáticos que ofrecen cifras precisas pueden ser muy útiles en las ciencias, pero resultan mucho menos útiles para predecir lo que impulsa la economía: el comportamiento humano.

La Reserva Federal se enfrenta a problemas similares cuando decide cuánta inflación debería tolerar antes de intentar enfriar la economía mediante la aplicación de una política monetaria restrictiva. Su objetivo actual es un promedio del 2 % anual. ¿Por qué 2 % y no 0 %? Porque un aumento gradual de los precios da a las personas un pequeño incentivo para gastar dinero y mantener la economía sólida. Por ejemplo, si se espera que el precio de un vehículo nuevo suba un 2 % cada año en lugar de mantenerse constante, algunas personas podrían sentirse motivadas a comprar el vehículo antes que después. Una inflación moderada también eleva los tipos de interés, lo que le da a la Fed más margen para reducirlos si fuera necesario. Por lo tanto, una cantidad moderada de inflación ayuda a la Fed a cumplir su objetivo de maximizar el empleo, mientras mantiene los precios relativamente estables.

A pesar de la apariencia objetiva de un objetivo de inflación del 2 % anual en promedio, es muy subjetivo decidir cuándo se alcanzará dicho objetivo y qué debe hacer la Fed al respecto. En otras palabras, si la inflación está muy por debajo del objetivo, pero consideran que comenzará a promediar más del 2 % en algún momento del futuro cercano (o no tan cercano), podrían muy bien aplicar una política monetaria restrictiva o podrían no hacerlo. Si parece que la Fed tiene mucho margen de discreción y se enfrenta a gran incertidumbre sobre qué debería hacer, entonces he logrado describir bien este proceso.

Entre 2016 y 2018, la Fed aplicaba una política monetaria restrictiva, subiendo los tipos de interés. La inflación estaba muy por debajo del objetivo del 2 %, pero la Fed estaba preocupada de que no se mantuviera así. ¿Justificaba ese temor enfriar la economía, potencialmente causando que algunos trabajadores perdieran sus empleos? ¿Y qué hay del efecto sobre el mucho mayor número de trabajadores que no los perdieron? Menos empleos alternativos y una disminución de la actividad económica dificultan que los trabajadores obtengan aumentos salariales y asciendan en la escala económica. ¿Es justo sacrificar empleos y oportunidades económicas por el simple temor a la inflación de los responsables de la Fed? Si hubiéramos creído a nuestros profesores cuando nos decían que el desempleo no podía bajar del 6 % sin acelerar la inflación, quizá nunca hubiéramos reducido el desempleo al 4,1 % (la cifra actual en el momento de escribir esto), incrementando la producción y ofreciendo empleos y oportunidades a millones de estadounidenses.

William McChesney Martin, presidente de la Fed durante las décadas de 1950 y 1960, habló sobre la dificultad de decidir cuánto bajar los tipos de interés para sacar a la economía de una recesión, sin que ello genere inflación. Dijo que el trabajo de la Reserva Federal es retirar la ponchera justo cuando la fiesta está comenzando. Como sabe cualquiera que haya organizado una fiesta que se descontrola, el momento de retirar la ponchera suele ser evidente sólo después de que ha estado fuera demasiado tiempo.

El trabajo de la Fed de gestionar el nivel de la actividad económica tiene consecuencias enormes para todos los estadounidenses. ¿Se están tomando estas decisiones de la mejor manera posible? ¿Deberíamos, como ha defendido el congresista Ron Paul de Texas, «End the Fed»?[3]

¿END THE FED?

Winston Churchill concluyó que la democracia es la peor forma de gobierno, excepto por todas las demás. Creo que lo mismo puede decirse del Sistema de la Reserva Federal. Centenares de años de prueba y error nos han llevado al punto en que nos encontramos hoy, donde la gran mayoría de las naciones ha delegado el control de su oferta monetaria a un banco central. No hemos abandonado el control de esta función crítica vinculándola al tamaño de un montón de metales preciosos, como hacíamos cuando estábamos bajo el patrón oro. Tampoco se lo hemos delegado a banqueros del sector privado o, en el caso de la mayoría de las monedas virtuales, a ciberentusiastas anónimos. Cada

3. Literalmente, «Acabar con la Fed» *(N. del T).*

uno de esos métodos limitaría nuestra capacidad como nación para responder a las recesiones y proteger los empleos y el poder adquisitivo de las personas. Esos métodos pueden funcionar en algunos modelos teóricos, pero en el mundo real, complejo y desordenado, impondrían un corsé a la política económica y nos obligarían a permanecer pasivos mientras la gente sufre.

En cambio, el Gobierno ha creado una entidad independiente, supervisada por personas con experiencia en economía, finanzas y banca. El control de la Fed sobre la oferta monetaria (y, en consecuencia, sobre los tipos de interés) ha reducido con el tiempo los vaivenes del ciclo económico. Ha contribuido a limitar las recesiones económicas y el sufrimiento real que éstas infligen a muchas personas.

Sin embargo, los juicios sobre si expandir o contraer la actividad económica son tomados por personas que no son representativas de la sociedad y que pueden estar desconectadas del ciudadano medio. Las personas seleccionadas por el presidente y confirmadas por el Senado como gobernadores de la Fed, así como el grupo mucho más amplio de personas que ayudan a decidir e implementar la política en la Fed y en los bancos regionales de reserva, probablemente tengan puntos de vista muy diferentes a los de la mayoría de los trabajadores. Muchos estadounidenses luchan por pagar sus facturas, se enfrentan a la inseguridad laboral (ya que la mayoría de las personas no cuentan con contratos de trabajo de catorce años como los de los gobernadores de la Fed) y se preocupan por una gran cantidad de eventos que podrían llevarlos al límite financiero.

En el momento de escribir estas líneas, de los siete gobernadores de la Fed, tres son republicanos y cuatro demócratas, y todos han ocupado puestos de alto nivel significativos en la industria financiera.[4] Los actuales gobernadores de la Fed son, sin duda, más diversos desde el punto de vista de género y étnico que en el pasado. Pero la forma en que piensan puede no ser tan diversa. Por ejemplo, en los diecinueve años

4. En septiembre de 2025, el equilibrio político de la Junta de Gobernadores cambió y la mayoría pasó a estar dominada por republicanos. Stephen Miran, asesor económico del presidente Donald Trump, fue confirmado por el Senado con una votación de 48 a 47, reemplazando a Adriana Kugler, quien renunció inesperadamente por desacuerdos con su partido, el Demócrata *(N. del T).*

anteriores a 2024, todos los gobernadores de la Fed estuvieron de acuerdo con cada decisión sobre cambios en los tipos de interés. Dada la elección entre arriesgarse a la inflación y causar dolor económico a potencialmente millones de trabajadores al ralentizar la economía, me pregunto si estas personas tomarían las mismas decisiones que tomaría un estadounidense medio.

La mayoría de las personas presta mucha menos atención a los candidatos que el presidente propone para la Fed que a los que propone para la Corte Suprema. La industria financiera es la excepción, ya que sigue de cerca estas designaciones, proporciona a la mayoría de los candidatos y mantiene un contacto estrecho con ellos una vez que ocupan el cargo. Debemos reconocer que los gobernadores de la Fed afectan a nuestra economía tanto como los jueces de la Corte Suprema afectan a nuestros derechos como ciudadanos. Por lo tanto, debemos ser igual de vigilantes respecto a quién se nombra en la Fed que respecto a quién se nombra en la Corte Suprema y, a riesgo de decir lo obvio, respecto a quién ocupa la Casa Blanca para hacer esos nombramientos.

Ahora pasamos a la otra herramienta principal utilizada para combatir las recesiones económicas: la política fiscal.

13

POLÍTICA FISCAL

¿Cómo pueden el gasto público y las políticas fiscales combatir las recesiones?

La contribución de John Maynard Keynes no fue sólo abogar por gastar dinero del Gobierno en medio de una recesión. Todos los Gobiernos lo habían hecho desde los tiempos de la hambruna de la patata en Irlanda. Lo que nos aportó fue una forma de pensar sobre la magnitud y las dimensiones.

PAUL SAMUELSON, economista galardonado con el premio Nobel

¿CUÁL ES EL PAPEL DEL GOBIERNO EN LA LUCHA CONTRA UNA RECESIÓN?

El papel de la Reserva Federal, en Estados Unidos, como hemos discutido en el capítulo anterior, es mantener el crecimiento económico y responder a cualquier recesión real o inminente mediante la aplicación de política monetaria expansiva: bajar los tipos de interés y, de ese modo, incentivar el endeudamiento y el gasto. Sin embargo, durante una recesión, las personas reducen su gasto. Por lo tanto, el menor coste de un préstamo, al igual que el menor coste de casi cualquier cosa durante una recesión, puede no atraer nuevos clientes. Además, cuanto más profunda es la recesión, menos probable es que la reducción del coste de los préstamos genere un aumento en el endeudamiento y el gasto. Lo que la economía necesita es algo que la Fed no puede ofrecer: un aumento real del gasto en bienes y servicios. Cuando los consumidores no gastan y las empresas no invierten, la tarea de gastar y poner en marcha de nuevo la economía recae en el Gobierno (el Congreso y el presidente).

Antes de la década de 1930, la mayoría de los economistas veía el ciclo económico como vemos el clima: varía entre bueno y malo, y no hay mucho que podamos hacer para influir en él. Creían que los mercados eran «autorregulables» y que, a largo plazo, una economía débil encontraría su camino de regreso a algún tipo de nivel normal de actividad. Específicamente, pensaban que una economía débil al final haría que los trabajadores desempleados siguieran reduciendo sus demandas salariales hasta que los empleadores con fábricas e instalaciones inactivas se interesaran en volverlos a contratar. Incluso hoy en día, todavía hay algunas personas, aunque pocos economistas, que se oponen a la acción del Gobierno para ayudar a la economía. Sus ideas se resumen bien con el término «economía YOYO», acrónimo de *you're on your own* («estás por tu cuenta»).

Los defensores de la economía YOYO se centran en la disminución de los gastos de un empleador, pero olvidan el otro lado del balance del empleador. Si hay poca demanda de los productos o servicios del empleador, éste no tendrá mucho interés en aumentar la producción ni en contratar nuevos empleados, sin importar lo bajos que puedan ser los salarios. Podrías preguntarte por qué los primeros economistas no reconocieron que los productores no producirán lo que los consumidores no comprarán. El hecho de que fueran casi exclusivamente hombres privilegiados, con riqueza familiar o un puesto en la universidad (o ambos) que los protegía del daño que las recesiones infligían a la mayoría de los trabajadores probablemente explica por qué eran en gran medida ciegos a este problema. Uno de ellos, el economista John Maynard Keynes, rompió la disciplina en los primeros años de la década de 1930. Pensó que el Gobierno necesitaba responder al sufrimiento real que muchas personas estaban soportando como consecuencia de la Gran Depresión. No se consoló con la predicción de que, a largo plazo, todo se resolvería, porque, como se ha afirmado, «a largo plazo, todos estaremos muertos».

No hacer nada y limitarse a esperar a que termine una recesión tiene costes importantes, además del dolor causado por el desempleo y los menores ingresos. Los trabajadores despedidos comienzan a perder habilidades y se reducen sus posibilidades de recuperar sus antiguos empleos una vez que la recesión termina. Cuanto más se prolonga la recesión, mayor es la probabilidad de que nunca vuelvan al mercado laboral, en especial si son mayores o tienen historiales laborales irregulares. Los nuevos participantes en la fuerza laboral no pueden empezar a desarrollar sus habilidades ni a ser productivos. Las personas que entran en el mercado laboral en una economía deprimida no sólo consiguen salarios más bajos en su primer empleo, sino que también perciben menores ingresos a lo largo de toda su vida en comparación con quienes entran con una economía fuerte. Finalmente, las recesiones prolongadas añaden combustible a las tensiones sociales existentes, haciendo que las personas estén más enfadadas y menos dispuestas a colaborar de manera constructiva.

El Gobierno tiene la clave para romper el ciclo de menor gasto y caída de ingresos. Durante una recesión, cuando consumidores y empresas se retraen, no hay nada que detenga la espiral descendente si el Gobierno no interviene. El Gobierno es, esencialmente, el gastador de último recurso.

Cómo debe gastar el Gobierno durante una recesión depende de la razón por la que la economía se desaceleró en primer lugar. Como se ha discutido, la mayoría de las recesiones, como la Gran Depresión y la gran recesión de 2008, se deben a un «shock de demanda», una caída repentina en el gasto de las personas. Otras recesiones, como la provocada por el coronavirus, se deben a un «shock de oferta», un impacto físico que reduce la capacidad de la economía para producir. Discutiremos en las páginas siguientes la mejor respuesta del Gobierno a cada uno de estos shocks por separado.

¿CÓMO DEBE RESPONDER EL GOBIERNO A UNA RECESIÓN POR SHOCK DE DEMANDA?

Los historiadores suelen atribuir a John Maynard Keynes la propuesta de soluciones gubernamentales para las recesiones causadas por caídas en el gasto de consumidores y empresas. Sus ideas no eran del todo originales, pero, como muchas personas famosas, se le reconoció por popularizarlas y lograr que se implementaran en el mundo real. Keynes defendía que el Gobierno aumentara su gasto y/o redujera los impuestos para reactivar la economía. La política de impuestos y gasto del Gobierno se denomina «política fiscal». Aumentar el gasto y/o reducir los impuestos para combatir una recesión se llama «estímulo de política fiscal» o, más simplemente, «estímulo».

¿Por qué ayudaría esto a la economía? Así como cada nuevo dólar de gasto del sector privado genera un nuevo dólar de ingresos para alguien, cada nuevo dólar gastado por el Gobierno o por un individuo que acaba de recibir una reducción de impuestos también genera un nuevo dólar de ingresos para alguien. ¿Y qué sucede cuando las personas tienen más ingresos? Gastan más. ¿Y qué pasa cuando gastan aún más? Tienen aún más ingresos. (A estas alturas ya eres un experto en este fenómeno). Se reduce el pesimismo económico y la economía entra en una nueva fase de crecimiento, de la misma manera que una persona puede salir de un estado de ánimo sombrío gracias a un nuevo empleo con mayores ingresos.

Parte del nuevo gasto y/o las reducciones de impuestos en una recesión se producen de manera automática, lo cual es excelente considerando la eficiencia y rapidez con la que el Congreso suele reaccionar a los problemas.[1] Específicamente, durante una recesión, aumenta el gasto gubernamental en programas existentes (como el seguro de desempleo, cupones de alimentos, subsidios de seguro médico y otros programas de asistencia social) a medida que más personas cumplen los requisitos previamente establecidos para recibir beneficios bajo dichos programas. Además, la cantidad de impuestos que las personas deben pagar disminuye a medida que pierden empleos o ingresos. Estos «estabilizadores automáticos» pueden activarse incluso antes de que los funcionarios del Gobierno u otros se den cuenta de que la economía ha disminuido. Como resultado, ayudan no sólo a las perso-

1. La eficiencia del Congreso para responder a las recesiones económicas se resume en el siguiente titular: «Fed Chief Sees Decline Over; House Passes Recovery Bill» («El jefe de la Fed ve el fin del descenso; la Cámara aprueba el proyecto de ley de recuperación»), publicado en el *The New York Times* el 8 de marzo de 2002.

nas que atraviesan dificultades económicas, sino a toda la población, ya que contribuyen a estabilizar la economía en general. Cuando quienes sufren económicamente reciben asistencia financiera, gastan el dinero con rapidez, lo que apoya de inmediato a empleos y negocios.

El senador Bernie Sanders[2] y otros políticos han propuesto un estabilizador automático aún más potente: un empleo federal garantizado. Estos empleos federales aumentarían en número durante una recesión a medida que las personas acudieran a ellos, y disminuirían conforme la economía mejorara y la gente regresara al sector privado. Las personas con estos empleos podrían ayudar a reparar nuestra infraestructura envejecida, mejorar las oportunidades educativas en barrios desfavorecidos, atender la creciente necesidad de cuidado de ancianos y hacer que las ciudades de Estados Unidos sean más limpias y verdes. Esto sería mucho mejor que mantener el desempleo tanto para quienes obtienen estos nuevos empleos como para la economía en general. Un programa de este tipo probablemente sería costoso, pero preocuparse por el monto del gasto gubernamental durante una recesión es como preocuparse por la factura del agua cuando tu casa está en llamas.

Determinar cuánto dinero necesita inyectar el Gobierno en la economía como estímulo es una pregunta difícil de responder, incluso para los economistas. Como puedes deducir, la razón por la que es tan difícil es que gran parte de la economía está impulsada por la psicología. La cantidad de gasto gubernamental necesaria para romper el pesimismo y devolver el optimismo a la gente no es una excepción. Trata de cuantificar exactamente cuántas cosas buenas tendrían que ocurrir para que un amigo desanimado recupere su antiguo ánimo y comprenderás lo difícil que es precisar cuánto estímulo se necesita para que la economía vuelva a encarrilarse. La mejor estrategia es gastar más, reducir impuestos, vigilar lo que sucede en la economía y ajustar según sea necesario.

La reacción a la Gran Depresión ilustra la dificultad de determinar cuánto estímulo se necesita durante una recesión. En la década de

2. Bernie Sanders es un político estadounidense identificado con la izquierda progresista y el socialismo democrático, conocido por defender políticas de gasto público expansivo y programas de bienestar social *(N. del T).*

1930, el Gobierno respondió a la crisis gastando mucho en proyectos del New Deal:[3] electrificación de las zonas rurales de Estados Unidos, mejora de carreteras, creación de arte a través de la Works Progress Administration[4] y construcción de infraestructura en todo el país, como la presa Hoover, en el río Colorado, y la Henry Hudson Parkway, en Nueva York. Sin embargo, la economía nunca despegó de verdad hasta la entrada de Estados Unidos en la Segunda Guerra Mundial, lo que llevó a algunos a la problemática conclusión de que la guerra es buena para la economía.

La realidad es que la guerra es muy muy perjudicial para la economía y para los seres humanos reales a los que se supone que la economía debe servir. La guerra mata personas, destruye infraestructura y desvía la producción de las cosas que las personas quieren hacia las cosas necesarias para ganar la guerra. La economía estadounidense despegó cuando entró en la Segunda Guerra Mundial tan sólo porque la amenaza a innumerables vidas que representaban Alemania y Japón impulsó al Gobierno a gastar cantidades que habrían sido impensables en tiempos de paz. Las armas de guerra en las que el Gobierno gastó no beneficiaron a los consumidores, pero el dinero que ganaron los trabajadores empleados para fabricarlas sí lo hizo. Estos trabajadores gastaron el dinero que ganaron, aumentando así los ingresos y el gasto, y situando la economía de nuevo en el camino del crecimiento.

Por suerte, en la mayoría de las recesiones económicas no nos enfrentamos a una amenaza mayor como la de ganar una guerra. Por lo tanto, tenemos opciones sobre cómo gastar el dinero de estímulo y/o reducir impuestos. Estas opciones son el tema de las siguientes dos secciones.

---

3. Conjunto de programas, políticas y proyectos implementados por el presidente Franklin D. Roosevelt en Estados Unidos entre 1933 y 1939 para combatir los efectos de la Gran Depresión *(N. del T).*

4. Agencia creada el 6 de mayo de 1935 por una orden presidencial en el marco del New Deal. Su misión era dar empleo a millones de desempleados a lo largo de Estados Unidos, para que ejecutasen programas de obras públicas *(N. del T).*

Estímulo para personas de altos ingresos frente a personas de bajos ingresos

Poner dinero en los bolsillos de personas con bajos ingresos o desempleadas proporciona un estímulo mucho más inmediato para la economía que ponerlo en los bolsillos de los ricos. Como hemos afirmado, las personas con bajos ingresos y, en particular, aquellas que pasan por dificultades económicas, tienden a gastar inmediatamente cualquier dinero extra que reciban, lo que estimula así la economía de manera inmediata. Los proyectos del New Deal que emplearon a un gran número de trabajadores (muchos de ellos desempleados) para construir parques, carreteras y otras instalaciones públicas son ejemplos perfectos de gasto de estímulo que se incorporó a la economía. ¿El único arrepentimiento en retrospectiva sobre los proyectos del New Deal? No fueron lo bastante grandes ni ambiciosos como para poner fin a la severa recesión.

En respuesta a la gran recesión de 2008, el Gobierno centró la mayor parte de sus centenares de miles de millones de dólares en gasto de estímulo en los bancos e instituciones financieras en lugar de en los propietarios de viviendas en apuros. Si el Gobierno hubiera enfocado la ayuda en los propietarios de viviendas, se podría haber evitado un gran sufrimiento, tanto para los propietarios que se enfrentaban al desalojo como para las comunidades devastadas por casas desocupadas. Además, gastar en los propietarios habría ayudado al Gobierno a alcanzar su otro objetivo: salvar al sector financiero. En lugar de canalizar dinero directamente a los bancos para garantizar su solvencia, el Gobierno podría haber dirigido el dinero a los propietarios en dificultades, evitando que los bancos perdieran dinero en primer lugar. ¿Por qué no ocurrió esto?

Los funcionarios del Gobierno que elaboraban el paquete de ayuda estaban en contacto constante con los banqueros, no con los propietarios en apuros.

De hecho, muchos de estos funcionarios eran exbanqueros o aspirantes a banqueros. Pocos, si acaso, eran propietarios de viviendas en dificultades. Éste es otro ejemplo de captura regulatoria que hemos discutido en el capítulo 2. Los funcionarios del Gobierno se identifican más con las empresas reguladas que con el público en general, con quienes suelen tener menos contacto y menos cosas en común.

Por otro lado, en justicia con el Gobierno, los programas para ayudar a los propietarios de viviendas en dificultades requieren un tiempo considerable para planificarse, coordinarse e implementarse. Reforzar las finanzas de los bancos podría ser, y de hecho fue, llevado a cabo en cuestión de días. Las políticas implementadas en respuesta a la gran recesión reflejaron estas consideraciones y la necesidad de actuar con rapidez.

Rescates corporativos

El tipo de gasto de estímulo que suele recibir apoyo entusiasta tanto de políticos demócratas como republicanos son los llamados rescates corporativos.

Estos rescates implican otorgar fondos o prestar dinero en condiciones particularmente favorables a las empresas. Cuanto más grande es la empresa, más dinero suele recibir. La justificación que se ofrece para estas decisiones es que si las aerolíneas, la industria hotelera, Boeing o cualquier otra industria importante quiebra, nuestra economía se vería devastada.

¿Tiene sentido esto? Para responder a esa pregunta necesitamos volver a la premisa básica de este libro: puedes usar el sentido común para entender lo que ocurre en el mundo real. Cuando Delta Airlines recibe dinero de estímulo, no son sus aviones los que reciben el efectivo. Los aviones infrautilizados permanecen en la pista, esperando volver al servicio en el momento en que vuelva la demanda de viajes. Sin un rescate, estos aviones no se destruirían ni serían retirados por los ejecutivos que abandonan la empresa.

Lo que podría perderse si Delta quiebra por la ausencia de un rescate es la dirección de la empresa. El dinero del rescate no salva los aviones de Delta: salva a los ejecutivos y accionistas de Delta. Si Delta quebrara, simplemente se venderían sus aviones, sus franjas horarias en aeropuertos y otros activos y, en última instancia, serían gestionados y propiedad de otra entidad.

Durante la pandemia de coronavirus, además de hacer mucho énfasis en los aviones, las aerolíneas también hicieron mucho énfasis en los empleos. Específicamente, afirmaron que los rescates les permitieron «salvar empleos». Esto suena bien hasta que te cuestionas (y siempre debes cuestionarlo) cuánto pagamos nosotros, como contribuyentes, por ese «beneficio». Las aerolíneas recibieron más de 50 000 millones de dólares durante la pandemia, lo que significa que pagamos casi 700 000 dólares por cada uno de los 75 000 empleos que las aerolíneas afirmaban haber salvado.[5] Por lo tanto, el Gobierno podría haber ahorrado decenas de miles de millones de dólares o haber salvado decenas de miles de empleos adicionales si hubiera pagado directamente los salarios de los empleados (como hicieron muchos países europeos) en lugar de entregar el dinero a la dirección de la empresa con la esperanza de que lo usaran para salvar algunos empleos que no fueran los suyos propios.

La falacia de los rescates es válida para todas las empresas, incluidas las manufactureras como Boeing. Las fábricas, el equipo, la propiedad intelectual y otros activos valiosos no desaparecerán, incluso aunque la empresa no reciba ni un centavo del Gobierno. Lo que puede desaparecer es la dirección actual de la empresa y sus accionistas.

Es posible que te preocupe que, en ausencia de un rescate, empresas como Delta o Boeing no mantengan sus activos y que éstos comiencen a deteriorarse. Sin embargo, dado que el valor de los activos de una empresa suele ser muchas veces superior al coste de simplemente mantenerlos, tomar la decisión de no hacerlo sería irracional y destructivo para el valor de la empresa. Cualquier empresa que tomara una decisión tan mala comprometería su potencial a largo plazo y, por lo tanto, el precio de sus acciones. Si la dirección de la empresa no tomara la decisión evidente de gastar o pedir prestado para mantener los activos y evitar así el coste mucho mayor de perderlos por completo, no faltaría quien estuviera dispuesto a tomar esa decisión de manera rentable. El precio desplomado de las acciones de la empresa la convertiría en un

---

5. Sorkin, A. R.: «Were the Airline Bailouts Really Needed?», *The New York Times* (16 de marzo de 2021). Disponible en: www.nytimes.com/2021/03/16/business/dealbook/airline-bailouts.html?searchResultPosition=1

objetivo fácil de adquisición para otra compañía con un enfoque más sólido hacia sus activos valiosos.

Por lo tanto, en ausencia de un rescate, una empresa puede quebrar y ser comprada por una nueva compañía. Presumiblemente, el nuevo propietario reemplazaría a los directivos actuales. Quizá estos nuevos directivos serían mejores que los anteriores, o tal vez peores (aunque eso resulta difícil de imaginar en el caso de Boeing, la empresa que en un principio defendió mantener su 737 Max en el aire a pesar del *software* defectuoso que provocó la caída de dos aviones, causando la muerte de un total de 346 personas).

En definitiva, ningún bien o servicio real ni ninguna de la capacidad productiva de nuestra nación se perdería si no existieran los rescates corporativos. Nuestra nación seguiría teniendo la misma cantidad de aviones, fábricas, habitaciones de hotel y complejos turísticos que tenemos ahora, incluso si no hubiéramos concedido un rescate a Delta, Ford, Marriott y Disney. Sin embargo, podríamos tener una gestión diferente de esas empresas.

Sin rescates, las empresas bien gestionadas probablemente sobrevivirían y continuarían prosperando después de una recesión. Las mal gestionadas serían empujadas a la quiebra por la recesión y cualquier activo de valor sería adquirido por nuevos propietarios. Los nuevos propietarios tendrían los mismos incentivos para proporcionar de manera eficiente los bienes y servicios que tenían las empresas anteriores.

A diferencia de los directivos de alto nivel, que tal vez perderían sus empleos cuando una empresa es adquirida, la mayoría de los demás empleados de estas compañías –trabajadores de fábrica, ingenieros, contables, administrativos y muchos otros– no se verían afectados. Si estaban desempeñando su trabajo lo bastante bien como para ser mantenidos por la antigua dirección durante la recesión, no hay razón para creer que la nueva dirección no los conservaría también, en particular porque ésta querría que la transición fuera lo más fluida posible. Además, una mejor gestión podría aumentar las ventas de la empresa, creando así incluso más empleos que los existentes bajo la antigua dirección.

Los accionistas que poseen una empresa en quiebra, sin embargo, probablemente sufrirían pérdidas, ya que los nuevos propietarios casi con seguridad comprarían la empresa en dificultades con un gran descuento. ¿Quiénes son estos accionistas? Datos recientes muestran que el 10 % más rico de los estadounidenses posee el 93 % de todas las acciones.[6] Cualquier pérdida de riqueza es desafortunada, pero dado el sufrimiento causado por una recesión económica, enfocar la ayuda del Gobierno en los accionistas corporativos no es el uso más eficaz ni humano de nuestro dinero.

Dirigir el dinero que habría ido a las corporaciones a los estadounidenses que están sufriendo proporcionaría un estímulo más potente e inmediato. Irónicamente, hacer esto también daría un gran beneficio a las empresas de Estados Unidos. Permitirá a los consumidores seguir comprando muchos de los bienes y servicios que producen esas compañías. Todos estaríamos mucho mejor si las empresas que buscan ingresos fueran incentivadas a satisfacer las demandas de los consumidores en lugar de congraciarse con los burócratas de Washington en busca de una ayuda.

Los dólares de estímulo que se entregan a la dirección corporativa y a sus accionistas son dólares de estímulo que podrían no destinarse a mantener a los empleados en nómina ni a reincorporar a los trabajadores desempleados. Y el empleo es lo que aumenta el tamaño de la economía, a diferencia de añadir dólares a la cuenta bancaria de una persona rica, que simplemente redistribuye la riqueza.

Durante una recesión, podemos entregar dinero en efectivo a quienes pasan por dificultades –permitiéndoles gastar y mantener la economía a flote– o podemos dar dinero a las empresas para que la dirección y los accionistas existentes puedan sobrellevar los tiempos difíciles. En esencia, podemos salvar la economía desde abajo hacia arriba o desde arriba hacia abajo. Por desgracia, los que están en la cima tienen más influencia en este proceso que los que están en la base.

---

6. Sor, J.: «The Wealthiest 10 % of Americans Own 93 % of Stocks Even with Market Participation at a Record High», *Business Insider* (10 de enero de 2024). Disponible en: markets.businessinsider.com/news/stocks/stock-market-ownership-wealthiest-americans-one-percent-record-high-economy-2024-1.

¿CÓMO DEBE RESPONDER EL GOBIERNO ANTE UNA RECESIÓN POR SHOCK DE OFERTA?

El daño físico directo a una nación, como el provocado por guerras, una pandemia o una catástrofe natural, que reduce de un modo significativo su capacidad para producir bienes y servicios y provoca una recesión, es por suerte poco frecuente. No obstante, el coronavirus ha hecho que este tipo de daño y sus efectos sean más relevantes que nunca.

Como hemos comentado, cuando se produce este tipo de shocks de oferta, éstos afectan a la percepción de las personas y, por tanto, suelen provocar también un shock de demanda. Este doble golpe a la economía provoca no sólo una menor oferta de bienes y servicios, sino también una menor demanda. Esta situación genera todos los efectos negativos asociados a una recesión típica por shock de demanda (como el desempleo, la reducción de salarios o las insolvencias), además de un efecto negativo adicional: el aumento de los precios de muchos bienes y servicios.

¿Por qué surge este problema adicional? Durante una recesión por shock de demanda, las empresas suelen reducir sus precios para intentar conservar a sus clientes a medida que disminuyen los ingresos y las perspectivas laborales. En cambio, durante una recesión por shock de oferta, las empresas tienen menos que vender, ya que la capacidad productiva del país se ha visto afectada. Una guerra podría haber destruido infraestructuras, un embargo podría provocar una escasez de petróleo o gas, o una pandemia podría impedir que los trabajadores desempeñen sus tareas. Por lo tanto, producir la mayoría de los bienes se vuelve más caro o difícil, lo que da lugar a una menor producción y a precios más altos para los consumidores. El fenómeno de la caída de la producción, junto con el aumento de los precios, se denomina «estanflación», y fue un problema grave tras el incremento de los precios del petróleo impuesto por la OPEP en la década de 1970.

Las herramientas de política fiscal (mayor gasto público y menores impuestos) que hemos analizado en relación con una recesión por shock de demanda resultan mucho menos útiles en este caso. En una recesión por shock de oferta, la causa principal de la caída de la producción no es que la gente no tenga ganas de gastar (aunque no las tenga después de un acontecimiento así), sino que simplemente no es posible producir más o resulta demasiado caro hacerlo. Ninguna cantidad de optimismo en el mundo puede eliminar las limitaciones a la producción impuestas por fábricas bombardeadas, escasez de petróleo o una enfermedad infecciosa. En una situación así, poner más dinero en los bolsillos de la gente no animaría a las empresas a producir más bienes, porque no pueden producir más: habría más dinero persiguiendo menos bienes, lo que provocaría inflación. Está claro que, para remediar la situación, el Gobierno debe abordar el daño que ha mermado la capacidad productiva de la economía desde el principio. La Segunda Guerra Mundial diezmó la infraestructura de Europa y, por tanto, su economía. El Plan Marshall del Gobierno de Estados Unidos proporcionó fondos que permitieron a Europa reconstruirse después de la guerra, y el crecimiento económico no tardó en llegar.

Tras el embargo petrolero de la OPEP, comenzó la búsqueda de nuevas fuentes de energía, lo que llevó a un enorme aumento de la producción nacional de petróleo, así como al desarrollo de nuevas fuentes de energía. Abordar con éxito el problema de la oferta también resuelve el problema de la demanda, ya que superar el daño que sufrió la economía suele levantar el ánimo de la población.

Una de las primeras respuestas del Gobierno estadounidense ante el coronavirus, sin embargo, fue el mayor rescate corporativo de la historia. Como hemos comentado al hablar de los shocks de demanda, los rescates corporativos pueden ser la respuesta menos eficaz ante una desaceleración económica.

La mayor parte del dinero en efectivo acaba en manos de los directivos y accionistas de las empresas, las personas que menos necesitan el dinero y que tienen menos probabilidades de volver a reinyectarlo en la economía. Los rescates corporativos son una respuesta aún peor ante una recesión provocada por un shock de oferta, ya que desvían recursos del objetivo esencial: abordar el acontecimiento que causó el shock de oferta en primer lugar.

En el caso de una recesión provocada por un virus, la mejor respuesta consiste en destinar fondos a encontrar un tratamiento, una cura o una vacuna, distribuirla a la población, y, mientras tanto, ofrecer pruebas diagnósticas, rastreo de contactos, material de protección y medidas similares para todos.[7] No hacer todo lo posible por abordar el daño infligido por un virus prolonga la recesión y todos los problemas asociados a ella. Por suerte, aunque la respuesta al coronavirus no fue perfecta, las vacunas se desarrollaron con rapidez, lo que ayudó a la economía a recuperarse. Además, la Coronavirus Aid, Relief, and Economic Security Act (Ley de Ayuda, Alivio y Seguridad Económica por el Coronavirus, conocida por sus siglas como CARES Act)[8] ofreció un amplio apoyo a quienes perdieron ingresos, permitiéndoles seguir gastando y limitando la caída de la economía.

Un shock de oferta se parece mucho a un incendio, tanto en sentido literal como figurado: destruye y desmoraliza. La mejor respuesta es no escatimar ningún esfuerzo para extinguirlo cuanto antes.

PAGAR LA RESPUESTA

Hay una razón sencilla por la que las personas y las empresas reducen sus gastos cuando la economía se desacelera: tienen menos dinero. La gente gana y gasta menos. Lo mismo ocurre con el Gobierno: la recaudación de impuestos disminuye debido a la caída de los ingresos. Al mismo tiempo, el gasto aumenta por efecto de los estabilizadores automáticos ya mencionados, como los cupones de alimentos y el seguro de desempleo. Por lo tanto, queda una pregunta clave: ¿de dónde debe salir el dinero para financiar el nuevo gasto público o las rebajas de impuestos? Sólo hay tres maneras de que el Gobierno consiga dinero: recaudándolo, endeudándose o creándolo. Cada una de ellas se analiza en las siguientes secciones.

---

7. Esto supone que dicho tratamiento, cura o vacuna pueda desarrollarse en un plazo razonable. Sin embargo, si el shock de oferta no puede eliminarse, debe hacerse todo lo posible para minimizar sus efectos.
8. El acrónimo «CARES» juega con la palabra inglesa *cares* («se preocupa»), lo que refuerza el tono empático del nombre de la ley *(N. del T).*

Recaudar impuestos para financiar un nuevo gasto público

El Gobierno podría obtener dinero para nuevos gastos aumentando los impuestos. Sin embargo, esto sería, en cierta medida, contraproducente. Para combatir una recesión, el Gobierno necesita incrementar de forma significativa el gasto total nuevo en la economía. Unos impuestos más altos reducirían el gasto de los consumidores y las empresas, compensando al menos parcialmente el efecto del aumento del gasto público. Digo «parcialmente» porque, por ejemplo, cuando los nuevos impuestos financian nuevos salarios, es probable que los trabajadores aumenten su gasto por el importe íntegro de esos salarios; en cambio, los contribuyentes es probable que no reduzcan su gasto en la misma proporción que el aumento de los impuestos.

Sin embargo, los contribuyentes con rentas altas son menos propensos a recortar su gasto ante una subida de impuestos. Por lo tanto, aumentar los impuestos a este grupo para financiar un estímulo económico centrado en los demás produciría un incremento neto significativo del gasto total, impulsando la economía. Con todo, los políticos son reacios a subir cualquier tipo de impuesto, en especial en una recesión, y más aún cuando se trata de sus principales donantes de campaña, quienes suelen afirmar que tendrán que reducir todo tipo de gastos (incluidas las donaciones a campañas) si se les obliga a pagar más impuestos. Por consiguiente, aunque gravar más a los ricos para financiar programas destinados a personas en dificultades económicas es una forma viable de sufragar un nuevo gasto público durante una recesión, no es el método que suele escoger nuestro sistema político.

Endeudarse para financiar nuevos gastos públicos

Nuestra discusión sobre la deuda pública en el siguiente capítulo diferenciará entre la deuda contraída con fines constructivos, como construir infraestructura o educar a los niños, y la deuda contraída con fines derrochadores, como evitar aumentar los impuestos y trasladar la factura de los servicios actuales al futuro. Aumentar el gasto público para sacar a la economía de una recesión es una de las mejores razones para endeudarse. Evitar meses o años de menor producción, pérdida de salarios y disminución del bienestar epitomiza un objetivo digno. La situación es análoga a la de un trabajador subempleado que pide dinero prestado para adquirir nuevas habilidades, conseguir un mejor empleo y aumentar sus ingresos muy por encima del monto prestado para la formación.

Endeudarse durante una recesión tiene sentido por otra razón. Dado que existe sólo una cantidad finita de dinero en la economía en un momento dado, también hay una cantidad finita disponible para préstamos. Cuando la economía crece, las personas, las empresas y el Gobierno compiten por esos fondos. Cuanto más se endeuda el Gobierno mientras la economía crece, menos hay disponible para todos los demás, como quienes quieren iniciar nuevos negocios o ampliar los existentes. Los economistas llaman a esto el efecto de «desplazamiento» (*crowding out*). El endeudamiento público desplaza el endeudamiento privado cuando la economía está creciendo y las empresas buscan financiar su expansión. El sector privado tiene más dificultades para encontrar los fondos necesarios para financiar nuevas fábricas, equipos, oficinas y otros bienes de capital que amplían o mantienen la capacidad productiva de la economía, ya que se destinan más fondos al Gobierno para cubrir sus déficits.

¿Cómo atrae el Gobierno fondos que de otro modo irían a prestatarios privados? Simplemente ofreciendo pagar un interés más alto del que paga en la actualidad. Cuanto mayor sea la tasa de interés que paga el Gobierno, más fondos se prestan al Gobierno y menos se prestan al sector privado.

¿A qué prestatarios privados llega el reducido fondo de préstamos restante? A aquellos que pueden y están dispuestos a pagar tasas de interés más altas. Por ejemplo, si Amazon quisiera pedir dinero para construir un nuevo almacén, no faltaría quien estuviera dispuesto a prestarle a la nueva tasa más alta, y Amazon no tendría problemas para pagarla. Sin embargo, si alguien necesitara dinero para abrir un nuevo restaurante, pero contara con pocos recursos y un camino incierto hacia la rentabilidad, es mucho menos probable que recibiera la misma respuesta de los prestamistas. Incluso si hay prestamistas disponibles, muchos de esos prestatarios se desanimarían por las tasas más altas y decidirían no pedir dinero. En esencia, cuando el Gobierno se endeuda en tiempos de bonanza, parte del dinero que habría sido prestado al sector privado (sobre todo para iniciar, ampliar o modernizar empresas relativamente pequeñas) se desvía hacia el Gobierno.

Sin embargo, cuando llega una recesión, las empresas y los consumidores reducen su gasto, cae la financiación privada y los prestamistas tienen dificultades para encontrar prestatarios solventes. Por lo tanto, cuando la financiación del sector privado disminuye en una economía débil, el endeudamiento del Gobierno simplemente compensa esa falta de crédito. En una economía débil, el endeudamiento público no desplaza la financiación privada. Por el contrario, permite al Gobierno gastar en bienes y servicios, crear empleos e iniciar el ciclo de recuperación sin reducir el sector privado, obteniendo lo mejor de ambos mundos.

Recuerda a aquel trabajador subempleado que pidió dinero prestado para mejorar sus habilidades y consiguió un nuevo empleo que le permitió devolver el préstamo con sólo una parte de los nuevos ingresos más altos. Eso es precisamente lo que hace el endeudamiento del Gobierno durante una recesión. Por ello, la deuda ha sido la forma tradicional de financiar los déficits públicos en una recesión. Permite al Gobierno aumentar el gasto durante una recesión sin desviar fondos de la inversión privada ni enfrentarse a las críticas políticas que obtendría si subiera los impuestos.

Crear dinero para financiar nuevos gastos públicos

Por tentador que sea simplemente emitir nuevo dinero para financiar los déficits del Gobierno, hoy en día ninguna nación importante lo hace. Como recordarás, el riesgo de gasto descontrolado e hiperinflación es la razón por la que el Gobierno de Estados Unidos ha delegado el control de la oferta monetaria en la Reserva Federal.

Bajo nuestro sistema actual, si el Gobierno quiere aumentar el gasto, debe persuadir a los votantes de que está justificado un aumento de impuestos o convencer a los inversores para comprar más deuda pública. En teoría, esas restricciones imponen una mayor disciplina financiera al Gobierno. Esas mismas restricciones también hacen transparente el coste de los nuevos programas, ya que el gasto de un programa debe corresponderse con un aumento de impuestos o de deuda pública. Sin esa disciplina, corremos el riesgo no sólo de inflación, que en cantidades moderadas es inofensiva, sino de gasto desbocado, hiperinflación y el colapso de todo el sistema monetario.

Sin embargo, varios economistas consideran que el Gobierno debería tener la capacidad de financiar programas mediante la creación de dinero nuevo. Llaman a esta idea «teoría monetaria moderna» o TMM, y creen que la necesidad del Gobierno de imponer impuestos o endeudarse para financiar déficits lo lleva a gastar de manera demasiado cautelosa. Estos economistas suelen apoyar la expansión de los beneficios y programas sociales del Gobierno, financiados directamente con dinero nuevo. Líderes políticos como Bernie Sanders y Alexandria Ocasio-Cortez han respaldado estas ideas.

Estos economistas parten del argumento de que el dinero nuevo sólo genera inflación si no va acompañado de nueva producción. Por lo tanto, sostienen que la capacidad de gasto del Gobierno no debería estar limitada por la cantidad de dinero que obtiene mediante impuestos y endeudamiento (es decir, por la economía financiera), como ocurre bajo la ley actual. Argumentan que el Congreso debería otorgarse el derecho a crear dinero y estar restringido tan sólo por la economía real, es decir, los recursos y la producción efectiva de la nación. Específicamente, si el Gobierno crea dinero para financiar programas como reincorporar a los trabajadores desempleados, educar a los niños para que puedan contribuir más como adultos y proporcionar atención sanitaria a los trabajadores para reducir sus días de baja, los defensores de la teoría monetaria moderna sostienen que el dinero nuevo se corresponderá con nueva producción. De este modo, podríamos hacer a nuestra nación más rica y justa sin provocar inflación.

Los teóricos de la teoría monetaria moderna sostienen que la inflación impone la única restricción real sobre lo que el Gobierno federal puede gastar, y no el presupuesto, que simplemente puede equilibrarse creando dinero nuevo. En realidad sería un almuerzo gratis si pudieras crear 10 dólares adicionales para comprar un bocadillo y, como resultado, se añade un bocadillo extra a la producción económica de la nación. Por otro lado, si la creación de esos 10 dólares no genera un bocadillo adicional en la economía, los 10 dólares provocarán un aumento en el precio de los bocadillos existentes. (¿Recuerdas el ejemplo de la subasta, donde más dinero persiguiendo la misma cantidad de bienes conduce a precios más altos?). Por ello, estos economistas abogan por crear dinero para gastar en un programa cuyo incremento de producción cubra el coste del propio programa y, por lo tanto, no genere inflación.

En ese sentido, la teoría monetaria moderna tiene sentido. Además, a pesar de su nombre, no es particularmente «moderna» (recuerda a John Maynard Keynes y nuestra discusión sobre política fiscal) ni es tan sólo una «teoría» (recuerda nuestra discusión sobre dinero fiduciario y el hecho de que el Gobierno puede crear dinero de la nada). No obstante, sus defensores tal vez sean demasiado optimistas al pensar que nuestros funcionarios electos mostrarían suficiente moderación si tuvieran acceso a una cantidad literalmente ilimitada de dinero. También son quizás demasiado optimistas al pensar que los funcionarios gastarían el dinero creado de manera que por último generara un aumento proporcional en la producción. Existe un riesgo importante de que gran parte de ese dinero se desperdicie o se entregue a sus donantes de campaña mediante rebajas fiscales.

La preocupación por el gasto público descontrolado llevó a la creación del sistema de banca central que tenemos hoy, en el cual es la Reserva Federal, y no los políticos, quien controla la oferta monetaria. Dado el estado actual de nuestra política, probablemente no sea el mejor momento para experimentar con la eliminación de las restricciones sobre el gasto de los representantes electos o sobre cuánto pueden reducir los impuestos. Lo que nuestro Gobierno debería hacer es el tema de la siguiente parte de este libro.

PARTE V

EL GOBIERNO

14

LA DEUDA NACIONAL

¿Cuál es el coste de un presupuesto público desequilibrado?

Una deuda nacional, si no es excesiva, será para nosotros una bendición nacional.

Alexander Hamilton, primer secretario del Tesoro de Estados Unidos (1789-1795)

GASTO PÚBLICO

Los presupuestos totales de todos los niveles de Gobierno en Estados Unidos (es decir, el gasto combinado del Gobierno federal, estatal y local en bienes y servicios, así como las transferencias de dinero a las personas para que éstas lo gasten a su vez) se estimaron en el 36,26 % del PIB en 2022. En la mayoría de los demás países ricos, el porcentaje del PIB que gasta el Gobierno es más alto.[1] Por ejemplo, en 2022, los respectivos Gobiernos gastaron el 58,34 % del PIB en Francia, el 44,89 % en Dinamarca y el 49,48 % en Alemania.[2] Estas diferencias porcentuales pueden no parecer grandes hasta que se expresan en términos monetarios. Si el Gobierno estadounidense hubiera aumentado

1. Fondo Monetario Internacional: «Government Expenditure, Percent of GDP». Disponible en: www.imf.org/external/datamapper/exp@FPP/USA/FRA/JPN/GBR/SWE/ESP/ITA/ZAF/IND (consultado el 4 de febrero de 2025).
2. Según el Fondo Monetario Internacional (FMI), ese año España gastó el 46,40 % del PIB *(N. del T).*

su gasto en un 1 % del PIB durante ese período, habría gastado 257 000 millones de dólares adicionales cada año, más del doble de lo que suele gastar cada año en cupones de alimentos.[3]

La proporción del PIB gastada por el sector público frente al sector privado no está dictada por ninguna ley natural ni es el resultado de un análisis sofisticado. Al igual que el equilibrio entre la toma de decisiones colectiva e individual, es simplemente una consecuencia del sistema político. En concreto, está determinada por cuánto deciden gastar los Gobiernos federal, estatal y local. Cuando se dice que la Seguridad Social va a «quebrar» o que determinados programas públicos son «insostenibles», se trata de una afirmación política, no económica. El Gobierno siempre tiene la *capacidad* de obtener los fondos necesarios mediante impuestos y emisión de deuda; lo que puede faltarle es la *voluntad* de hacerlo.

Dado que los Gobiernos estatales y locales no pueden crear dinero y que, a menos que el Congreso recupere el poder de emitir dinero que cedió a la Reserva Federal (algo que no muestra intención de hacer), el Gobierno federal tampoco puede crear dinero para financiar su presupuesto, las limitaciones de los presupuestos públicos son muy similares a las limitaciones de los presupuestos personales. Ambos tienen unos ingresos anuales: los del Gobierno provienen de los impuestos y los de los individuos de los salarios y los rendimientos de sus inversiones. Ambos tienen también unos gastos anuales que, en el caso del Gobierno y de probablemente demasiadas personas, superan los ingresos. La diferencia entre los gastos y los ingresos (el llamado déficit presupuestario) se financia mediante endeudamiento. Los particulares se endeudan sobre todo a través de préstamos bancarios, anticipos de tarjetas de crédito o dinero prestado por familiares. Los Gobiernos federal, estatal y local se endeudan mediante la emisión de deuda.

La deuda del Gobierno federal recibe diversos nombres –bonos del Tesoro, pagarés, letras u obligaciones– y se presenta en una amplísima variedad de formas, montos, tipos de interés, plazos, calendarios de

3. Desilver, D.: «What the Data Says about Food Stamps in the U.S.», Pew Research Center (19 de julio de 2023). Disponible en: www.pewresearch.org/short-reads/2023/07/19/what-the-data-says-about-food-stamps-in-the-u-s

reembolso y otras condiciones. Sin embargo, toda ella es simplemente deuda: dinero que una parte (en este caso, el Gobierno) debe a otra (la persona que compró esa deuda). Como ya se ha comentado, quienes compran deuda pública están en esencia concediendo un préstamo al Gobierno, lo que le permite mantener déficits tan elevados.

¿Quiénes son las personas que hacen posibles estos déficits comprando deuda pública? Bueno, habría que dar las gracias a la mayoría de los lectores de este libro. Si alguna vez has tenido una cuenta del mercado monetario o una cuenta bancaria, es probable que gran parte de ese dinero haya sido invertido en deuda del Gobierno por la institución financiera que custodia tus fondos. De hecho, prestar dinero al Gobierno (mediante la compra de bonos del Tesoro) es uno de los usos más comunes de las reservas bancarias.

¿ES LA DEUDA NACIONAL UNA AMENAZA?

El volumen de la deuda

El 23 de enero de 2025, la deuda del Gobierno federal (es decir, la cantidad que debía a terceros) ascendía a 28 880 821 900 250,34 dólares (aproximadamente 28,9 billones de dólares).[4] Esa cifra es significativamente superior a la existente antes de la pandemia de coronavirus, debido al descenso de la recaudación fiscal y al aumento de los gastos relacionados con la enfermedad. (Por ejemplo, la deuda se situaba en torno a 16,5 billones de dólares a mediados de 2019, justo antes de la pandemia). ¿Cómo llegó el Gobierno de Estados Unidos a acumular una factura tan enorme? ¿Qué significa? ¿Constituye una amenaza para el país?[5]

4. Departamento del Tesoro de los Estados Unidos: «Debt to the Penny», datos fiscales del Tesoro de los Estados Unidos. Disponible en: fiscaldata.treasury.gov/datasets/debt-to-the-penny/debt-to-the-penny (consultado el 4 de febrero de 2025).

5. La «deuda pública total en circulación» de Estados Unidos, una cifra con la que la gente puede estar más familiarizada, asciende a unos 36,2 billones de dólares. Aunque esta cifra mayor es técnicamente correcta, incluye alrededor de 7,3 billo-

En 2023, el Gobierno de Estados Unidos gastó 1,7 billones de dólares más de lo que recaudó en impuestos.[6] Durante las últimas décadas (salvo unos cuantos años durante la administración del presidente Clinton), el Gobierno ha gastado de forma sistemática más de lo que recauda. Según la legislación vigente, la única forma de financiar los déficits es mediante endeudamiento, por lo que un aumento del déficit implica un incremento de la deuda.

La cuestión fundamental es si una carga de deuda de 28,9 billones de dólares es excesiva. Aunque pueda parecer difícil de concebir que se pida prestada y se deba una cantidad tan enorme de dinero, si entiendes qué nivel de deuda es aceptable para ti, puedes entender con facilidad qué nivel de deuda es aceptable para el Gobierno. En otras palabras, si la parte proporcional de la deuda que corresponde a cada estadounidense es razonable, entonces la deuda total de todos los estadounidenses también debería serlo.

Evidentemente, si tú o yo debiéramos 28,9 billones de dólares, no sería en absoluto aceptable. Pero ésa no es la comparación correcta. La única forma de evaluar si el nivel de endeudamiento de alguien es excesivo es considerarlo en relación con sus ingresos. Lo que para mí podría ser una deuda ruinosa podría parecer calderilla para Jeff Bezos. Por lo tanto, dado que los 28,9 billones de dólares representan la deuda total del país (los 330 millones de estadounidenses), necesitamos conocer los ingresos totales de todos los estadounidenses. Como ya se ha comentado, el PIB de Estados Unidos es de aproximadamente 27,7 billones de dólares y, por tanto, los ingresos totales rondan esa misma cifra.

Así pues, la verdadera cuestión es si una deuda de 28,9 billones para una entidad con unos ingresos de 27,7 billones es excesiva. Estas cifras

---

nes de dólares de deuda del Gobierno estadounidense en manos de otros organismos del propio Gobierno. Es dinero que una parte del Gobierno debe a otra parte del mismo Gobierno y, por lo tanto, no constituye una obligación neta frente a terceros. Podría cancelarse por completo simplemente transfiriendo fondos de una cuenta gubernamental a otra.

6. Departamento del Tesoro de Estados Unidos: «What Is the National Deficit?». Disponible en: fiscaldata.treasury.gov/americas-finance-guide/national-deficit/#us-deficit-by-year (consultado el 4 de febrero de 2025).

son, para la mayoría de nosotros, demasiado monumentales para comprenderlas plenamente. Para muchos, incluyéndome a mí, mil millones suena muy parecido a un billón, y resulta difícil apreciar la diferencia. Recuerdo en particular a un miembro del Congreso que los confundió al hablar de un determinado gasto. Cuando le preguntaron si se refería a mil millones o a un billón de dólares, respondió que no estaba seguro. ¿Te imaginas contarle a alguien qué comiste para almorzar y no saber si te costó 10 o 10 000 dólares? Ésa es exactamente la magnitud de la diferencia entre mil millones y un billón.[7] Por tanto, para hacernos una idea de esta cuestión, debemos volver a considerar nuestras propias finanzas.

Al evaluar el nivel de endeudamiento de una persona, tenemos en cuenta tres factores clave: sus ingresos, el monto de su deuda y los intereses que paga por ella. Podemos calcular cada uno de estos elementos para la parte proporcional de la deuda nacional que corresponde a cada estadounidense y determinar si su cuota individual es razonable.

En primer lugar, dado que sabemos que los ingresos totales en Estados Unidos en 2023 fueron de 27,7 billones de dólares y que la población era de aproximadamente 330 millones de personas, podemos dividir los ingresos totales entre el número total de habitantes para obtener el ingreso medio por estadounidense: unos 83 939 dólares. Puede que pienses que esa cifra parece demasiado alta, ya que el hogar medio en Estados Unidos, formado por 2,53 personas, tiene unos ingresos muy inferiores a 212 366 dólares (2,53 veces el ingreso medio por persona).[8] Y tendrías razón, porque el «ingreso medio» de 83 939 dólares por estadounidense incluye muchos conceptos que la mayoría de la gente no

---

7. La confusión se produce en inglés, ya que «mil millones» (*billion*) y «un billón» (*trillion*) suenan similares y difieren «sólo» por tres ceros (es decir, una diferencia de mil veces). En español, esta confusión no se da *(N. del T).*

8. La media de los hogares estadounidenses en 2020 era de 2,53 personas (Oficina del Censo de Estados Unidos: «Historical Households Table HH-6. Average Population Per Household and Family: 1940 to Present» (22 de noviembre de 2021). Disponible en: www.census.gov/data/tables/time-series/demo/families/households.html) y los ingresos medios de los hogares en 2023 fueron de 80 610 dólares (Banco de la Reserva Federal de San Luis: «Real Median Household Income in the United States», Federal Reserve Economic Data (FRED) (11 de septiembre de 2024). Disponible en: fred.stlouisfed.org/series/MEHOINUSA646N).

consideraría ingresos, como los beneficios que los empleadores pagan y que no se incluyen en la renta imponible de los empleados, los beneficios empresariales que no se distribuyen a los accionistas y numerosas prestaciones públicas que reciben los ciudadanos. Además, el creciente grado de desigualdad en los ingresos –la concentración de rentas en los niveles más altos– distorsiona aún más ese promedio.

Por ejemplo, cuando Bill Gates entra en el bar de su barrio, el ingreso medio de los clientes se dispara, pero nadie se vuelve más rico y la mediana de ingresos tal vez no cambia.

En segundo lugar, dado que sabemos que la deuda total del Gobierno federal es de 28,9 billones de dólares, podemos dividir la deuda total entre el número total de habitantes para obtener la deuda media por persona, que es de alrededor de 87 576 dólares.

En tercer lugar, dado que sabemos que el Gobierno federal gastó 659 000 millones de dólares en pagos de intereses en 2023, el pago anual de intereses por estadounidense es de unos 1997 dólares.[9]

Ahora podemos plantearnos si la deuda nacional es excesiva observando la parte proporcional que corresponde a cada individuo y su parte de los intereses anuales. Así, para una persona con unos recursos económicos de 83 939 dólares al año, ¿una deuda total de 87 576 dólares y un pago anual de intereses de 1997 dólares resulta excesiva?

Tu opinión sobre esto es tan válida como la de cualquier otra persona, pero hay dos puntos importantes que conviene tener en cuenta al llegar a una conclusión. El primero es que el estadounidense típico tiene una deuda que supera con creces su parte proporcional de la deuda gubernamental: su deuda hipotecaria. De hecho, el préstamo hipotecario medio utilizado para adquirir una vivienda supera con creces los ingresos anuales del prestatario, y rara vez consideramos ese endeudamiento como irresponsable. Además, el estadounidense medio tiene 90 460 dólares de deuda total,[10] y el prestatario estudiantil medio,

9. Banco de la Reserva Federal de San Luis: «Federal Outlays: Interest», Federal Reserve Economic Data (FRED) (18 de octubre de 2024). Disponible en: fred.stlouisfed.org/series/FYOINT.

10. DeMatteo, M.: «The Average American Has $90,460 in Debt – Here'sHow Much Debt Americans Have at Every Age», CNBC (14 de noviembre de 2023). Disponible en: www.cnbc.com/select/average-american-debt-by-age

37 000 dólares de deuda estudiantil.[11] Las personas lo bastante ambiciosas como para iniciar un negocio o estudiar Medicina suelen tener obligaciones de deuda mucho mayores. Por lo tanto, 87 576 dólares de deuda en este contexto ya no parecen tan fuera de lo común.

Más importante que el monto total de la deuda es cuánto se debe pagar realmente cada año en concepto de intereses. Ése es el verdadero peso sobre las finanzas de las personas. Un pago anual de intereses de 1997 dólares (la parte proporcional de los intereses de la deuda nacional que corresponde al estadounidense medio) para una persona con 83 939 dólares de recursos económicos anuales puede no ser agradable. Sin embargo, ciertamente no constituye un problema económico aplastante que lleve a la bancarrota o que sea existencial, como algunos afirman respecto a la deuda nacional. Al analizar la deuda de forma individual, se puede ver gran parte de la exageración que la rodea por lo que en realidad es. El discurso motivado políticamente puede aprovechar la incapacidad de la mayoría de las personas (como la del congresista) para comprender cifras tan enormes, por lo general con el objetivo de conseguir que la gente acepte recortar de manera drástica el gasto público. Los 1997 dólares en pagos anuales de intereses para alguien con acceso a 83 939 dólares al año no constituyen una crisis de tal magnitud. Y si no es una crisis para cada estadounidense individualmente, no lo es para la colectividad de los estadounidenses.

La razón de la deuda

Que la deuda sea un problema o no también depende en gran medida de la finalidad por la que se incurrió. Si una persona incurrió en deuda para costearse unas vacaciones especialmente extravagantes o para alimentar una adicción a las drogas, se podría concluir con facilidad que el gasto fue un desperdicio y una amenaza para su bienestar a largo

11. Hanson, M.: «Average Student Loan Debt». Education Data Initiative (22 de mayo de 2023). Disponible en: educationdata.org/average-student-loan-debt#:~:text=The%20average%20federal%20student%20loan,them%20have%20federal%20loan%20debt

plazo. ¿Y si la persona incurrió en deuda para comprar una vivienda, estudiar Medicina o iniciar un negocio? Creo que tu conclusión tal vez sería muy diferente.

Lo mismo ocurre con la deuda del país. Si el Gobierno se endeuda para hacer crecer la economía, por ejemplo, financiando infraestructuras críticas, educando a los niños o sacándonos de una recesión, incurrir en esa deuda tiene sentido. De hecho, la ganancia en producción podría ser fácilmente mayor que la deuda contraída, lo que resultaría en un éxito económico. Sería análogo a que una persona desempleada pidiera un préstamo con un interés del 5 % para iniciar un negocio que genera un beneficio anual del 10 %, el margen de ganancia de un negocio moderadamente exitoso. La persona antes desempleada ahora gana un sueldo, contribuye a la economía y paga con facilidad el préstamo con una parte de los beneficios del negocio.

Un ejemplo perfecto en el mundo real de este tipo de inversión son un par de programas de enriquecimiento infantil para niños desfavorecidos analizados por investigadores de la Universidad de Chicago. Las inversiones que revisaron devolvieron un 13 % anual,[12] un rendimiento que se compara favorablemente con la gran mayoría de las oportunidades de inversión. Otros estudios sobre programas de intervención en la primera infancia también han encontrado retornos sólidos.

Por desgracia, no todo el gasto del Gobierno es tan acertado. Si el Gobierno incurre en deuda tan sólo para evitar subir los impuestos lo suficiente para cubrir los gastos habituales del Gobierno, la deuda parece una mala idea. En lugar de que los contribuyentes actuales paguen por nuestra defensa nacional, cobertura sanitaria, apoyo a los agricultores y otros programas, el Gobierno ha trasladado esa carga a los contribuyentes futuros. (Aprovecho esta oportunidad, como persona por encima de la edad media, para agradecer a todos los lectores de este libro que están por debajo de la edad media por subvencionar mis servicios gubernamentales).

12. García, J. L., *et al.*: «Quantifying the Life-cycle Benefits of an Influential Early Childhood Program», *HCEO Working Paper Series* (febrero de 2019). Disponible en: humcap.uchicago.edu/RePEc/hka/wpaper/Garcia_Heckman_Leaf_etal_2016_life-cycle-benefits-ecp_r2.pdf

De manera similar, incluso los proyectos que de otro modo serían meritorios no se justifican si el Gobierno derrocha cantidades excesivas de dinero en su implementación. Por ejemplo, Nueva York completó recientemente la ampliación de su sistema de metro a lo largo de Segunda Avenida en Manhattan. El proyecto (cuya construcción comenzó en 1972) costó unos 2500 millones de dólares por milla (1550 millones de dólares por kilómetro). Se estima que un proyecto muy similar en París, una ciudad no precisamente conocida por sus bajos costes, cuesta unos 450 millones de dólares por milla (280 millones de dólares por kilómetro).[13] Incluso los mejores proyectos dejan de tener sentido a un precio tan inflado.

Como hemos visto en el capítulo 2, el proceso político es, en última instancia, el que determina lo que hacen nuestros representantes electos y a qué prestan atención. Debemos evaluar a quienes buscan representarnos no sólo por las políticas que dicen que apoyan, sino también por su capacidad para ponerlas en práctica de manera eficiente y rentable. Hacer menos supone no sólo un desperdicio de dinero, sino también un mayor cinismo respecto a nuestra capacidad colectiva para realizar inversiones sensatas en nuestro país y en su gente.

Al igual que ocurre con el endeudamiento privado, parte del endeudamiento público impulsa el crecimiento, mejora el bienestar de las personas y, en esencia, se amortiza por sí mismo. En cambio, otros tipos de endeudamiento malgastan recursos y sólo dejan una carga de deuda a su paso, como el endeudamiento destinado a subvencionar empresas rentables o a financiar armamento que el propio ejército ni siquiera quiere. La dificultad para distinguir entre ambos casos, junto con el asombroso tamaño de las cifras implicadas, convierte el endeudamiento público en un terreno fértil para los argumentos engañosos con motivación política. Espero que puedas usar las herramientas de este libro para poner estas cuestiones en perspectiva y darles sentido.

13. Rosenthal, B. M.: «The Most Expensive Mile of Subway Track on Earth», *The New York Times* (29 de diciembre de 2017). Disponible en: www.nytimes.com/2017/12/28/nyregion/new-york-subway-construction-costs.html

¿QUIÉN SE BENEFICIA DE LA DEUDA NACIONAL?

Aunque lleguemos a la conclusión de que una deuda nacional equivalente aproximadamente al 104 % del ingreso nacional no representa un peligro para nuestro bienestar económico, ¿cuáles son los efectos de tener una deuda tan grande? Cuándo, cómo y a quién se efectúan los pagos de la deuda nacional tiene consecuencias. Primero analizaremos los pagos de intereses y luego los reembolsos del capital (la cantidad prestada).

Intereses de la deuda nacional

Como se ha comentado, el gasto total del Gobierno en intereses durante 2023 fue de 659 000 millones de dólares, y la parte correspondiente a cada estadounidense ronda los 1997 dólares. Ese pago de intereses se financia con los impuestos que pagan personas como tú y como yo. ¿Quién recibe esos intereses? La respuesta breve es: la mayor parte *va a parar* a contribuyentes como tú y como yo. La respuesta más detallada es la siguiente.

A finales de noviembre de 2024, alrededor del 30 % de la deuda nacional estaba en manos de inversores extranjeros.[14] Esto significa que el 70 % restante estaba en manos de estadounidenses y, por tanto, que el 70 % de los pagos de intereses se efectuaba a estadounidenses. Aunque no poseas bonos del Tesoro, parte del dinero que éste paga en concepto de intereses por su deuda te llega indirectamente, en forma de intereses de tu cuenta bancaria, de rendimientos de tus fondos de pensiones o de intereses de tu fondo del mercado monetario. En resumen, el 70 % de todos los intereses de la deuda nacional son pagados por los contribuyentes estadounidenses a otros estadounidenses.

¿Se beneficia algún grupo de estadounidenses de esta transferencia? Tal vez no de manera significativa. Las personas de ingresos inferiores

14. Departamento del Tesoro de Estados Unidos: «Major Holders of Treasury Securities». Disponible en: ticdata.treasury.gov/resource-center/data-chart-center/tic/Documents/slt_table5.html (consultado el 4 de febrero de 2025).

poseen pocos bonos del Estado, reciben pocos intereses y cuentan con escasos activos de pensión, pero también suelen pagar menos impuestos. Las personas de mayores ingresos poseen más bonos, más cuentas que devengan intereses y más activos de pensión, pero la mayoría (aunque no todas, como veremos en el capítulo 16) soportan cargas fiscales relativamente más altas. Por lo tanto, el 70 % de los intereses de la deuda se paga (a través de los impuestos) a los mismos estadounidenses que los reciben. No se está produciendo aquí ninguna transferencia importante de riqueza.

El 30 % de los pagos de intereses que se destinan al extranjero sí supone una transferencia de poder adquisitivo de los estadounidenses hacia los extranjeros. En 2023, esta cantidad equivalía a unos 599 dólares por persona. ¿Hasta qué punto es grave desprenderse de 599 dólares de los 83 939 dólares (aproximadamente las tres cuartas partes del 1 %) en bienes y servicios que se producen por persona cada año en Estados Unidos? Sea cual sea tu respuesta, podemos coincidir en que difícilmente constituye la crisis económica de la que tanto se habla. Incluso los políticos que más se quejan al respecto muestran poco interés en reducir los déficits presupuestarios que podrían disminuirla.

¿Quiénes son los extranjeros que poseen deuda estadounidense? Personas, empresas y Gobiernos de prácticamente todos los países del mundo.[15] A menudo oímos hablar de cuánto debe Estados Unidos a China. De toda la deuda pendiente, aproximadamente un 2,7 % está en manos chinas. (Apuesto a que pensabas que ese porcentaje era mucho mayor. Y apostaría aún más a que no sabías que los japoneses y los europeos poseen incluso una parte mayor de nuestra deuda que los chinos). Hay algo que decir a favor del hecho de que China y muchos de nuestros otros posibles adversarios tengan interés en el éxito o, al menos, en la continuada estabilidad de Estados Unidos y de su economía. Además, como hemos visto en el capítulo 6, la mayoría de los dólares que se destinan a extranjeros retornan a Estados Unidos en forma de compras de bienes y servicios estadounidenses.

15. Ibíd.

Reembolso de la deuda

Esa deuda de 28,9 billones de dólares es una cifra enorme. No obstante, sólo una pequeña parte de ese total vence cada mes y es pagada por el Gobierno. La deuda de Estados Unidos siempre ha sido considerada por los inversores como uno de los lugares más seguros para invertir su dinero y, por ello, el país puede emitir deuda a tipos de interés muy bajos. Nuestro Gobierno puede parecerse a cualquier otro prestatario rico y solvente, pero en realidad es muy superior. A diferencia de cualquier otro deudor, el Gobierno estadounidense siempre tiene la *capacidad* de cumplir con sus obligaciones: el Congreso simplemente puede emitir el dinero necesario para cubrir los bonos que vencen. Como sabes, ése no es el modo en que en la actualidad se crea el dinero según la legislación vigente. Sin embargo, el Congreso tiene la facultad de modificar la ley y asumir directamente el control de la creación monetaria. De manera menos drástica, el Congreso siempre podría emitir nuevos bonos, ordenar a la Reserva Federal que los compre y utilizar los ingresos obtenidos para pagar los bonos antiguos. Ningún otro deudor puede hacer ninguna de estas dos cosas.

Nuestra nación es singular en el sentido de que el Gobierno está sujeto a un límite en la cantidad total de deuda que puede emitir. Dado que los impuestos recaudados por el Gobierno no bastan para cubrir su gasto, éste necesita emitir deuda de forma continua para equilibrar sus cuentas. Por lo tanto, el Congreso se ve obligado con regularidad a aumentar ese límite de endeudamiento. En varias ocasiones, las disputas partidistas en el Congreso casi han provocado que no se aprobara a tiempo el incremento del límite de deuda, lo que habría hecho que Estados Unidos se quedara sin fondos y cayera en impago de sus obligaciones. Este sistema, en el que el Congreso aprueba primero los programas de gasto y meses o años más tarde celebra una votación separada para decidir si recaudar el dinero necesario para financiarlos, es una receta para el desastre.

En 2011, la agencia de calificación crediticia Standard & Poor's rebajó la calificación de la deuda de Estados Unidos un nivel por debajo de su valoración máxima y más segura, debido a la incertidumbre sobre si el Congreso lograría organizarse a tiempo para aumentar el límite de endeudamiento y evitar un impago. (La deuda de varios otros países, entre ellos Alemania y Canadá, mantiene la máxima calificación). La rebaja de la deuda estadounidense no es una valoración de nuestra situación económica, sino una valoración de nuestra situación política.

Afortunadamente, en el momento de redactar este texto, la deuda de Estados Unidos sigue considerándose una inversión muy segura, y el Gobierno puede seguir emitiendo deuda a tipos de interés muy bajos. Esto resulta notable si se tiene en cuenta la rebaja de la calificación y la amenaza constante de muchos miembros del Congreso que no están dispuestos a permitir que el Gobierno pida prestado el dinero necesario para financiar el gasto que ellos mismos aprobaron previamente. En algún momento, si esta incertidumbre persiste, es probable que aumente el tipo de interés que tengamos que pagar por la nueva deuda.

Si en realidad se superara el plazo para aumentar el límite de endeudamiento y el Gobierno de Estados Unidos incurriera en impago, el tipo de interés de la deuda pública casi con toda seguridad se dispararía y podría resultar difícil financiar al propio Gobierno. Es difícil de prever qué ocurriría en una situación así. Pero para hacerse una idea, piensa en lo que pasaría si te quedaras sin dinero y dejaras de pagar tus facturas, y luego piensa en lo que ocurriría si la mayoría de los estadounidenses hicieran lo mismo.

A finales de 2021, el Congreso mantenía lo que parece ser su habitual debate sobre si aprobar o no un nuevo aumento del límite de deuda, y Moody's Analytics evaluó las posibles consecuencias si no actuaban a tiempo.[16] Predijeron que, si el Congreso permitía que Estados Unidos incurriera en impago, los resultados serían «catastróficos». En concreto, estimaron que el PIB real caería casi un 4 % (más de 800 000 millones de dólares), que se perderían cerca de 6 millones de empleos, que la tasa de desempleo se dispararía hasta casi el 9 %, que los precios de las acciones caerían cerca de un 33 % (eliminando 15 billones de dólares en riqueza) y que todos los tipos de interés aumentarían bruscamente. Concluyeron que, «dado que los valores del Tesoro

16. Zandi, M., *et al.*: «Playing a Dangerous Game with the Debt Limit», Moody's Analytics (21 de septiembre de 2021). Disponible en: www.moodysanalytics.com/-/media/article/2021/playing-a-dangerous-game-with-the-debt-limit.pdf

estadounidense dejarían de ser libres de riesgo, las futuras generaciones de estadounidenses pagarían un elevado precio económico».

Al comienzo de su primer mandato, Donald Trump tuvo otra idea. Escribió en Twitter que Estados Unidos debería «empezar a refinanciar su deuda». Refinanciar una deuda significa contraer uno o varios préstamos nuevos para pagar uno o varios préstamos antiguos antes de su vencimiento. Refinanciar un préstamo tiene sentido cuando los tipos de interés han bajado, ya que el nuevo préstamo tendría un tipo más bajo (y, por tanto, pagos de intereses menores) que el anterior. No obstante, esta medida financiera prudente sólo es posible cuando el préstamo original con un tipo más alto permite específicamente dicho reembolso anticipado. La mayoría de los préstamos hipotecarios (la segunda categoría de deuda en importancia después de la deuda nacional) suelen permitir el pago anticipado. Por eso, cuando bajan los tipos de interés, los propietarios de viviendas suelen reducir sus pagos mensuales refinanciando sus hipotecas.

Sin embargo, la deuda emitida por el Gobierno federal no puede refinanciarse, ya que simplemente no permite el pago anticipado. Un bono típico del Gobierno obliga al Estado a pagar al tenedor del bono una cantidad determinada de intereses cada año y a devolver la cantidad inicial al final del plazo del bono; no se permiten reembolsos anticipados para reducir las obligaciones de intereses del Gobierno. Por lo tanto, lo que propuso el presidente Trump no sería posible. Quizá estaba pensando en una situación en la que una empresa en quiebra (por ejemplo, un casino) ya no puede pagar sus deudas y llega a un acuerdo con sus acreedores para reducir la cantidad adeudada. De este modo, tanto la empresa insolvente como los prestamistas evitan el tiempo y los costes de litigar sobre los activos de la compañía en un tribunal de quiebras. Como podrás imaginar, la situación de Estados Unidos es muy distinta a la de una empresa en bancarrota, y mi más sincera esperanza es que siga siendo así.

Aunque Estados Unidos no puede refinanciar su deuda existente, en esencia sí refinancia la parte de su deuda que vence cada mes. Puede considerarse que la deuda nacional es una deuda rotativa: en realidad nunca se paga del todo, porque cuando vence la deuda antigua, los ingresos procedentes de la nueva emisión de deuda cubren su coste. Sin embargo, la deuda total sigue aumentando, ya que la cantidad de nueva deuda que emite el Gobierno es suficiente para cubrir tanto la deuda antigua que se reembolsa como el déficit presupuestario continuo del Gobierno. La pregunta obvia es: si la deuda nacional aumenta una y otra vez, ¿se parece a un castillo de naipes o a un esquema piramidal (esquema Ponzi)[17] que acabará derrumbándose?

La respuesta a la pregunta de si una estructura de deuda acabará colapsando depende siempre del nivel de ingresos que respalda esa deuda. El señor Ponzi, al igual que su equivalente moderno Bernie Madoff,[18] no tenía ingresos subyacentes: no generaba ningún valor. Simplemente utilizaba dinero nuevo para pagar el dinero antiguo. Cuando los nuevos fondos empezaron a escasear, el colapso fue inevitable. Estados Unidos, sin embargo, sólo en 2023 produjo bienes y servicios por valor de 27,7 billones de dólares, y es muy probable que produzca aún más en los años venideros.

A finales de 2021, el Congreso aprobó la Ley de Inversión en Infraestructuras y Empleo (Infrastructure Investment and Jobs Act), que preveía alrededor de 1,2 billones de dólares en gastos en infraestructura «dura», como proyectos de transporte, acceso a Internet de alta velocidad y mejoras medioambientales. Posteriormente, el Congreso consideró, pero no aprobó, un plan aún mayor que habría incrementado las inversiones en lo que muchas personas llaman infraestructura humana: niños, educación, programas sociales y atención sanitaria. Al igual que los proyectos de infraestructura dura, estos programas podrían generar beneficios muy superiores a su coste.

Por desgracia, muchas de estas inversiones prudentes no se llevan a cabo porque la deuda ha adquirido mala fama. La ironía es que muchos de los políticos que le han dado mala fama son los mismos que han sido responsables de generar tanta deuda desde el principio. Paul Ryan,

---

17. Charles Ponzi (1882-1949) fue un estafador italoestadounidense que dio nombre al «esquema Ponzi», un tipo de fraude financiero basado en pagar los rendimientos prometidos a los inversores antiguos con el dinero aportado por los nuevos, sin generar beneficios reales.

18. Bernard L. Madoff (1938-2021) fue un financiero estadounidense responsable del mayor esquema Ponzi de la historia, mediante el cual defraudó a miles de inversores por un valor estimado de unos 65 000 millones de dólares.

expresidente de la Cámara de Representantes, dedicó su carrera a demonizar el gasto deficitario y la deuda contraída para financiarlo. No obstante, fue fundamental para aprobar una gran rebaja fiscal en 2017, que según la Oficina de Presupuestos del Congreso se proyectaba añadir 1,9 billones de dólares al déficit del Gobierno en diez años.[19] Él y muchos otros optaron por financiar recortes de impuestos para los más ricos a costa de la próxima generación de contribuyentes. Esta hipocresía ha sido y sigue siendo muy costosa para Estados Unidos y para su salud económica.

Las políticas que podrían mejorar la salud económica del país son el tema de los dos siguientes capítulos.

---

19. Comité de Presupuesto de la Cámara de Representantes de Estados Unidos: «CBO Confirms GOP Tax Law Contributes to Darkening Fiscal Future» (5 de febrero de 2019). Disponible en: https://democrats-budget.house.gov/publications/report/cbo-confirms-gop-tax-law-contributes-darkening-fiscal-future

15

POLÍTICA GUBERNAMENTAL Y RENTAS

¿Cómo puede nuestra economía volverse más equitativa y productiva?

Una marea creciente no eleva a quienes no tienen un barco. Tenemos que construirles el barco. Tenemos que darles la infraestructura básica para que puedan subir con la marea.

RAHUL GANDHI, miembro del Parlamento de la India

AUMENTAR TANTO LA EQUIDAD COMO LA PRODUCTIVIDAD

¿Qué se puede hacer para frenar la marcha de la economía moderna hacia una mayor desigualdad, menos oportunidades y más insatisfacción? Se ha dicho: «Hay una diferencia entre los ricos y las demás personas: los ricos tienen más dinero». (Muchas personas, aunque no yo, se atribuyen el mérito de esta frase ingeniosa). He mencionado esta oración para subrayar que el nivel actual de desigualdad económica de Estados Unidos, por ejemplo, aunque se podría extrapolar a muchos otros países, no está determinado por la naturaleza, sino que es el resultado de decisiones que tomamos como sociedad.

Podríamos tomar decisiones diferentes que resultarían en una distribución distinta de los recursos y tendrían diversas otras consecuencias, tanto positivas como negativas (muchas de las cuales se podrían anticipar, dado todo lo que hemos visto sobre nuestro sistema económico).

Al tomar estas decisiones, conviene tener presente un punto señalado por la senadora Elizabeth Warren:

> No hay nadie en este país que se haya hecho rico por su cuenta. Nadie. Si construiste una fábrica allá afuera, bien por ti. Pero quiero ser clara: trasladaste tus productos al mercado por carreteras que el resto de nosotros pagamos. Contrataste a trabajadores que el resto de nosotros pagamos para educar. Estuviste seguro en tu fábrica gracias a la policía y los bomberos que el resto de nosotros pagamos. No tuviste que preocuparte de que bandas saqueadoras vinieran a apropiarse de todo en tu fábrica Ahora mira: construiste una fábrica y se convirtió en algo estupendo o una gran idea. ¡Dios te bendiga! Quédate con una parte. Pero parte del contrato social subyacente consiste en que tomes una parte de eso y la reinviertas para el próximo niño que venga.[1]

Con independencia de si te sitúas en el lado izquierdo del espectro político (como la senadora Warren) o en el lado derecho (como Milton Friedman, el economista cuya propuesta de impuesto sobre la renta negativo se elogia en el siguiente capítulo), la mejor manera de determinar si una afirmación tiene sentido es evaluarla por su contenido, no por quién la dice.

La validez del punto señalado en la cita anterior queda confirmada por nuestra dependencia de la infraestructura establecida por generaciones anteriores y las habilidades y los esfuerzos de los demás. Sin eso tendríamos tan pocas probabilidades de disfrutar de las comodidades y la seguridad a las que estamos acostumbrados como alguien que viva en la Edad de Piedra.

Ésta es una poderosa justificación para exigir que las personas contribuyan mediante el pago de impuestos y para usar ese dinero para

1. Madison, L.: «Elizabeth Warren: "There Is Nobody in This Country Who Got Rich on His Own"», CBS News (22 de septiembre de 2011). Disponible en: www.cbsnews.com/news/elizabeth-warren-there-is-nobody-in-this-country-who-got-rich-on-his-own

ofrecer la mayor cantidad posible de oportunidades al mayor número posible de personas.

Nuestro objetivo en estos dos últimos capítulos es identificar qué políticas fiscales, de gasto y otras medidas gubernamentales pueden tanto promover la equidad como aumentar el tamaño de la tarta económica mediante el incremento de la productividad. ¿Por qué nuestro objetivo tiene dos metas?

En primer lugar, simplemente redistribuir cantidades sustanciales de dinero reduciría la desigualdad. Pero, por otro lado, también podría disminuir los incentivos para trabajar y reducir el tamaño de la tarta económica, lo que acabaría dejando menos para todos. Además, cuanto más redistribuya el Gobierno los ingresos, más se opondrán las personas con rentas altas a las medidas del Gobierno y más probable será que consigan imponer su voluntad. Por lo tanto, el objetivo no puede limitarse a una política rígida o excesivamente intervencionista de igualación de ingresos.

El Gobierno debe aplicar políticas que amplíen las oportunidades para todos. A eso me refiero cuando uso la palabra «equidad»: una mayor igualdad de oportunidades que permita a más personas subir en la escala económica (otro término que en los últimos años se ha malinterpretado para abarcar desde la igualdad de resultados hasta la intervención burocrática en quién progresa y quién no).

En segundo lugar, centrarse únicamente en la productividad (por ejemplo, ofreciendo ventajas fiscales para el desarrollo de tecnologías que reduzcan la necesidad de mano de obra) podría impulsar la productividad y el PIB. Pero al mismo tiempo, también podría aumentar la desigualdad y todos los perjuicios que ésta conlleva.

Las políticas que tienen el potencial de alcanzar nuestro objetivo de una mayor equidad y una mayor productividad se dividen en dos categorías. La primera incluye las políticas que permiten a las personas ganar más dinero con su trabajo (así como contar con un empleo en primer lugar), que se analizan en este capítulo. La segunda comprende las políticas que modifican la distribución de la renta a través de los impuestos, el gasto y las transferencias, y que se tratan en el siguiente capítulo.

POLÍTICA GUBERNAMENTAL Y RENTAS

El Gobierno puede contribuir a aumentar las rentas derivadas del trabajo (es decir, los ingresos brutos que las personas obtienen por su empleo antes de pagar impuestos o de recibir prestaciones públicas). ¿Cómo puede hacerlo? Principalmente mediante leyes que establecen salarios mínimos, programas de empleo público y un mayor apoyo a la educación y la formación. Cada uno de estos aspectos se aborda en las páginas siguientes.

Leyes que aumentan las rentas

A medida que la desigualdad de ingresos ha ido creciendo, las políticas del Gobierno federal de Estados Unidos, destinadas a mejorar los salarios de las personas situadas en el extremo inferior del espectro salarial, apenas han cambiado. De hecho, el salario mínimo nacional se ha mantenido en 7,25 dólares por hora (aunque muchos estados y municipalidades han aprobado un salario mínimo más alto). Los sindicatos, que también contribuyen a elevar los salarios de los trabajadores, han perdido poder. La afiliación sindical ha caído hasta el 10,1 %, frente al 35 % registrado a mediados de la década de 1950, y en el sector privado se ha reducido al 6 %.[2] ¿Hay una buena razón por la que no hayamos aumentado de manera significativa el salario mínimo ni aprobado leyes que fortalezcan el poder de negociación de los trabajadores? ¿Se debe únicamente a la influencia política de los empleadores?

La respuesta, en efecto, tiene mucho que ver con el poder político de los empleadores. Pero incluso si se superara esa influencia, ¿puede el aumento de los salarios –ya sea mediante un salario mínimo más alto o a través de sindicatos más fuertes– ser una forma eficaz de mitigar las potentes tendencias que concentran los ingresos en la parte superior? La respuesta es sí, aunque sólo hasta cierto punto.

2. Oficina de Estadísticas Laborales de Estados Unidos: «Union Members Summary» (19 de enero de 2023). Disponible en: www.bls.gov/news.release/union2.nr0.htm

Los salarios más elevados aumentan el coste de la mano de obra, lo que da a los empleadores un mayor incentivo para evitar contratar a un trabajador estadounidense mediante la automatización del puesto de trabajo o la deslocalización del empleo a un país con salarios más bajos. La mayoría de los economistas del lado «conservador» del espectro político (y, durante muchos años, la mayoría de los profesores de economía) han utilizado este argumento para oponerse a *cualquier* aumento del salario mínimo.

Sin embargo, en el mundo real, los aumentos más o menos pequeños del salario mínimo no se han asociado a pérdidas de empleo; al contrario, han conseguido poner más dinero en los bolsillos de los trabajadores con salarios bajos y, de hecho, han tenido un efecto positivo en el conjunto de la economía local gracias al aumento del gasto de estos trabajadores. Un estudio destacado analizó el efecto de una subida del salario mínimo en 1992, de 4,25 a 5,05 dólares por hora, en Nueva Jersey. En concreto, examinó los niveles de empleo en restaurantes de comida rápida en Nueva Jersey y en el vecino estado de Pensilvania, que mantuvo el salario mínimo en 4,25 dólares por hora.[3] El estudio concluyó que el empleo en los restaurantes de comida rápida de Nueva Jersey *aumentó* un 13 % en comparación con establecimientos similares de Pensilvania.

Sin embargo, llega un punto en que el aumento de los salarios mediante leyes de salario mínimo o la presión sindical alcanza un límite crítico debido al riesgo de que los empleos se automaticen o se trasladen a países con salarios más bajos. Ésta es una lección que muchos trabajadores del sector del automóvil en Detroit aprendieron por las malas cuando, en las décadas posteriores a la Segunda Guerra Mundial, los fabricantes trasladaron su producción fuera de la ciudad para aprovechar una mano de obra más barata en otros lugares. Es cierto que muchos empleos de servicios, como la limpieza o la jardinería, no

3. Card, D., *et al.*: «Minimum Wages and Employment: A Case Study of the Fast Food Industry in New Jersey and Pennsylvania», National Bureau of Economic Research (NBER) (1 de octubre de 1993). Disponible en:www.nber.org/papers/w4509#:~:text=David%20Card%2C%20Alan%20B.,Krueger&text=On%20April%201%2C%201992%20New,the%20rise%20in%20the%20minimum

pueden automatizarse, pero las mejoras tecnológicas permitirán que cada vez más de ellos sí puedan serlo, total o parcialmente. (Piensa en el posible impacto de los vehículos autónomos sobre los millones de conductores de taxi, camión o autobús). Los salarios más altos podrían acelerar estas tendencias. Incluso los trabajadores cuyos empleos no puedan automatizarse podrían verse perjudicados por la mayor competencia de quienes hayan perdido su trabajo a causa de la automatización.

Además, aunque no todos los empleos pueden trasladarse al extranjero para aprovechar salarios más bajos, muchos sí. Por ejemplo, según la Asociación Estadounidense de la Confección y el Calzado (American Apparel & Footwear Association), más del 97 % de las prendas de vestir y el 98 % del calzado vendidos en Estados Unidos se fabrican en la actualidad en el extranjero, y esto también sudece en muchos países occidentales.[4] Asimismo pueden externalizarse numerosos empleos de servicios, como lo demuestra cualquier llamada al servicio de atención al cliente de muchas empresas. Sin embargo, esto no es del todo negativo. Como se ha comentado antes, la deslocalización puede proporcionar empleo a personas que viven en la pobreza extrema en países en desarrollo, acercar a los países y fomentar la cooperación internacional. Pero también reduce el número de puestos de trabajo para los trabajadores menos cualificados (y algunos no tan poco cualificados) en Estados Unidos y, por tanto, tiene un elevado coste en términos del nivel de desigualdad económica del país.

Incluso cuando los salarios más altos no provocan la pérdida de empleos por automatización o deslocalización, surge la cuestión de quién paga en última instancia esos salarios más elevados: si los propietarios de las empresas, a través de una reducción de sus beneficios, o los clientes, mediante precios más altos. Un estudio reciente sobre los restaurantes de McDonald's reveló que modestos aumentos del salario mínimo no dieron lugar a una mayor implantación de tecnologías de autoservicio con pantallas táctiles, pero sí se tradujeron en precios más altos para los

4. Wee, H.: «"Made in USA" Fuels New Manufacturing Hubs in Apparel», CNBC (23 de septiembre de 2013). Disponible en: www.cnbc.com/2013/09/23/inside-made-in-the-usa-showcasing-skilled-garment-workers.html#:~:text=More%20than%2097%20percent%20of,the%20U.S.%20was%20made%20do mestically.

clientes de McDonald's.[5] Cuando el coste de los salarios más altos se traslada a los consumidores, se reduce el beneficio que supone para los trabajadores el aumento de sus ingresos, ya que ellos mismos deben afrontar esos precios más elevados.

Además, la distribución de la renta entre el capital y el trabajo, y entre la gran mayoría de los trabajadores y quienes se encuentran en la cúspide, apenas se ve afectada.

Sin embargo, en muchos casos las empresas no pueden simplemente subir los precios para compensar el aumento de los salarios, porque perderían demasiados clientes. Por lo general, cuando una empresa sube los precios, pierde algunos clientes, pero obtiene mayores beneficios de aquellos que se quedan y pagan esos precios más altos. En cambio, cuando las empresas elevan los precios para cubrir el incremento de los salarios, lo que se produce es una *reducción* de los beneficios del propietario, ya que los precios más altos les hacen perder parte de la clientela y la cantidad adicional que pagan los clientes que permanecen sólo compensa el aumento de los costes salariales.

Cuando el coste de los salarios más altos no puede trasladarse a los consumidores, el gasto adicional reduce la rentabilidad y puede disuadir la creación de nuevas empresas o llevar a la quiebra a aquellas que apenas resultan rentables. Por ejemplo, los restauradores de la ciudad de Nueva York, que tradicionalmente atribuían el cierre de sus negocios al elevado precio de los alquileres, empezaron a señalar el aumento del salario mínimo local a 15 dólares por hora como la causa de muchas quiebras en el sector. Las empresas muy rentables pueden volverse simplemente algo menos rentables debido al incremento del salario mínimo, pero las que ya luchan por sobrevivir, en especial las más pequeñas, pueden verse expulsadas del mercado. La desaparición de empresas no sólo perjudica a sus propietarios y empleados, sino que también reduce las opciones de los consumidores, destruye puestos de

5. Ashenfelter, O., *et al.*: «Wages, Minimum Wages, and Price Pass-Through: The Case of McDonald's Restaurants», National Bureau of Economic Research (NBER) (febrero de 2021). Disponible en: www.nber.org/system/files/working_papers/w28506/w28506.pdf

trabajo y disminuye los incentivos de las empresas restantes para mantener precios bajos y seguir siendo competitivas.

Aumentar el salario mínimo lo suficiente como para reducir de forma significativa la desigualdad de ingresos y de riqueza probablemente tendría un coste en términos del número total de empleos y, por tanto, para la economía en general. Además, quienes ocupan los puestos peor remunerados podrían verse especialmente afectados por la disminución de las oportunidades laborales, debido a la mayor competencia por los empleos restantes. Una situación así podría empujar a algunos trabajadores a aceptar salarios ilegalmente bajos u otras formas de explotación.

Como es evidente, los aumentos moderados del salario mínimo evitarían la mayoría de estos problemas y pondrían un poco más de dinero, tan necesario, en los bolsillos de los trabajadores con salarios bajos. Estoy seguro de que te estarás preguntando qué se entiende por un aumento «moderado» del salario mínimo. Yo también me lo pregunto. Dado el historial de los economistas en materia de predicciones, no confío demasiado en que puedan ofrecer una respuesta precisa. No obstante, como ocurre con muchos de los temas tratados en este libro, el mundo real puede darnos la respuesta: el Gobierno puede aumentar el salario mínimo de forma gradual hasta que los efectos negativos empiecen a superar a los beneficios. Ya hemos hablado de este tipo de análisis «coste-beneficio», algo en lo que los economistas *son* especialmente competentes.

Por suerte, existen dos formas adicionales de aumentar los ingresos que resultan prometedoras y que se analizan en los párrafos siguientes.

Empleos públicos e infraestructuras

Ya hemos hablado de la posibilidad de ofrecer puestos de trabajo públicos garantizados como una medida para combatir una recesión. Hay buenos motivos para pensar que también tendrían sentido en épocas de normalidad económica. Los empleos públicos pueden aumentar los ingresos al generar competencia con el sector privado por atraer trabajadores y, con ello, impulsar los salarios. Un programa federal de empleo garantizado haría que el salario ofrecido por el Gobierno (por ejemplo, 12 dólares por hora, o una cantidad mayor en las ciudades más caras de Estados Unidos) se convirtiera en el salario mínimo efectivo: si hay puestos disponibles a 12 dólares por hora, a un empleador le resultaría difícil ofrecer menos.

A diferencia de un aumento del salario mínimo, un programa federal de empleo garantizado no reduciría el número de puestos de trabajo. Cualquier persona que perdiera su empleo en el sector privado a causa del aumento de los salarios tendría uno esperándole en el sector público. De hecho, el programa incrementaría tanto el empleo como la producción, ya que muchas personas no trabajan porque no encuentran un empleo o porque los salarios actuales no constituyen un incentivo suficiente para aceptar uno.

¿Qué haría exactamente la gente en estos empleos? Para empezar, podrían contribuir a compensar la falta de inversión en infraestructuras en Estados Unidos, por ejemplo. La Sociedad Estadounidense de Ingenieros Civiles (American Society of Civil Engineers, ASCE) estima que, entre 2020 y 2029, Estados Unidos invertirá 2,59 billones de dólares menos de lo necesario en carreteras, puentes, sistemas de abastecimiento de agua y otras instalaciones públicas.[6] Los costes de descuidar las necesidades de una infraestructura envejecida son enormes. Por ejemplo, el informe de la ASCE señala que el conductor medio gasta 599 dólares adicionales al año en reparaciones y costes de mantenimiento debido al mal estado de las carreteras en las zonas urbanas.

Una simple observación de las instalaciones y servicios públicos –especialmente los destinados a los más jóvenes y a los mayores– en cualquier localidad confirma que hay un amplio margen de mejora que podría lograrse con más trabajadores públicos. En particular, si el Gobierno contara con personal suficiente para ofrecer servicios de guardería gratuitos o de bajo coste, más padres podrían incorporarse al mercado laboral y contribuir al crecimiento de la economía. Conviene

6. Sociedad Estadounidense de Ingenieros Civiles: «Investment Gap 2020-2029», Boletín de Calificaciones de la Infraestructura 2021 de la ASCE (19 de julio de 2021). Disponible en: infrastructurereportcard.org/resources/investment-gap-2020-2029 (consultado el 20 de enero de 2022).

recordar que la infraestructura no tiene por qué ser física: contratar trabajadores para prestar servicios de educación, formación u otro tipo de asistencia puede mejorar nuestro bienestar tanto como un proyecto construido con hormigón y acero.

El New Deal de Roosevelt ofrece un buen ejemplo de lo que podría conseguirse con un mayor número de trabajadores públicos. Casi noventa años después, seguimos disfrutando y beneficiándonos de los parques, carreteras, puentes y otras obras e infraestructuras públicas que el New Deal hizo posibles. No haría falta mucha imaginación para concebir nuevos proyectos que mejoren nuestro país hoy en día. Si a esos nuevos proyectos añadimos la necesidad de mantener y actualizar los beneficios legados por generaciones anteriores, el trabajo pendiente es más que suficiente.

Para generar apoyo a un programa de empleo de este tipo, primero debemos superar la idea de que todo gasto público es despilfarro. Está claro que parte lo es y parte no, igual que ocurre con el gasto del sector privado. Quienes crean que este último está libre de despilfarro deberían pensar en los varios centenares de miles de millones de dólares que las aseguradoras privadas y los proveedores de servicios sanitarios gastan cada año en administración (un porcentaje de su gasto total mucho mayor que el de los programas públicos de salud).[7] O podrían pensar en los incontables miles de millones que el sector privado destina a convencer a la gente de fumar, tomar bebidas azucaradas o conducir algunos de los vehículos menos eficientes en cuanto a consumo de combustible. O, sencillamente, podrían pensar en los miles de millones de dólares pagados a muchos gestores de fondos de cobertura.

Para quienes siguen considerando que el gasto público es un despilfarro, la clave para ganarse su apoyo podría ser poner el foco en las

---

7. Carroll, L.: «More than a Third of U.S. Healthcare Costs Go to Bureaucracy», Thomson Reuters (6 de enero de 2020). Disponible en: www.reuters.com/article/us-health-costs-administration/more-than-a-third-of-u-s-healthcare-costs-go-to-bureaucracy-idUSKBN1Z5261
También: Frakt, A.: «Is Medicare for All the Answer to Sky-High Administrative Costs?», *The New York Times* (15 de octubre de 2018). Disponible en: www.nytimes.com/2018/10/15/upshot/is-medicare-for-all-the-answer-to-sky-high-administrative-costs.html

mejoras concretas que podrían lograrse en nuestras infraestructuras y en la economía gracias a una plantilla federal más amplia e, idealmente, al precio razonable que estaríamos pagando por ellas. Si lo hiciéramos, tal vez obtendríamos una reacción diferente.

Mejorar la fuerza laboral

Quizá la forma más constructiva en que el Gobierno puede ayudar a la gente a ganar más sea respaldando una educación y una formación profesional de alta calidad, lo que los economistas llaman «capital humano». Un nivel elevado de educación y formación, combinado con un Gobierno eficaz y fiable, ha permitido que países casi sin recursos naturales, como Suiza, Japón e Israel, hayan llegado a ser ricos. En cambio, la falta de una educación y una formación de calidad, así como de un Gobierno eficaz y fiable, ha dejado relativamente pobres a países con abundantes recursos naturales, como el Congo, Nigeria o Venezuela. Nada predice mejor el bienestar de una nación –ya se mida por su riqueza, sus ingresos, su producción total o, simplemente, por la felicidad– que el nivel de educación y de competencias de su población.

¿Por qué es esto cierto? Porque invertir en las personas no sólo las beneficia directamente, sino que también les permite ser más productivas y generar una mayor producción. Una mayor producción por trabajador es, en esencia, la definición misma de un país más próspero. Y el capital humano es la forma más poderosa de capital, porque, a diferencia de otros tipos, el aprendizaje y las competencias no pueden ser arrebatados ni gravados a quienes los poseen. Adquirir capital humano también puede generar un círculo virtuoso que permite a toda una familia mejorar su vida, alcanzar un mayor nivel educativo, vivir de forma más saludable y, en consecuencia, contribuir aún más a la economía. (Una mejor educación también ayuda a las personas a identificar y respaldar las políticas que mejorarían el sistema económico, así como a los políticos más propensos a aplicarlas, uno de mis principales objetivos).

Debemos tener presente que, cuando la política educativa está sobre la mesa, hay mucho más en juego que la propia educación.

Todos salimos beneficiados cuando cada persona tiene la posibilidad de participar en la economía al máximo de sus capacidades. Como hemos visto, los estadounidenses con la educación y las competencias necesarias para competir en los mercados internacionales disponen de esas oportunidades y están mejor que nunca. Sin embargo, esos mismos mercados internacionales han perjudicado a muchos estadounidenses con menor nivel educativo o de cualificación, privándolos de un papel activo en nuestra economía. La equidad, así como nuestro propio interés económico, exigen que abordemos esta desigualdad y no permitamos que se desperdicie el potencial humano.

Determinar qué programas educativos proporcionan los mayores beneficios es una cuestión para los analistas de políticas educativas. Como mínimo, tal como hemos comentado, existen diversos programas de educación, salud y alimentación destinados a niños de bajos ingresos que ofrecen beneficios muy superiores a su coste. Y, aunque parezca obvio decirlo, los programas que permiten a los jóvenes llevar una vida más productiva y contribuir a la economía también reducen la probabilidad de que se conviertan más adelante en una carga para ella. Aunque estos programas pueden acabar devolviendo con creces la inversión realizada, requerirán un aumento significativo de la financiación actual.

Esto nos lleva a la otra gran forma en que el Gobierno puede mitigar la desigualdad económica: las políticas de gasto e impuestos centradas en la distribución de la renta, tema del siguiente capítulo.

16

IMPUESTOS, GASTO Y DISTRIBUCIÓN DE LA RENTA

¿Cuál es el papel del Gobierno en la distribución de la renta?

Podemos tener democracia en este país o podemos tener
una gran riqueza concentrada en manos de unos pocos,
pero no podemos tener ambas cosas.

Louis D. Brandeis, juez del Tribunal Supremo de Estados Unidos

POLÍTICAS DE REDISTRIBUCIÓN DE LA RENTA

El Gobierno siempre ha redistribuido la renta (a veces de forma intencionada y otras de manera no deliberada), y siempre tiene la posibilidad de decidir cuánto redistribuir: cuánto recaudar en impuestos, a quién gravar, cuánto gastar y cómo hacerlo. Antes de analizar con detalle los impuestos y el gasto, es necesario abordar un punto importante que a menudo se pasa por alto en este contexto: qué nivel de gobierno ofrece qué tipo de prestaciones o servicios.

Los estadounidenses, por ejemplo, tienen derecho a vivir donde deseen dentro del país, y los más ricos, en particular, son los que más pueden aprovechar ese derecho. Si los impuestos sobre la renta son demasiado altos en un lugar (por ejemplo, en la ciudad de Nueva York, donde el tipo impositivo combinado estatal y municipal puede superar el 12 % de los ingresos), pueden mudarse a otro estado (por ejemplo,

Florida, que no tiene impuesto sobre la renta). Por lo tanto, una jurisdicción que intentara redistribuir la renta desde quienes más ganan hacia quienes ganan poco o nada mediante un fuerte aumento del impuesto sobre la renta generaría un incentivo para que los contribuyentes de mayores ingresos se marcharan y otro para que los de bajos ingresos se establecieran allí.[1] En casos extremos, la recaudación total podría incluso disminuir pese a los tipos más altos, debido a la salida de los grandes contribuyentes.

Esto es en especial cierto en muchos municipios que dependen de un grupo más o menos pequeño de contribuyentes para financiar una proporción relativamente grande de su presupuesto. Por ejemplo, en 2021, el 1 % de los residentes con mayores ingresos de la ciudad de Nueva York pagó el 48 % del total de los impuestos sobre la renta personal recaudados por la ciudad.[2] Este tipo de desequilibrio se observa en muchos otros municipios prósperos.

Cambiar de residencia fiscal para evitar impuestos no es tan difícil como podría parecer. Las personas adineradas suelen poseer varias viviendas y tienen cierto margen para decidir cuál de ellas consideran su «residencia principal» o «domicilio fiscal», lo que determina dónde están sujetas al impuesto sobre la renta. Para quienes pasan menos de la mitad del año en un mismo lugar, cambiar de domicilio puede ser tan

1. Documentar el efecto que tiene un aumento de los tipos impositivos estatales y locales sobre la migración de los residentes adinerados resulta muy difícil, porque las personas se mudan de un estado a otro por muchas razones (y normalmente nadie les pregunta por qué) y los ingresos de las personas con poder adquisitivo elevado pueden variar en gran medida de un año a otro. Dos investigadores de la Universidad de Stanford concluyeron que, aunque hay poca evidencia de que aumentos moderados de entre un 1 y un 3 % provoquen migraciones, incrementos fiscales mayores «podrían tener una relevancia e impacto considerablemente mayores». Young, C., *et al.*: «Do Millionaires Migrate When Tax Rates Are Raised?», Stanford University Pathways (verano de 2014). Disponible en: inequality.stanford.edu/sites/default/files/Pathways_Summer_2014_millionaire_tax_rates.pdf

2. Siegel, J.: «Spotlight: NYC Personal Income Tax 2019-2021», Oficina del Contralor de la Ciudad de Nueva York (11 de abril de 2023). Disponible en: comptroller.nyc.gov/reports/spotlight-nyc-personal-income-tax-2019-2021/#:~:text=In%202021%2C%20the%20top%201,all%20the%20income%20in%202021

sencillo como presentar un formulario de «declaración de domicilio». Esto fue precisamente lo que hizo Donald Trump para trasladar su residencia principal de Nueva York a Florida, reduciendo así sus impuestos (fueran los que fueran).

El proceso de cambio de residencia puede ser más complejo para quienes deseen pasar más de medio año en el estado del que quieren «marcharse» por motivos fiscales. No obstante, cuanto más alto sea el impuesto local sobre la renta, mayor será el incentivo para que quienes viven allí establezcan una nueva residencia principal en un lugar donde el impuesto sea más bajo o inexistente.

Abandonar Estados Unidos para evitar todos los impuestos (incluido el impuesto federal sobre la renta, que es mucho mayor que el de cualquier administración local) es bastante más difícil que cambiar simplemente de residencia dentro del país. Para librarse de todos los impuestos federales, una persona debe renunciar de manera formal a su ciudadanía estadounidense, entregar su pasaporte y abandonar el país. Este acto no extingue las deudas fiscales contraídas antes de la renuncia ni los impuestos futuros sobre los ingresos obtenidos en Estados Unidos, como los procedentes de alquileres, la Seguridad Social o las pensiones.

También limita el tiempo que esa persona puede volver a pasar en el país y podría dejarla apátrida si no ha adquirido previamente otra nacionalidad.

Está claro que establecer una nueva residencia dentro de Estados Unidos es un acto mucho más sencillo y menos extremo que renunciar a la ciudadanía y entregar el pasaporte.

Los Gobiernos estatales y locales desempeñan un papel importante en la aplicación de las políticas federales y en la experimentación con enfoques innovadores para ayudar a quienes lo necesitan. No obstante, cualquier intento de redistribuir la renta mediante un aumento de los impuestos será probablemente mucho más eficaz si se realiza a nivel nacional –donde las obligaciones fiscales son mayores y más difíciles de eludir– que a nivel local, donde los impuestos son más bajos y más fáciles de evitar. Por ello, nos centraremos en los posibles cambios en las políticas fiscales y de gasto a escala nacional.

IMPUESTOS

El Gobierno federal obtiene la mayor parte de sus ingresos gravando las rentas. En 2023, el 85 % de sus 4,4 billones de dólares de ingresos procedía de los impuestos sobre la renta de las personas, mientras que el 9 % provenía de los impuestos sobre sociedades, y el resto, de los impuestos especiales, sucesorios y otros tributos.[3] El tipo del impuesto federal sobre la renta lo fija el propio Gobierno y ha variado ampliamente a lo largo del tiempo. En el momento de redactar este texto, el tipo máximo del impuesto federal sobre la renta para las personas físicas en Estados Unidos es del 37 %.[4] Bajo la presidencia de Dwight D. Eisenhower, un republicano de la década de 1950, llegó al 91 % (no, no es un error tipográfico). Bajo la presidencia de Nixon, también republicano, fue del 70 %. Con Obama, un demócrata al que a menudo se le acusó de ser «socialista», pasó del 35 % al inicio de su mandato al 39,6 % al final, lo que demuestra una vez más lo poco útiles que resultan esas etiquetas.

De forma similar, el tipo del impuesto sobre los beneficios empresariales ha variado a lo largo del tiempo. Durante el primer mandato del presidente Trump, el tipo máximo se redujo del 35 al 21 %, lo que se tradujo en una mayor rentabilidad para las empresas, más ingresos para sus propietarios y un aumento del precio de las acciones. Como hemos visto en el capítulo 5, las brechas o lagunas fiscales han permitido que la mayoría de las empresas paguen un tipo muy inferior a éste; en muchos casos, ninguno.

Para conocer el efecto que tiene cualquier impuesto sobre la desigualdad de la renta, primero debemos determinar si el impuesto es

3. Oficina de Presupuestos del Congreso: «The Federal Budget in Fiscal Year 2023: AnInfographic» (5 de marzo de 2024). Disponible en: www.cbo.gov/publication/59727.

4. Esto también se conoce como «tipo marginal máximo», y corresponde al tipo impositivo aplicado al último (es decir, al tramo más alto) de los ingresos de una persona. En el momento de redactar este texto, ese tipo del 37 % se aplica únicamente a los ingresos superiores a 626 350 dólares en el caso de los contribuyentes individuales, y a los ingresos superiores a 751 600 dólares en el caso de los matrimonios que presentan la declaración conjunta.

progresivo, regresivo o proporcional. Los impuestos progresivos imponen tipos impositivos porcentuales *más altos* a los contribuyentes con mayores ingresos, haciendo así que las rentas después de impuestos sean más igualitarias. Los impuestos regresivos imponen tipos impositivos porcentuales *más bajos* a los contribuyentes con mayores ingresos, haciendo que las rentas después de impuestos sean menos igualitarias. Los impuestos proporcionales aplican el mismo tipo impositivo porcentual a todos los contribuyentes, por lo que no afectan a la igualdad de la renta.

La mayoría de los estadounidenses da por hecho que, en conjunto, los impuestos en Estados Unidos son progresivos y que las personas con mayores ingresos pagan una proporción más alta de su renta en impuestos que las personas con ingresos bajos o medios. Esa percepción coincide con la afirmación de Mitt Romney durante su campaña presidencial de 2012, cuando declaró que «el 47 % de los estadounidenses no paga impuesto sobre la renta». Para Romney, casi la mitad de los estadounidenses «dependen del Gobierno, creen que son víctimas, piensan que el Gobierno tiene la responsabilidad de cuidar de ellos y que tienen derecho a la atención sanitaria, la comida, la vivienda y lo que sea».[5] Su estadística era correcta pero su conclusión era errónea.

Romney se refería a un impuesto en particular: el impuesto federal sobre la renta. Aunque este impuesto genera más ingresos que cualquier otro impuesto individual aplicado en Estados Unidos, no deja de ser sólo uno entre los innumerables tributos que pagamos. Por ejemplo, también pagamos impuestos sobre las nóminas (que financian la Seguridad Social y que, al igual que el impuesto federal sobre la renta, se basan totalmente en los ingresos), así como impuestos sobre las ventas, sobre la propiedad, sobre donaciones, sobre transmisiones, sobre el uso, aranceles y muchos otros más. Si se consideran en conjunto, los demás impuestos recaudados por los Gobiernos federales, estatales y locales (muchos de ellos también basados en los ingresos) generan mucho más dinero que el «impuesto federal sobre la renta» al que se refería

5. Madison, L.: «Fact-Checking Romney's "47 Percent" Comment», CBS News (25 de septiembre de 2012). Disponible en: www.cbsnews.com/news/fact-checking-romneys-47-percent-comment

Romney. Por lo tanto, Romney no tiene razón al insinuar que quien no paga ese impuesto concreto es un parásito, ya que no tiene en cuenta todos los demás impuestos que sí paga.

Emmanuel Saez y Gabriel Zucman, ambos de la Universidad de California en Berkeley, sí tuvieron en cuenta todos esos otros impuestos. Analizaron el *total* de los impuestos federales, estatales y locales pagados por cada grupo de renta en Estados Unidos.[6] Descubrieron que, al considerar todos los impuestos, la mayoría de los estadounidenses paga entre una cuarta y una tercera parte de sus ingresos totales en impuestos. Sin embargo, también constataron que el tipo efectivo que pagaban los multimillonarios no se encontraba dentro de ese rango, sino por debajo de él: alrededor del 23 % de sus ingresos totales. Saez y Zucman concluyeron que el sistema fiscal estadounidense es básicamente un sistema impositivo proporcional, excepto en el nivel más alto, donde se vuelve regresivo. El grado de regresividad quedó patente tras la publicación de datos fiscales que mostraban cómo Jeff Bezos, Elon Musk, Michael Bloomberg y otros multimillonarios no pagaron literalmente nada en impuestos en algunos años recientes, y muy poco en la mayoría de los demás.[7]

¿Cómo es posible que las personas con rentas más bajas paguen un porcentaje mayor de sus ingresos en impuestos que los ultrarricos? Aunque muchas personas con ingresos bajos, en efecto, no pagan nada en concepto del «impuesto federal sobre la renta» citado por Romney, se ven gravadas por muchos otros impuestos regresivos. Por ejemplo, dado que las personas con rentas bajas gastan una proporción mayor de sus ingresos que las personas con rentas altas (que, como ya se ha mencionado, ahorran e invierten una parte más importante de sus ingresos), terminan pagando un porcentaje mayor de su renta en impuestos

6. Saez, E., *et al.*: *The Triumph of Injustice: How the Rich Dodge Taxes and How to Make Them Pay*. W. W. Norton, Nueva York, 2020 (Trad. cast.: *El triunfo de la injusticia: cómo los ricos evaden el pago de impuestos y cómo hacer que paguen*. Taurus, Barcelona, 2021).

7. Eisinger, J., *et al.*: «The Secret IRS Files: Trove of Never-before-Seen Records Reveal How the Wealthiest Avoid Income Tax», *Pro Publica* (consultado el 4 de febrero de 2025). Disponible en: www.propublica.org/article/the-secret-irs-files-trove-of-never-before-seen-records-reveal-how-the-wealthiest-avoid-income-tax

sobre las ventas. El impuesto sobre las nóminas que financia la Seguridad Social equivale al 12,4 % de los ingresos hasta un máximo de 176 100 dólares (la mitad pagada por el empleado y la otra mitad por el empleador).

Por encima de esa cantidad deja de aplicarse dicho gravamen, lo que lo convierte en un impuesto regresivo. El impuesto sobre la propiedad de una vivienda equivale a un porcentaje del valor catastral del inmueble y no tiene en cuenta los ingresos del propietario. Por ello, una persona con renta alta pagará un porcentaje menor de sus ingresos en este impuesto sobre la propiedad que una persona con renta baja que tenga una casa similar.

Al evaluar cómo afectan los impuestos a la renta disponible de las personas (es decir, lo que les queda para gastar después de pagar todos los impuestos), lo relevante es el *total* que cada persona paga, no la cantidad asociada a cada impuesto individual. Llegar a conclusiones precisas sobre el efecto de los impuestos en la renta disponible es complicado, dada la gran variedad de tributos existentes, la dificultad para obtener datos exhaustivos y la complejidad del sistema. Por ejemplo, el Código del Impuesto Federal sobre la Renta tiene miles de páginas, y las normativas, sentencias y comentarios que lo interpretan lo multiplican con creces.

Si nos preocupa el aumento de la desigualdad de la renta (o, como mínimo, aspiramos a contar con políticas públicas coherentes), el sistema fiscal actual reclama una profunda reforma. Teniendo esto presente, en las siguientes secciones se analizan los cuatro principales tipos de impuestos en Estados Unidos.

El impuesto federal sobre la renta

El impuesto federal sobre la renta, que se estableció en 1913, es considerado por la gran mayoría de las personas que no son expertas en materia fiscal como un impuesto claramente progresivo. Para el ejercicio fiscal de 2024, un matrimonio con ingresos anuales inferiores a 29 200 dólares o un individuo con menos de 14 600 dólares no debía pagar ningún impuesto federal sobre la renta ni siquiera tenía la obligación de presentar una declaración.[8] Las personas con ingresos superiores a esas cantidades sí debían presentar una declaración y calcular su «renta imponible», es decir, su renta total menos ciertas deducciones permitidas por el Código del Impuesto Federal sobre la Renta. Cuanto mayor es la renta imponible, más alto es el «tramo impositivo» o tipo aplicado: ésa es, precisamente, la definición de un impuesto progresivo.

Pero ¿hasta qué punto es progresivo en la práctica el impuesto federal sobre la renta? Gran parte de este libro se centra en ofrecer una visión general de lo que sucede en la economía y evita los detalles innecesarios. Sin embargo, en materia de impuestos, el diablo está en los detalles, y el Código del Impuesto Federal sobre la Renta es uno de los mejores ejemplos de ello.

La «renta imponible» excluye en realidad una gran parte de los ingresos obtenidos principalmente por los contribuyentes con mayores recursos, lo que hace que el impuesto federal sobre la renta sea mucho menos progresivo de lo que parece a primera vista. Una vez calculada la renta imponible, se aplican los tipos reducidos del impuesto sobre las ganancias de capital a los beneficios obtenidos de las inversiones. Como tal vez recordarás del capítulo 5, los salarios que perciben los trabajadores se gravan casi siempre a tipos más altos que las plusvalías de capital que obtienen los inversores.

Podría escribir todo un libro detallando los innumerables motivos por los que el impuesto federal sobre la renta es menos progresivo de lo que parece, pero me limitaré a este párrafo con unos pocos ejemplos:

- Los gestores de inversiones, incluidos los ejecutivos de fondos de cobertura,[9] pueden clasificar la mayor parte de sus ingresos como ganancias de capital en lugar de rentas del trabajo, y así pagar un

8. Servicio de Impuestos Internos (IRS) de Estados Unidos: «Check If You Need to File a Tax Return» (24 de enero de 2023). Disponible en: www.irs.gov/individuals/check-if-you-need-to-file-a-tax-return

9. El término «fondo de cobertura» se utiliza generalmente para referirse a una sociedad de inversión que emplea estrategias de inversión complejas o poco convencionales, como las basadas en instrumentos derivados, a menudo combinadas con un elevado apalancamiento. El objetivo original de estos fondos era ofrecer una alternativa (o cobertura) frente a las inversiones más tradicionales.

tipo impositivo más bajo que sus secretarias y, en realidad, que la mayoría de los contribuyentes.

- Quienes tienen la fortuna de heredar dinero u otros activos pagan un tipo impositivo todavía más bajo (específicamente, del 0 %) que esos gestores de inversiones.[10]
- La mayor parte de los intereses pagados por préstamos hipotecarios reduce la renta imponible, beneficiando así a quienes pueden permitirse comprar una vivienda frente a los arrendatarios, y a quienes pueden permitirse adquirir viviendas más caras frente a quienes sólo pueden acceder a viviendas más económicas.
- Como ya hemos comentado, un accionista no debe pagar impuestos sobre los beneficios de la empresa hasta que los cobre mediante un dividendo o la venta de sus acciones, aunque pueda obtener préstamos y otros beneficios basados en el mayor valor de su inversión. Según un informe de la Casa Blanca de 2021, estas disposiciones del código fiscal y muchas otras han permitido que las cuatrocientas familias más ricas de Estados Unidos paguen una tasa media del impuesto sobre la renta de solo el 8,2 % durante el período de 2010 a 2018.[11]

A esta desigualdad contribuye toda una industria de abogados y contables bien remunerados dedicados a desarrollar «refugios fiscales» para los ricos. Su objetivo es ayudar a las personas a minimizar legalmente sus impuestos mediante diversos tipos de fideicomisos, inversiones en el extranjero y otros esquemas complejos. A veces pasan de la elusión fiscal, que significa minimizar de manera legal una factura tributaria, a la evasión fiscal, que implica defraudar ilegalmente al Gobierno. Este tipo de actividad ilegal se ha vuelto más difícil de detectar,

---

10. Los impuestos sobre sucesiones y herencias se analizan más adelante en este capítulo.
11. La Casa Blanca: «New OMB-CEA Report: Billionaires Pay an Average Federal Individual Income Tax Rate of Just 8.2 %» (23 de septiembre de 2021). Disponible en: https://bidenwhitehouse.archives.gov/omb/briefing-room/2021/09/23/new-omb-cea-report-billionaires-pay-an-average-federal-individual-income-tax-rate-of-just-8-2/#:~:text=The%20analysis%20from%20OMB%20and,taxes%20between%202010%20and%202018

perseguir y disuadir debido a los recortes de personal en el Servicio de Impuestos Internos (Internal Revenue Service, IRS).

Natasha Sarin, de la Facultad de Derecho de la Universidad de Pensilvania, y Lawrence H. Summers, de Harvard, han realizado una extensa investigación sobre los pagos insuficientes de impuestos y su fiscalización.[12] Estimaron que, basándose en las tendencias actuales, el Gobierno dejará de recaudar 7,5 billones de dólares en impuestos legalmente exigibles durante una década y que el 1 % superior de los contribuyentes es responsable de al menos el 70 % de los impuestos no pagados. No obstante, los estadounidenses de bajos ingresos tienen la misma probabilidad de ser auditados que los del 1 % más rico. Además, señalan que sólo el 5 % de los contribuyentes que ganan más de 5 millones de dólares son auditados, aun cuando cada dólar invertido en fiscalización generaría más de 11 dólares adicionales en recaudación.

El daño de permitir que más estadounidenses eludan sus impuestos va más allá de privar al Gobierno de ingresos: fomenta que aún más personas hagan lo mismo.[13] Los científicos sociales llaman a este fenómeno «contagio conductual» y significa que las personas tienden a imitar el comportamiento de otros. Sin embargo, no hace falta ser un científico social para concluir que cuanto más vean las personas que otros logran eludir sus impuestos, más probable es que ellas también lo hagan.

Al ladrón de bancos Willie Sutton (1901-1980) se le preguntó una vez por qué robaba bancos. Respondió: «Porque ahí es donde está el dinero». Si queremos hacer algo frente al aumento de la desigualdad de

12. Todas las estadísticas de este párrafo provienen de: Sarin, N.: «The I.R.S. Is Outgunned», *The New York Times* (2 de octubre de 2020). Disponible en: www.nytimes.com/2020/10/02/opinion/sunday/irs-tax-income-inequality.html. y: Summers, L. H., *et al.*: «Opinion: Yes, Our Tax System Needs Reform. Let's Start with This First Step», *The Washington Post* (22 de noviembre de 2019). Disponible en: www.washingtonpost.com/opinions/yes-our-tax-system-needs-reform-lets-start-with-this-first-step/2019/11/17/4d23f8d4-07dd-11ea-924 a-28d87132c7ec_story.html

13. Frank, R. H.: «Without More Enforcement, Tax Evasion Will Spread Likea Virus», The New York Times (30 de octubre de 2020). Disponible en: www.nytimes.com/2020/10/30/business/tax-evasion-virus-IRS.html?searchResultPosition=3

la renta, subir los impuestos sobre los ingresos es posiblemente la forma más directa, eficiente y probada de lograrlo. Toda la infraestructura para los impuestos sobre la renta ya está en marcha. Sólo necesitamos aumentar los tipos impositivos, eliminar los tipos reducidos especiales para los ingresos de inversiones y cerrar las lagunas que permiten que una buena parte de los ingresos y las herencias quede sin tributar.

Esta propuesta está lejos de ser radical. Estados Unidos tiene una larga historia de tipos impositivos sobre la renta más elevados (de hecho, como se señaló, estos tipos fueron mucho más altos bajo algunos presidentes republicanos) y, sin embargo, la nación prosperó. Por ejemplo, durante la década de 1950, cuando el tipo máximo era del 91 %, la economía estadounidense crecía significativamente más rápido que hoy y la clase media aumentaba tanto en tamaño como en bienestar económico. El tipo máximo actual del 37 % sobre las rentas altas puede considerarse bastante modesto, dado que nunca descendió por debajo del 50 % entre la Segunda Guerra Mundial y la presidencia de Ronald Reagan a mediados de la década de 1980, un período de cuatro décadas de crecimiento masivo de la economía estadounidense.

Como he preguntado ya en el capítulo 2, ¿habrían desalentado tipos impositivos sustancialmente más altos sobre quienes obtienen ingresos extraordinarios, como Mark Zuckerberg, Bill Gates o Jeff Bezos, que ellos (o un alternativo competente) alcanzaran tanto éxito? De manera similar, ¿provocarían tipos mucho más altos sobre las rentas más elevadas que las empresas tuvieran dificultades para encontrar directores generales competentes, los estudios para conseguir estrellas para grandes producciones, o las compañías tecnológicas para encontrar líderes que desarrollen productos innovadores? ¿Un aumento de impuestos sobre los veinticinco gestores de fondos de cobertura mejor remunerados, que juntos ganan más que *todas* las educadoras de jardín de infancia del país (alrededor de 158 000 profesionales)[14] resultaría

14. Bump, P.: «The 25 Top Hedge Fund Managers Earn More than All Kindergarten Teachers Combined», *The Washington Post* (25 de noviembre de 2021). Disponible en: www.washingtonpost.com/news/the-fix/wp/2015/05/12/the-top-25-hedge-fund-managers-earn-more-than-all-kindergarten-teachers-combined.

en una falta de liderazgo capacitado en esos fondos? Lo más probable es que no.

Además, dado que muchos de los empleos mejor remunerados en Estados Unidos se encuentran en el sector financiero, ¿sería realmente algo negativo un tipo impositivo lo bastante alto como para que algunos de los recién graduados universitarios más prometedores reconsideraran su decisión de incorporarse a firmas financieras? Si los tipos actuales se aumentaran de forma moderada para las rentas apenas superiores a 626 350 dólares (el umbral actual para el tipo máximo del 37 % para personas físicas) y se incrementaran de un modo significativo para las rentas que alcanzan varios millones de dólares (incluso acercándose al 91 % vigente bajo la presidencia de Eisenhower), ¿superarían los posibles perjuicios por desincentivos laborales los beneficios en términos de oportunidades económicas y de un presupuesto federal más equilibrado? La evidencia de la década de 1950 y cierta reflexión sobre el comportamiento de los contribuyentes con mayores ingresos sugieren firmemente que no.

Aumentar los tipos impositivos para los ingresos más altos y otorgar exenciones o créditos fiscales a los contribuyentes con menores ingresos puede reducir de manera significativa la desigualdad de la renta. Las formas más efectivas de mitigar algunos problemas, como el aumento de la desigualdad, a veces son más simples y accesibles de lo que quienes prefieren mantener el *statu quo* (y sus grupos de presión) nos quieren hacer creer.

Impuestos sobre la riqueza

Con el fin de reducir la desigualdad, algunos países también aplican otro tipo de impuesto: un pequeño porcentaje sobre la riqueza (el valor total de todos los activos que posee una persona, como bienes raíces, obras de arte, acciones, bonos y empresas). Estados Unidos no tiene un impuesto sobre la riqueza, aunque prácticamente todos los municipios del país aplican un impuesto sobre un componente concreto de la riqueza de las personas: el impuesto sobre la propiedad, calculado sobre el valor catastral de los bienes inmuebles que posee una persona. Esto significa que el activo más ampliamente poseído, la vivienda, se grava cada año, mientras que otros activos, más desproporcionadamente propiedad de los más ricos, como acciones, bonos y otros activos financieros, no se gravan cada año.

Bernie Sanders ha propuesto la imposición de un impuesto federal sobre la riqueza del 1 % sobre el patrimonio neto que supere los 32 millones de dólares, que aumentaría hasta el 8 % sobre el patrimonio neto superior a 10 000 millones de dólares. Otros políticos, como Elizabeth Warren, tienen propuestas similares. La logística de rastrear y valorar con precisión todos los activos de una persona adinerada (como participaciones en empresas privadas, joyas, obras de arte o propiedad intelectual) es compleja. Por otro lado, la mayoría de las propuestas de impuesto sobre la riqueza (como la del senador Sanders) se aplican a niveles tan altos que sólo una pequeña fracción del 1 % más rico de los hogares estaría sujeta a él.

Otro problema de un impuesto sobre la riqueza es que incentiva a las personas adineradas a trasladar al menos parte de sus activos a otros países, donde es más difícil para las autoridades estadounidenses hacer un seguimiento. Además, gravar el valor de una empresa o de una explotación agrícola podría generar problemas para los propietarios que tienen su dinero invertido en el negocio y carecen de liquidez para pagar el impuesto. Aunque estas dificultades podrían superarse, han desalentado a la gran mayoría de los países a imponer un impuesto de este tipo y han llevado a varios de los pocos que lo implementaron a derogar la medida. Por ejemplo, Francia derogó su impuesto sobre la riqueza en 2017 después de que un estudio gubernamental constatara que cada día al menos un millonario abandonaba Francia y sus altas cargas fiscales para establecerse en un país más favorable a la riqueza.[15]

A pesar de tales dificultades, un impuesto sobre la riqueza podría ayudar a reducir la desigualdad económica. La riqueza está distribuida de manera aún más desigual que los ingresos, por lo que un impuesto

15. Moore, M.: «Old Money, New Money Flee France and Its Wealth Tax», *The Washington Post* (16 de julio de 2006). Disponible en: www.washingtonpost.com archive/politics/2006/07/16/old-money-new-money-flee-france-and-its-wealth-tax/ 49ac2ec7-c1b2-423e-a89b-699750275cd4

de este tipo, aunque imperfecto, se centraría en quienes poseen la mayor cantidad de recursos. Para quienes diferimos del señor Romney y consideramos que nuestro sistema fiscal es injusto, un impuesto sobre la riqueza también puede contribuir a despejar la impresión de que el sistema tributario está manipulado. Si las personas perciben que los más ricos pagan una proporción más justa de impuestos, podría fomentar el cumplimiento de las leyes fiscales, el apoyo a nuevos programas gubernamentales y un mayor nivel de satisfacción general. Las percepciones pueden no importar en física o biología, pero tienen gran relevancia en las ciencias sociales, como la economía.

Impuestos sobre sucesiones y herencias

Existen dos tipos de impuestos que podrían aplicarse tras el fallecimiento de una persona. Uno es el impuesto sobre herencias, que grava a quien recibe los bienes heredados. Actualmente, el Gobierno de Estados Unidos no aplica un impuesto federal sobre herencias. Cada dólar recibido como herencia está del todo exento de impuestos federales (aunque algunos estados sí imponen un impuesto sobre herencias).

Que no haya impuestos puede parecer ideal para quienes reciben herencias, pero la realidad es incluso mejor para ellos. Los bienes recibidos por herencia y luego vendidos suelen estar sujetos a impuestos más bajos que los bienes adquiridos con dinero propio. ¿Cómo sucede eso? Como hemos comentado, todos pagamos un impuesto sobre las plusvalías de capital sobre cualquier ganancia obtenida al vender un activo; es decir, sobre la diferencia entre el precio de venta y el precio de compra. Dado que una persona que vende un activo heredado no pagó nada por él, ¿no debería considerarse que todo el precio de venta es una ganancia? Según el código fiscal, no. El Gobierno federal sólo grava el aumento de valor que ocurre *después* de la herencia.

Un ejemplo ayudará a clarificar este beneficio significativo: supongamos que tú y otra persona comprasteis cada uno una acción por 100 dólares hace diez años. Este año, esa persona fallece y deja su acción a su sobrino. El mismo día del funeral, tanto tú como el sobrino vendéis la acción al precio actual, que asciende a 1000 dólares. Tú deberías pagar el impuesto sobre las plusvalías de capital sobre 900 dólares (el precio de venta menos el precio de compra). El sobrino no tendría que pagar ningún impuesto porque el código fiscal sólo grava el aumento de valor ocurrido desde la herencia. (El sobrino heredó la acción y la vendió el mismo día, mientras su valor era de 1000 dólares). Así, el sobrino obtiene gratis un activo, no paga impuestos al recibirlo y paga un impuesto menor al venderlo que el que tú pagaste o que su tío habría pagado si hubiera vivido para venderlo.

El otro impuesto, el impuesto sobre sucesiones, grava el valor total de los activos de la persona fallecida y se paga directamente del patrimonio antes de distribuir cualquier herencia. A partir de 2025, la ley federal exime los primeros 13,99 millones de dólares de un patrimonio del impuesto. Dicha exención se duplica a 27,98 millones de dólares para matrimonios. El Centro de Política Fiscal del Urban Institute y la Brookings Institution estima que sólo los estadounidenses más ricos (específicamente, el 0,07 % superior en 2019) pagaron algún impuesto sobre sucesiones debido a estas generosas exenciones y a una amplia variedad de lagunas fiscales.[16]

Entre 2018 y 2042, se espera que se transfieran alrededor de 70 billones de dólares a través de herencias.[17] La profesora de Derecho de la Universidad de Nueva York Lily Batchelder estima que el tipo impositivo medio sobre las herencias es del 2,1 %, en comparación con el 15,8 % sobre los ingresos del trabajo.[18] Además, como hemos visto en el capítulo 2, se calcula que el 60 % de toda la riqueza en Estados Unidos se hereda y, salvo que ocurra algún cambio, es probable que esa

---

16. Centro de Política Fiscal del Urban Institute & Brookings Institution: «How Many People Pay the Estate Tax?». Disponible en: www.taxpolicycenter.org/briefing-book/how-many-people-pay-estate-tax (consultado el 4 de febrero de 2025).

17. Eisen, B., *et al.*: «Older Americans Stockpiled a Record $35 Trillion. The Time Has Come to Give It Away», *The Wall Street Journal* (2 de julio de 2021). Disponible en: www.wsj.com/articles/older-americans-35-trillion-wealth-giving-away-heirs-philanthropy-11625234216

18. Batchelder, L.: «Leveling the Playing Field between Inherited Income and Income from Work through an Inheritance Tax», New York University School of Law. Disponible en: www.hamiltonproject.org/assets/files/Batchelder_LO_FINAL.pdf (consultado el 4 de febrero de 2025).

proporción siga aumentando. Por lo tanto, los impuestos sobre herencias y sucesiones son herramientas poderosas para mitigar el creciente papel que las herencias están jugando en la concentración de la riqueza en la cima.

Los impuestos sobre herencias y sucesiones también presentan una ventaja clara frente a casi cualquier otro tipo de impuesto: no desalientan ninguna actividad constructiva. Los impuestos sobre la renta pueden desalentar el trabajo, los impuestos sobre las ventas pueden desalentar la compra de bienes y los impuestos sobre la propiedad pueden desalentar el desarrollo de más y mejor vivienda. ¿Qué podrían desalentar los impuestos sobre herencias y sucesiones? ¿Morir?

En definitiva, las personas sólo pueden clasificarse en dos categorías: vivas o muertas. Por lo tanto, unos impuestos más bajos para los muertos implican impuestos más altos para los vivos. Está claro que, a medida que la riqueza y los ingresos se concentran cada vez más en la parte superior, éste es un ámbito que requiere una reforma urgente.

Impuestos sobre la renta de las sociedades

Como se ha mencionado, apenas el 9 % de los ingresos totales del Gobierno federal proviene de los impuestos sobre los beneficios empresariales.[19] La Tax Foundation ha estimado que las empresas gastan más de 147 000 millones de dólares al año (además de sus pagos tributarios efectivos) en la presentación de declaraciones y en el cumplimiento de las complejas normas que regulan los impuestos sobre los ingresos empresariales.[20] Sea o no exacta esa cifra, puedo confirmar por experiencia personal que cumplir con las obligaciones fiscales consume una enorme cantidad de tiempo, esfuerzo y dinero. La carga es aún mayor para las empresas más pequeñas, que tienen menos capacidad para contratar

19. Oficina de Presupuestos del Congreso: «The Federal Budget in Fiscal Year 2023: AnInfographic» (5 de marzo de 2024). Disponible en: www.cbo.gov/publication/59727
20. Hodge, S. A.: «The Compliance Costs of IRS Regulations», Tax Foundation (15 de junio de 2020). Disponible en: taxfoundation.org/compliance-costs-irs-regulations

contables dedicados a tiempo completo a esta tarea o abogados fiscalistas especializados en reducir su carga tributaria.

Ya hemos comentado cómo muchas grandes corporaciones reducen significativamente sus impuestos –en muchos casos hasta cero– aprovechando la complejidad de la legislación fiscal y la abundancia de lagunas legales. Por lo tanto, ¿deberían aumentarse los impuestos a las corporaciones? Podría hacerse, lo que generaría mayores ingresos fiscales, pero también implicaría dedicar más recursos al cumplimiento y a la elusión tributaria. Además, en la medida en que las empresas trasladan sus costes a los consumidores, unos impuestos más altos para las empresas se traducirían en precios más elevados para los bienes y servicios que compramos.

En su lugar, el Gobierno podría eliminar todos los impuestos sobre los beneficios empresariales y aumentar los impuestos sobre las rentas del capital personal lo suficiente como para compensar el cien por cien o más de los ingresos perdidos. De ese modo, las corporaciones ahorrarían miles de millones; la carga del IRS se reduciría de una manera significativa, lo que también supondría un ahorro de miles de millones; desaparecerían los incentivos distorsionados creados por el código fiscal corporativo; terminarían las ventajas fiscales especiales conseguidas por los grupos de presión de las grandes empresas y Estados Unidos se convertiría en un lugar mucho más sencillo y rentable para hacer negocios, creando así más empleos y atrayendo a empresas extranjeras, todo ello sin que el Gobierno estadounidense pierda ingresos fiscales (o incluso aumentándolos). Los más ricos tal vez tendrían que pagar un impuesto algo mayor, pero el crecimiento de la actividad económica y de la rentabilidad empresarial tal vez los compensaría con creces.

Dado que este libro intenta ofrecer una visión general de nuestra economía de forma comprensible, una exposición completa de este tema tan complejo ocuparía demasiado espacio y desviaría demasiado el foco. Entonces, ¿por qué lo menciono? Eliminar los impuestos corporativos y compensar la pérdida de ingresos por otras vías probablemente se considere una política de derechas o «conservadora» y, por tanto, sea rechazada de plano por algunos lectores de este libro (del mismo modo que otros lectores quizá hayan descartado de antemano algunas de las políticas que he tratado y que suelen considerarse de izquierdas o «progresistas»). Por ello, he planteado la cuestión del impuesto sobre sociedades para subrayar un punto clave de este libro: que no debería importar si una política se percibe como de izquierdas o de derechas. Lo único que debería importar es si se trata de una buena o una mala política: si tiene sentido, mejora la economía y promueve la igualdad de oportunidades. Trasladar la carga del impuesto sobre sociedades de la empresa al inversor ciertamente podría lograr todo eso, sobre todo en el caso de las pequeñas empresas. Así que, como cualquier política potencialmente buena, merece ser analizada más a fondo, con independencia de su origen o del rótulo político que se le asigne.

GASTO PÚBLICO

Antes de comienzos del siglo XX, el gasto del Gobierno federal era modesto y no existían programas de protección social. Por ejemplo, en la década de 1930, el gasto federal representaba el 4,9 % del PIB, mientras que en la década de 2010 ascendía al 16,4 %.[21] Durante los últimos cien años, el Gobierno ha puesto en marcha una amplia gama de programas destinados a ayudar a los estadounidenses de rentas bajas y medias. En particular, dos décadas del siglo XX supusieron un aumento significativo de este tipo de gasto. La década de 1930 trajo el sistema de Seguridad Social (el mayor programa de gasto del Gobierno, con más de un billón de dólares anuales) y los programas del New Deal del presidente Roosevelt, que ampliaron en gran medida la inversión en infraestructuras (creando así empleo e ingresos) tras la Gran Depresión. La década de 1960, por su parte, trajo la «Guerra contra la Pobreza», que incluyó Medicaid (asistencia sanitaria para las personas con bajos ingresos) y Medicare (asistencia sanitaria para mayores de 65 años). En conjunto, estos programas sanitarios constituyen la segunda mayor partida de gasto público (también superior al billón de dólares).

---

21. La Casa Blanca: «Historical Tables, Table 1.2–Summary of Receipts, Outlays, andSurpluses or Deficits (-) as a Percentage of GDP: 1930–2026»,Oficina de Administración y Presupuesto. Disponible en: www.whitehouse.gov/omb/historical-tables (consultado el 4 de febrero de 2025).

Para poner en perspectiva el gasto del Gobierno federal, en 2023 éste ascendió a un total de 6,1 billones de dólares. El 45 % de ese gasto total se destinó a la Seguridad Social, Medicaid y Medicare (los programas mencionados en el párrafo anterior); un 13 % a defensa nacional; un 11 % al pago de intereses; un 7 % a programas de protección social (que incluyen el seguro de desempleo, los cupones de alimentos, las comidas escolares, la vivienda para personas con bajos ingresos y la ayuda al cuidado infantil), y un 24 % a todo lo demás (que incluye la infraestructura de transporte, la investigación científica y médica, y la contribución del Gobierno federal a la educación).[22]

Como ya se ha comentado, algunos tipos de gasto, como los rescates corporativos y las subvenciones, aumentan la desigualdad y no contribuyen en nada a mejorar la productividad, mientras que otros, como la cobertura sanitaria y los programas educativos, promueven la equidad y la productividad, pudiendo incluso llegar a autofinanciarse. Rara vez se menciona que buena parte del gasto que fomenta la equidad también beneficia directamente a las empresas. Toda producción depende de dos factores: el capital (equipos) y el trabajo. Por lo tanto, un sistema sanitario universal y una mejor educación mejorarían la calidad de la fuerza laboral y, en consecuencia, la productividad. Ningún empresario sensato dejaría que su equipo se deteriorase o quedara obsoleto. Si no apoya las mismas medidas en relación con la fuerza laboral –si no respaldan que los trabajadores estén sanos y tengan competencias útiles–, habría que cuestionar realmente cuán sensato es.

Algunos políticos también han planteado propuestas de una «renta básica universal» (RBU), que proporcionaría un ingreso básico a cada ciudadano sin condiciones. Andrew Yang, que se presentó a las primarias demócratas para la presidencia en 2019, propuso una RBU de 12 000 dólares anuales para cada adulto estadounidense. Esto costaría aproximadamente 2,8 billones de dólares al año, una cifra muy superior a la que el Gobierno federal destina a todo excepto a la Seguridad Social, Medicare, Medicaid y al pago de los intereses de la deuda fede-

22. Oficina de Presupuestos del Congreso: «The Federal Budget in Fiscal Year 2023: An Infographic» (5 de marzo de 2024). Disponible en: www.cbo.gov/publication/59727

ral.[23] Si esas partidas no se redujeran, el Gobierno no tendría dinero para infraestructuras, educación, investigación, vivienda, asuntos exteriores, seguridad pública ni defensa, ni para cubrir una amplia gama de gastos obligatorios (como las pensiones de veteranos y funcionarios federales), a menos que aumentara los impuestos de una manera drástica. Incluso si el Gobierno recortara literalmente cada dólar de gasto que tiene legalmente permitido reducir, seguiría estando muy lejos de reunir el dinero necesario para financiar una RBU de 12 000 dólares anuales.[24]

Yang planteó además una serie de nuevos impuestos, como un importante impuesto sobre el valor añadido (IVA), que es una forma de impuesto sobre las ventas. Como se ha comentado, los impuestos sobre las ventas suelen afectar más a las personas con rentas bajas, ya que destinan una parte mayor de sus ingresos al consumo que las personas con mayores recursos. Yang también parte de supuestos de mayor crecimiento económico, como suele ocurrir con quienes defienden grandes programas de gasto. Sin embargo, cualquier incremento del crecimiento derivado de una RBU probablemente se vería compensado por una menor expansión económica provocada por los recortes en la mayoría de los demás programas públicos, en especial los que apoyan la educación, la investigación y las infraestructuras. El crecimiento también podría verse afectado porque algunas personas reducirían su actividad laboral debido al pago garantizado. En resumen, la financiación de este plan resulta muy poco verosímil.[25]

Aunque las cuentas cuadraran, ¿sería sensato que el Gobierno destinara recursos a enviar cheques de 12 000 dólares anuales a la mayoría de adultos que se encuentran en buena situación financiera? Aproximadamente 1,4 billones de dólares de ese gasto irían destinados a hogares con ingresos superiores a la media. Por otro lado, entregar cheques de 12 000 dólares a los adultos con dificultades económicas apenas resolvería sus problemas, en especial en un contexto en el que el resto del

---

23. Ibíd.
24. Ibíd.
25. Pomerleau, K.: «Does Andrew Yang's "Freedom Dividend" Proposal Add Up?», Tax Foundation (2 de enero de 2020). Disponible en: taxfoundation.org/andrew-yang-value-added-tax-universal-basic-income

gasto público se hubiera reducido drásticamente para financiar la RBU. En justicia con Andrew Yang y con las propuestas de RBU en general, puede llegar un momento en que la automatización sustituya tantos empleos que el país necesite una fuerza laboral mucho menor para producir todos los bienes y servicios a los que estamos acostumbrados. En una economía así, donde la necesidad de trabajo humano haya disminuido sustancialmente, una RBU tendría pleno sentido. Mientras tanto, concentrar los recursos en quienes más ayuda necesitan y en aquellos ámbitos donde tendrían un mayor impacto es la opción más sensata.

Un ejemplo de programa dirigido a los trabajadores con ingresos bajos y moderados es el Crédito Fiscal Federal por Ingresos del Trabajo (Earned Income Tax Credit), que en 2022 distribuyó casi 57 000 millones de dólares en beneficios a través del sistema tributario.[26] Para tener derecho a este crédito fiscal, la persona debe estar empleada. En 2023, el importe del crédito oscilaba entre 600 y 7430 dólares, dependiendo principalmente del salario y del número de personas a cargo. Si el crédito supera la cantidad adeudada en impuestos, el contribuyente recibe un cheque por la diferencia. Resulta destacable que este uso de los recursos federales para subvencionar a los trabajadores con salarios bajos y mitigar parte de los efectos de la desigualdad de ingresos haya contado con el apoyo tanto de republicanos como de demócratas. Por lo tanto, una ampliación de este crédito no sólo ayudaría a estos trabajadores, sino que además tendría la ventaja de ser políticamente viable.

A comienzos de la década de 1960, Milton Friedman, que más tarde sería asesor económico del presidente republicano Ronald Reagan y de la primera ministra británica Margaret Thatcher, propuso un programa aún más ambicioso para abordar directamente la desigualdad de ingresos. Según la propuesta de Friedman del «impuesto negativo sobre la renta», si una persona tenía unos ingresos inferiores a cierto nivel, recibiría un cheque del Gobierno en lugar de pagar impuestos. Cuanto menores fueran sus ingresos, mayor sería el importe del cheque. La

26. Conferencia Nacional de Legisladores Estatales: «Earned Income Tax Credit Overview» (13 de mayo de 2024). Disponible en: www.ncsl.org/human-services/earned-income-tax-credit-overview

cuantía del pago equivaldría a un porcentaje de la diferencia entre los ingresos de la persona y ese nivel de referencia.

Por ejemplo, supongamos que el umbral de ingresos para el programa se fijara en 50 000 dólares y que el porcentaje del impuesto negativo fuera del 25 %. Cualquiera que ganara 30 000 dólares estaría 20 000 dólares por debajo del umbral y, por tanto, recibiría un cheque de 5000 dólares (equivalente al 25 % de esa diferencia de 20000). Si una persona no tuviera ingresos, estaría 50 000 dólares por debajo del umbral y recibiría un cheque de 12 500 dólares (el 25 % de los 50 000 de diferencia). En cambio, quienes ganaran más de 50 000 dólares pagarían impuestos de manera ordinaria, sin recibir ningún pago del Gobierno, a diferencia de lo que ocurriría con la mayoría de los programas de RBU.

El impuesto negativo sobre la renta se diferencia de los programas de RBU en que asigna los fondos en función de la necesidad: cuanto mayor es la necesidad, más fondos se reciben. También difiere del crédito fiscal federal por ingresos del trabajo en que todo adulto estadounidense puede optar a él, no sólo quienes tienen empleo. Friedman promovía el impuesto negativo sobre la renta como una forma administrativamente sencilla de aliviar la pobreza, preservando al mismo tiempo un fuerte incentivo para que las personas trabajen y contribuyan a la economía. En el ejemplo anterior, una persona con derecho a un pago en virtud de este programa conservaría el 75 % de cada dólar adicional que ganara, un porcentaje similar al que mantiene un trabajador de clase media-alta después de pagar impuestos y, probablemente, un incentivo aún más poderoso para trabajar entre quienes cuentan con presupuestos más limitados.

Milton Friedman, muy popular entre quienes se identifican como «conservadores», pese a que su propuesta sería considerada «progresista» según los estándares actuales, demuestra hasta qué punto las etiquetas políticas se han distorsionado con el tiempo, hasta el punto de volverse prácticamente inútiles para describir un conjunto coherente de ideas. También pone de manifiesto que la política ha cambiado desde principios de la década de 1960, cuando comenzó a escribir sobre el tema. Y, dicho sea de paso, la política influye de manera decisiva en la capacidad para afrontar la creciente desigualdad, tema de la siguiente sección.

LA POLÍTICA DE LA DISTRIBUCIÓN DE LA RENTA

Cuando se pide a alguien que apoye una determinada política, el lenguaje utilizado puede condicionar su respuesta. Por ejemplo, cuando se le pregunta a la gente por el derecho al aborto, puede responder de manera diferente si se le plantea si apoya el derecho a la vida del feto en lugar de si apoya el derecho de una mujer a decidir sobre su propio cuerpo. Cuando se pregunta por las uniones entre personas del mismo sexo, las respuestas pueden variar según se formule la pregunta en términos de matrimonio homosexual o de interferencia del Gobierno en la elección de cónyuge de una persona. Cuando se pregunta por los impuestos sobre las herencias, las respuestas pueden diferir si se alude a un «impuesto a la muerte» en lugar de a los impuestos más altos que los trabajadores tendrían que pagar si los ricos pueden heredar millones de dólares libres de impuestos.

Este libro ha comenzado analizando cómo términos como «capitalismo», «socialismo», «comunismo» y otros «ismos» están tan cargados de supuestos y prejuicios que su uso puede obstaculizar la comprensión y dificultar la evaluación de qué políticas funcionarían mejor en el mundo real. Lo mismo ocurre con el vocablo «redistribución» de la renta, o con expresiones que describen el proceso como «quitar» ingresos a quienes los «ganaron» para «dárselos» a quienes no lo hicieron. Utilizar estas palabras puede llevar a algunas personas a suponer (de un modo consciente o inconsciente) que hay algo intrínsecamente justo, natural y correcto en la manera en que nuestra economía distribuye los ingresos. Cuanto más crean que los ingresos se asignan de forma justa, menos dispuestas estarán a apoyar un aumento de impuestos para proporcionar más recursos a otros.

Esto es en especial cierto en el caso de la mayoría de los responsables políticos, que por lo general son personas que han tenido éxito bajo las normas actuales y cuyos donantes de campaña también han prosperado bajo esas mismas normas. Por lo tanto, pueden estar predispuestos a valorar y respetar en mayor medida los resultados que dichas normas producen. En particular, tienden a atribuir su éxito sobre todo a su propio esfuerzo y menos a las circunstancias con las que se toparon en la vida. Y, a la inversa, son más proclives a atribuir la falta de éxito de alguien a los defectos individuales de esa persona y menos a las circunstancias que haya tenido que afrontar. Las personas exitosas pueden haber tomado buenas decisiones, pero a menudo también disponían de muchas buenas opciones entre las que elegir.

El éxito económico no se distribuye en proporción al trabajo duro y a la inteligencia mediante un proceso objetivamente justo o natural. Como hemos visto en el capítulo 2, los ingresos de una persona están muy influidos por una amplia variedad de factores individuales sobre los que tiene poco o ningún control, como las escuelas a las que asiste, el barrio en el que crece, los recursos de sus padres, la atención sanitaria que recibe y, de manera muy significativa, la suerte. Lo que una persona gana también está en gran medida determinado por numerosos factores sociales, como las políticas gubernamentales, la situación de la economía cuando entra en el mercado laboral, la demanda de distintos tipos de competencias, las preferencias de los consumidores, los sesgos raciales, étnicos, religiosos o de género y, una vez más, la suerte, que a menudo desempeña un papel decisivo.

En lugar de presentar las políticas gubernamentales de impuestos y gasto como las responsables de una «*re*distribución» de la renta, deberíamos entender que esas políticas forman parte del complejo y desordenado proceso mediante el cual las rentas se «distribuyen» en primer lugar. Por simplicidad, yo también he seguido la convención de referirme a las políticas fiscales y de gasto como instrumentos que «redistribuyen» la renta (aunque evité hacerlo en el título de esta sección y en el de este capítulo). Sin embargo, el apoyo a unos impuestos más altos para mitigar la creciente desigualdad de ingresos puede verse ligeramente minado por este tipo de lenguaje y por los supuestos que conlleva. Esto es en especial cierto cuando esas políticas son calificadas por algunos como «socialistas», una palabra con connotaciones negativas para muchos. Todas estas referencias cargadas de sentido pueden debilitar la capacidad de las personas para evaluar objetivamente las políticas y sus efectos, tanto sobre ellas mismas como sobre los demás.

Lo que alguien se lleva a casa como remuneración al final del día es el resultado neto de innumerables factores. Algunos de ellos –como el trabajo duro y la inteligencia– los consideraríamos probablemente justos. Otros –como la riqueza familiar y la suerte– los veríamos casi con seguridad injustos. Y algunos –como los impuestos– podrían dejarnos en la duda. Pero si queremos tomar decisiones económicas racionales y beneficiosas, debemos considerar todos esos factores como lo que son: elementos de un proceso complejo que determina la *distribución* de la renta.

Usar un lenguaje que menosprecie uno de ellos, la tributación, como un añadido diseñado para «rehacer» el resultado de algún proceso «santificado», hace que ese efecto sobre los ingresos parezca menos legítimo que los demás. Sólo reconociendo que la tributación es una parte integral del proceso mediante el cual se determinan los ingresos podemos alcanzar el objetivo de este libro: determinar las mejores políticas para aumentar las oportunidades, hacer crecer nuestra economía y fomentar la confianza en nuestro sistema económico.

EPÍLOGO

Esto no es el final. Ni siquiera es el comienzo del final.
Pero sí es, quizá, el final del comienzo.

WINSTON CHURCHILL, escritor y estadista británico (una vez más)

Originalmente, este libro se titulaba *Economía para activistas*. Su público objetivo eran personas que, con independencia de encontrarse a la izquierda, derecha o centro del espectro político, se sentían preocupadas por nuestro sistema económico, pero eran suficientemente optimistas como para creer que su activismo podía desempeñar un papel en la resolución de sus problemas.

Cambié el nombre a *Economía comprensible* durante la crisis del coronavirus. La epidemia puso aún más de manifiesto hasta qué punto se había vuelto disfuncional nuestro sistema económico. El Gobierno extendió miles de millones de dólares en ayudas a las corporaciones, mientras muchos niños carecían del acceso a Internet necesario para continuar sus estudios.

La Bolsa se disparó mientras millones de personas perdían sus empleos. Donald Trump promovió una reducción de impuestos dirigida a los más ricos, mientras decenas de millones de trabajadores no tenían acceso a la atención sanitaria ni a pruebas diagnósticas que determinaran si padecían una enfermedad que podría matar a sus compañeros de trabajo y a sus clientes. Me di cuenta de que, para que se produjeran cambios positivos significativos, el apoyo de los activistas que se autodefinían como tales no sería suficiente: necesitaríamos que un grupo mucho más amplio de personas aprendiera sobre el sistema económico y trabajara para mejorarlo.

La discusión de estos temas en los medios de comunicación está a menudo dominada por todo tipo de personas que parecen muy serias, pontificando sobre el futuro de la economía y recomendando políticas basadas en sus predicciones excesivamente seguras de sí mismas. Los peores disfrazan sus intereses personales de dogma económico para aprovecharse de la falta de comprensión económica de la mayoría. Otros dan a entender que, si analizas suficientes datos y los introduces en suficientes fórmulas (y recibes suficiente atención mediática), obtendrás las mejores soluciones.

Como hemos comentado, hacer predicciones en economía es como hacerlas en otras ciencias sociales. Ambas implican prever el comportamiento humano, una tarea en especial difícil, ya que lo que la gente dice, lo que piensa y lo que sus acciones sugieren que en realidad piensa pueden ser tres cosas distintas, y cada una puede variar según el contexto. Como reconoció con franqueza el economista John Kenneth Galbraith, «los economistas hacen predicciones no porque sepan, sino porque se las piden».

A pesar de la dificultad, necesitamos formular los mejores juicios posibles sobre el futuro para lograr que sea mejor que el presente. Como mínimo, esto requiere un conocimiento concreto de cómo funcionan los sistemas –que espero que este libro haya aportado–, así como una observación atenta del mundo real, parte de la cual ha ofrecido este libro y la mayor parte de la cual espero que hayas hecho y sigas haciendo por tu cuenta.

En 2016, Donald Trump preguntó a los posibles votantes: «¿Qué tienes que perder?». Las innumerables personas que, a lo largo de la historia, perecieron cuando las economías colapsaron y todo acabó sumido en el caos o incluso en asesinatos en masa podrían responder a esa pregunta de un modo que pocos estadounidenses vivos hoy en día pueden imaginar. Mi esperanza es que esas voces perdidas no sean olvidadas, que el ensordecedor ruido de nuestra sociedad no las ahogue y que sirvan de impulso para que la gente entienda cómo funciona realmente el mundo y ponga ese conocimiento al servicio de su mejora.

Seguir por el camino actual o elegir uno mejor y más justo depende de ti, lector o lectora de este libro. Sigue leyendo, aprendiendo y observando con atención, para poder distinguir la retórica falsa de lo que en realidad ocurre en el mundo. Utiliza lo que has aprendido para convertirte en un defensor eficaz y seguro del cambio constructivo. Enfréntate a quienes promueven soluciones falsas, apoya a un candidato con buenas ideas, protesta por una causa o preséntate tú mismo a un cargo electo. La prosperidad sostenida es poco probable y la pérdida de gran parte de lo que valoramos es posible si permanecemos de brazos cruzados y dejamos que quienes tienen menos conocimiento y comprensión tomen las decisiones.

AGRADECIMIENTOS

Son innumerables las personas que han hecho posible este libro al aportar ideas, ayudarme a comprender mejor cómo funciona nuestra economía o simplemente escuchar mis incesantes peroratas sobre el tema y, gracias a sus expresiones, obligarme a ser más conciso y coherente. Entre ellas hay desde compañeros de trabajo en el supermercado Met Foods de mi padre, en Brooklyn, hasta estudiantes de la New York University (NYU) y del Lander College for Men. He tenido la fortuna de conocer a muchísimas personas interesantes y generosas a lo largo de mi vida, y no podría estar más agradecido por ello.

Hay algunas personas que han contribuido directamente a la creación de este libro. Grace Layer ha editado con gran meticulosidad varias versiones del manuscrito, y sin su ayuda este libro no habría sido posible. Grace es una auténtica prodigio de la edición. Michael Goodwin, autor de *Economix*, también ha revisado el manuscrito palabra por palabra y me ha ayudado a hacer que mis argumentos fueran más equilibrados y convincentes. David Berman, mi esposo, revisó cuidadosamente el texto completo. Tan útiles como han sido sus comentarios, nuestras innumerables conversaciones sobre muchas de las ideas del libro han sido imprescindibles para que pudiera plasmarlas por escrito. Antoine Martin, de la Reserva Federal de Nueva York, ha revisado las secciones dedicadas a la Fed y ha aportado valiosos comentarios esenciales sobre su funcionamiento. Por último, mi editor, Jake Bonar, de

Prometheus Books, no podría haber sido más servicial. Ha sido el último en revisar el manuscrito y aun así ha conseguido encontrar muchas formas de mejorarlo.

Este libro no se habría publicado sin el esfuerzo de mi agente, Susan Schulman. Le estoy profundamente agradecido por haber asumido la representación de un autor primerizo con un libro sobre un tema que no se caracteriza precisamente por su atractivo comercial. También quiero agradecer a Linda Migalti, su directora de derechos, la gestión de los derechos de audio y de traducción.

Varios amigos también han contribuido a hacer posible este libro. Sari Locker me ha ayudado a convertir mis ideas en una propuesta formal, sin la cual no habría contado con la representación de Susan. Becky Givan me ha aportado información y consejos fundamentales sobre el mundo editorial al comienzo de este proceso, cuando más los necesitaba. Ryan Senser me ha ayudado a dar forma a las ideas que han acabado dando lugar al título y al subtítulo definitivos. Estoy agradecido a ellos y a todos mis demás amigos y familiares por su apoyo y ánimo constantes.

ÍNDICE ANALÍTICO

D

E

J

K

L

M

N

O

P

Q

R

ÍNDICE